GW01451315

A59
42F-

LE CRIME ET LA MÉMOIRE

Du même auteur

L'Allemagne de l'Occident, Gallimard, 1953.

La Démocratie de Bonn, Colin, 1958.

Hitler : la presse et la naissance d'une dictature, Colin, 1959, éd. remaniée, 1985.

La IVe République et sa politique extérieure, Colin, 1961 et 1972.

La Politique en France (avec François GOGUEL), Colin, 1964, éd. refondue, 1984.

La Politique extérieure de la Ve République, Le Seuil, 1965.

Au nom de quoi ? Fondements d'une morale politique, Le Seuil, 1969.

L'Allemagne de notre temps, Fayard, 1970 ; éd. augmentée, « Pluriel », 1974.

L'Explication politique, Colin, 1972 ; Complexe, 1985.

Gegen den Strom. Aufklärung als Friedenspolitik, Munich, 1975.

Dix leçons sur le nazisme (sous la direction d'Alfred GROSSER), Fayard, 1976 ; Complexe, 1984.

La Passion de comprendre. Noël COPIN interroge Alfred GROSSER, Le Centurion, 1977.

Les Occidentaux. Les pays d'Europe et les États-Unis depuis la guerre, Fayard, 1978, Seuil « Points », 1982.

Versuchte Beeinflussung. Zur Kritik und Ermunterung der Deutschen, Munich, 1981.

Le Sel de la Terre. Pour l'engagement moral, Le Seuil, 1981.

Affaires extérieures, La politique de la France 1944-1984, Flammarion, 1984, éd. augmentée « Champs » 1989.

L'Allemagne en Occident, Fayard, 1985, éd. augmentée, « Pluriel », 1987.

Mit Deutschen streiten, Munich, 1987.

Vernunft und Gewalt. Die französische Revolution und das deutsche Grundgesetz heute, Munich, 1989.

Die Kanzler (avec photos de Konrad Müller), Bergisch Gladbach, 1989.

Une vie de Français. Mémoires, Flammarion, 1997.

ALFRED GROSSER

LE CRIME ET LA MÉMOIRE

FLAMMARION

© Flammarion, 1989
ISBN : 2-08-081245-9
Imprimé en France

QUI PARLE?

L'objectivité n'existe pas. Surtout quand il s'agit de souffrance et de mort, de victimes et de coupables. Il faudrait être objet, simple mécanique intellectuelle, et non pas sujet, c'est-à-dire personne située dans le temps et l'espace, chargée de mémoire et d'aspirations. Mais la différence est grande entre celui qui veut tendre vers l'objectivité et celui qui s'en détourne – délibérément ou par ignorance de ses propres déterminations, du prisme intérieur qui déforme sa perception des autres. On risque en effet de dérailler dans l'explication si l'on a négligé de s'expliquer soi-même. Et dès lors qu'on ne se veut pas absurdement impassible, dès lors que, par-delà la rigueur souhaitée de l'analyse, on aspire à juger les hommes dont on parle et à influencer ceux qui vous lisent, il faut se demander ce qui justifie qu'on pense comme on pense, qu'on juge comme on juge.

Le lecteur a le droit de savoir qui lui parle. Surtout quand le livre traite de sujets sur lesquels sa sensibilité, les sensibilités sont à vif. Surtout aussi quand l'auteur ne craint pas de le heurter. Quand l'auteur souhaite même choquer – non par goût de la provocation, mais pour inciter à mettre en perspective, à remplacer une certitude par une interrogation. Choquer, mais non pas blesser. Le lecteur a droit au respect, surtout si sa mémoire est chargée de sa propre souffrance ou de celle des siens, proches ou lointains. Et de même si, jeune et coupé de la mémoire de ses aînés, il veut simplement savoir pour mieux juger. Le respecter, c'est renoncer à jouer à l'Autorité, en lui présentant simplement la personne qui s'adresse à lui.

Mes privilèges, il suffit de les évoquer. Mes attitudes seraient peut-être différentes, ma sérénité moins assurée, si mon équilibre n'avait pas été maintenu grâce à la mère que j'ai eue, à la femme que j'ai trouvée, à nos quatre fils, au métier à tous égards privilégié de professeur d'université, exercé de surcroît au sein d'une institution elle-même privilégiée.

Mes chances, il convient de les présenter mieux. Mon tempérament d'abord ou, si l'on préfère, mon caractère. S'il eût été autre, les coups reçus dans une cour d'école, à Francfort, au printemps de 1933, m'auraient sans doute marqué pour la vie. Un garçon de huit ans envoyé à l'hôpital après que ses camarades l'eurent frappé, simplement parce qu'on lui avait dit que, en tant que Juif, il n'était pas des leurs : l'événement n'a pas laissé de trace dans mon esprit. Et si j'avais été pessimiste et introverti comme ma sœur aînée – dont la courte vie devait s'achever en 1941 des suites de l'exode – j'aurais souffert de la transplantation de décembre 1933, par l'arrivée dans une France inconnue dont je ne comprenais pas la langue. J'y fus heureux d'emblée, malgré la mort du père six semaines après l'installation à Saint-Germain-en-Laye.

S'il n'y avait eu les admirables institutrices du collège municipal et si l'insertion n'avait pas été facilitée par une multitude d'expériences positives, mon tempérament eût été mis à plus rude épreuve. L'électricien par exemple. Il vint trouver ma mère et lui dit : « Votre mari est mort en laissant une grosse facture (puisque, pédiatre, il voulait installer un sanatorium pour enfants). Mais il était ancien combattant et je suis ancien combattant aussi. Pas du même côté, mais ancien combattant, c'est ancien combattant. Vous paierez quand vous pourrez ! » Plus marquante encore la cheftaine de ma meute de louveteaux chez les Éclaireurs unionistes de Saint-Germain. J'étais sizenier de la sizaine qui avait gagné le concours des sizaines ; à moi revenait donc l'honneur de porter le totem au défilé du 11 Novembre devant le monument aux morts. « Akéla, je vais devenir français, mais je ne le suis pas encore. Est-ce bien à moi d'être en tête ? » « Le 11 Novembre, nous ne fêtons pas la victoire, mais la paix retrouvée. Quelle chance justement que ce soit toi ! » Si elle avait répondu autrement, j'aurais peut-être évolué différemment. L'insertion était donc déjà en voie d'achèvement lorsque, le 1er octobre 1937, une chance décisive nous advint : par décret du ministre de la Justice Vincent Auriol, madame Lily Rosenthal, veuve de Paul Grosser, était naturalisée française avec ses deux enfants mineurs, ce qui nous a en particulier évité ensuite d'être internés comme « ennemis » par le gouvernement Daladier en septembre 1939.

La vie en exil à Saint-Raphaël se déroula sans vraie souffrance en zone dite libre, puis sous occupation italienne. La clandestinité ensuite eût été tout autre si je n'avais, en septembre 1943, manqué un rendez-vous à Grenoble : ou bien je serais mort au Vercors, ou bien j'aurais survécu, la mémoire remplie de la vision d'un massacre barbare, alors que la seule accumulation de cadavres en morceaux que j'aie connue s'est située à Marseille, après le bombardement américain du 27 mai 1944 qui fit plus de deux mille morts. Et l'on ne saurait dire que les glorieux combats pour la libération de la ville – que les troupes allemandes avaient déjà presque entièrement évacuée – aient constitué une vraie bataille !

Si j'avais été arrêté et torturé, serais-je parvenu aux mêmes conclusions qu'au bout d'une nuit de méditation en août 1944 ? La BBC m'avait appris que les internés du camp de Therensienstadt avaient été transférés à Auschwitz pour y être exterminés. Parmi eux, il pouvait y avoir, il y avait sans doute la sœur de mon père et son mari, un médecin berlinois qui n'avait pas voulu émigrer quand il en était temps encore. Au matin, j'étais sûr, définitivement sûr, que je ne considérerais jamais tous les membres d'une collectivité comme coupables, même si les criminels en son sein avaient été nombreux, les complices encore davantage et les crimes terrifiants.

Si je n'avais pas eu la chance de ne pas être déporté

moi-même, si j'avais connu l'humiliation et la souffrance absolues, si j'avais fini par survivre, la mémoire chargée d'atrocités indicibles, serais-je devenu autre, aurais-je acquis la conviction que je n'ai pas le droit de juger trop durement ceux qui n'ont pas pris de risques pour combattre Hitler ? Moi, je n'ai pas choisi d'être contre lui; c'est lui qui a décidé qu'encore enfant j'étais son ennemi.

Le percepteur ou le cheminot français qui ont risqué leur vie contre l'occupant, le commerçant berlinois qui a caché des Juifs jusqu'à la fin de la guerre, les étudiants de Munich exécutés pour avoir dénoncé les crimes du nazisme – eux se sont engagés alors qu'ils auraient pu s'abstenir. Et mettrais-je en garde, depuis des décennies, mes étudiants et d'autres jeunes, contre un excès de sévérité envers les silences et les abdications des parents, puis des grands-parents, alors que rien ne prouve qu'eux-mêmes seraient plus courageux, plus héroïques, s'ils étaient mis à l'épreuve ?

J'ai accédé très tôt, en tout cas, à la conviction que la haine n'était pas la bonne réponse à la haine, que l'esprit de système n'était pas la bonne réplique à l'idéologie globalisante et que la liberté critique, même et surtout à l'égard de soi, était la meilleure façon de rejeter les doctrines négatrices de cette liberté. Aussi n'ai-je jamais risqué d'être séduit, contrairement à tant d'autres vingt-en-1945, par les appels du Parti communiste – des appels qui incitaient à couvrir d'injures ceux qui évoquaient les atrocités, nullement interrompues, commises au nom du socialisme. Et je n'ai pas non plus été tenté par le nationalisme tonitruant d'un bon nombre d'anciens immigrés ou d'enfants d'immigrés qui, en France et ailleurs, ont voulu prouver et se prouver qu'ils étaient pleinement insérés dans leur patrie d'adoption.

Mon insertion à moi me semble totale et je me réjouis chaque fois qu'à l'étranger on écrit, après l'un de mes passages, que j'ai fait preuve d'un esprit typiquement français. Mais précisément, mon intériorité à la nation française ne me fait pas renoncer à ce qui me paraît essentiel – pour elle comme pour moi. A savoir que l'identité ne dispense pas du regard critique fixé sur l'insertion, de l'exigence à l'égard de soi comme à l'égard des groupes sociaux dans lesquels on se trouve englobé, à commencer par la patrie elle-même. Et quand on a la chance d'avoir une patrie qui se réclame sans cesse d'une morale universelle, donc fondée sur des valeurs identiques en tout lieu et en tout temps, on lui demandera sans cesse de se comporter, de se juger selon les critères mêmes qu'elle utilise pour les autres. Et on écrit alors, en avril 1956, pendant la guerre d'Algérie :

On a donc perquisitionné chez M. Henri Marrou, professeur à la Sorbonne. Son article « France, ma patrie » aurait constitué une « participation, en connaissance de cause, à une entreprise de démoralisation de l'armée ».

... Nous n'avons jamais admis la notion de culpabilité collective d'un peuple, mais il nous a toujours semblé que tout citoyen majeur portait sa part de responsabilité dans toute injustice, dans tout acte inhumain commis au nom de son pays. S'il ignore ces abus, il est responsable de n'avoir pas cherché à savoir. S'il sait et se tait, il est responsable d'avoir empêché par son silence qu'il y soit mis fin... »

Quand, après 1945, on disait à des Allemands : « Vous ne pouviez pas ne pas savoir », ou encore, « Vous qui saviez pourquoi vous êtes-vous tus ? », on recevait souvent une des trois réponses suivantes : « Comment vouliez-vous être informés avec une presse silencieuse ? » « Il y avait trop de danger à protester. » « Dénoncer certains actes, c'était déconsidérer l'Allemagne aux yeux de l'étranger ; c'était faire douter nos soldats de la cause pour laquelle ils se battaient. »

Ici, plus d'un lecteur sera choqué... On nous dira : « Encore faut-il comparer des choses comparables. Il n'y a pas de commune mesure entre les atrocités hitlériennes et les excès qui ont peut-être été commis du côté français. Ces excès ne trouvent-ils pas d'ailleurs leur origine dans la colère provoquée par les horreurs dont se sont rendus coupables les fellagha ? »

Ce dernier argument explique sans doute, il n'excuse pas que l'on frappe par rétorsion d'autres que les coupables. S'il en était autrement, de quel droit aurions-nous applaudi à la condamnation d'Allemands qui ont fait exécuter des otages ou raser les localités où des coups de feu avaient été tirés ?

Certes, il n'y a pas de commune mesure entre les camps d'extermination hitlériens et les internements sans jugement de « suspects ». Certes, même si nous avons fait périr des innocents, même si la police a torturé, nous n'avons pas exterminé des millions d'êtres comme du bétail, nous n'avons pas systématiquement organisé la souffrance. Mais est-ce seulement à cause de cette extermination, à cause de cette souffrance organisée que nous nous sommes opposés au nazisme ? N'est-ce pas surtout parce qu'il abolissait le droit de ne pas être soumis à l'arbitraire, la certitude qu'on ne cherchera pas à vous arracher, par la douleur, des aveux fondés ou imaginaires, en un mot parce qu'il faisait fi de la dignité de la personne humaine ?

Et n'est-ce pas au nom d'une certaine conception de la personne humaine, même en temps de conflit sanglant, que nous nous indignons au récit des crimes des fellagha ?...

... La perquisition chez M. Marrou semble donner tort maintenant aux participants français du dialogue franco-allemand. En France aussi, le pouvoir serait-il maintenant du côté du silence, et ceux qui dénoncent les excès capables de déconsidérer moralement la nation vont-ils être accusés de la démoraliser ?

Cette chronique – qui contenait une partie de la thématique du présent livre – est parue à la une de *la Croix*. Or, *la Croix* est un quotidien catholique. Il est possible de se sentir à l'aise et d'être accepté dans un milieu auquel on n'appartient pas. Depuis plus de quarante ans, je me sens engagé dans deux groupes humains auxquels je suis extérieur. Observateur-participant, je le suis comme incroyant en milieu chrétien, tout particulièrement parmi les catholiques français qui vivent dans leur foi et de leur foi, et je le suis comme Français parmi les Allemands, particulièrement ceux qui posent le plus intensément le problème de la mémoire. S'il m'est permis de tenir une certaine place dans la vie publique allemande, si j'ai la joie d'être admis comme critique fraternel dans tant de groupes chrétiens, c'est qu'on sent, qu'on sait que mon extériorité n'empêche pas la sympathie, que mon exigence parfois agressive vient de mon désir profond de les voir aussi proches que possible de ce à quoi ils affirment aspirer. Le passé de l'Église – on y reviendra –, le passé de l'Allemagne ne m'ont jamais empêché de me sentir concerné par des évolutions internes dont je n'ai jamais perçu les négatives qu'avec consternation, puisque j'avais tenté d'agir avec ceux qui œuvraient pour que leur communauté religieuse ou nationale vive à la hauteur de l'inspiration morale dont elle se réclamait en principe.

D'une façon plus générale, j'ai toujours voulu être présent dans une multitude de lieux du champ social pour participer à une mise en perspective génératrice de compréhension. Il s'agissait, il s'agit toujours de lutter contre le stupide « Nous n'avons pas de leçons à recevoir de... », formule particulièrement chérie par les hommes politiques français, alors que la critique du dehors permet de mieux voir comment on apparaît aux autres et de s'interroger sur ce qu'il y a de vrai dans la vision qu'ils ont de nous.

Il ne s'agit pas tant, comme saint Paul, de « se faire tout à tous pour en sauver quelques-uns », mais d'être présent chez d'autres pour chercher à les amener à comprendre d'autres gens, pour les inciter à ne pas négliger le poids de souffrances qui pèse sur ceux-ci et restreint souvent leur capacité de compréhension et de justice. C'est dans ce sens que j'ai toujours voulu m'engager. Un engagement qui m'a apporté bien des joies. Presque au départ. Au retour d'une première longue enquête dans l'Allemagne vaincue et détruite, j'avais publié, en octobre 1947, une série d'articles dans *Combat*. Elle était intitulée « Jeunesse d'Allemagne » et s'achevait ainsi :

> Le jeune Allemand ne se tient pas pour responsable de la folie criminelle du régime hitlérien. En quoi il a raison. Il n'y a pas de responsabilité collective pour les enfants et les adolescents. Il faudrait donc avoir une politique nette à l'égard de la jeunesse allemande. Une fois officiellement proclamé qu'on ne la tient pas pour responsable, il faudrait lui ouvrir les fenêtres, l'informer, la mettre en rapport avec la jeunesse d'autres pays...
>
> ... Il est trop tôt, paraît-il, pour faire venir de jeunes allemands en France. Que faudrait-il donc attendre ? Que les Français aient oublié l'occupation, les fusillades, les camps ? Mais il faut espérer au contraire qu'ils ne les oublient jamais ! C'est en y pensant qu'ils se doivent d'accueillir des jeunes gens de là-bas, précisément pour éviter un retour de semblables horreurs.

La jeunesse allemande, inquiète, cherche sa voie. Elle risque, si elle se sent isolée, excommuniée, de se laisser aller au plus complet des découragements, puis de se jeter sur la première idéologie venue qui lui promettra un avenir splendide – fût-ce aux dépens des autres pays...

Cette conclusion conduisit l'équipe de *Benjamin*, hebdomadaire publié par quelques jeunes Allemands sous le choc du passé, à lancer une « Initiative Oradour » : qu'en signe de repentir collectif du crime commis en leur nom, de jeunes Allemands aillent participer à la reconstruction du village victime d'un crime de guerre particulièrement atroce. Que la municipalité ait refusé, je l'ai fort bien compris : le poids de souffrance accablant les rares survivants était vraiment trop grand ! Mais la proposition de *Benjamin* me prouvait que j'étais sur la bonne voie. Même si cette voie était parfois difficile à suivre. Ainsi l'année suivante, j'acceptai d'aller parler et discuter dans un centre pour anciens jeunes cadres des jeunesses hitlériennes, créé par un occupant français sur la base de l'idée que seule l'ouverture au monde extérieur les rendrait « récupérables » pour une future démocratie allemande. Je me disais bien en leur parlant que, quelques années auparavant, peu d'entre eux auraient refusé d'obéir à l'ordre de me pousser dans une chambre à gaz, mais j'étais convaincu que le créateur du centre devait être aidé dans sa juste visée.

Et quand je me disais que je parlerais autrement si j'avais moi-même souffert davantage, lutté davantage, il me suffisait de regarder les hommes qui, à l'appel d'Emmanuel Mounier, avaient accepté de constituer le Comité français d'échanges avec l'Allemagne nouvelle dont j'étais devenu l'animateur : de Rémy Roure à Claude Bourdet, de Henri Frenay à David Rousset, ils venaient tous du combat clandestin et, pour la plupart, avaient connu prisons et camps. En particulier Joseph Rovan qui, à peine sorti de Dachau, avait écrit pour la revue *Esprit*, dirigée par Mounier, un article paru en octobre 1945. Son titre définissait le sens de notre action : « L'Allemagne de nos mérites ». La mémoire devait se faire action parce que nous étions coresponsables de l'avenir allemand, notamment de l'avenir de la mémoire allemande.

Si donc je demande à mon lecteur de réfléchir avec moi sur des crimes multiples commis dans de multiples pays à des époques diverses, et sur la façon dont ils sont présents ou absents dans de multiples mémoires, ce n'est certes pas comme l'entomologiste étudiant la vie des insectes. Il s'agit, après avoir élargi la recherche, de prolonger et d'approfondir les interrogations qui m'ont déjà conduit à écrire en particulier le chapitre « Le jugement de l'Allemagne en ruine » de mon premier livre, *L'Allemagne de l'Occident*, paru en 1953, et le chapitre « Le crime et la mémoire » de mon *Au nom de quoi ? Fondements d'une morale politique*, publié en 1969. Et j'avoue avoir l'espoir d'amener mon lecteur à accompagner ma démarche en la faisant finalement sienne. Non par plaisir intellectuel de faire partager des certitudes et des doutes, mais parce que l'auteur qui parle dans le présent livre croit qu'on transforme déjà un peu le monde et qu'on diminue, fût-ce de façon minime, la souffrance des hommes, par la manière même dont on les regarde dans leur passé et leur présent, manière liée à la façon dont on se regarde et dont on regarde les siens et leur passé.

1

QUELS CRIMES POUR QUELLES MÉMOIRES?

Fêtons l'acte créateur que fut la Révolution française! Et la Vendée? Et les massacres de Septembre, les exécutions massives de Lyon et de Nantes? Fêtons la naissance, voici deux siècles, de la belle démocratie australienne! Malgré les protestations indignées des derniers Aborigènes, rares descendants du peuple que les arrivants blancs et leurs descendants ont fait disparaître? Faisons la paix au Cambodge! Avec les Khmers rouges qui ont massacré leurs compatriotes par centaines de milliers? La Turquie pourrait être admise au sein de la Communauté européenne. La Turquie qui se refuse obstinément à reconnaître, à évoquer et même à laisser évoquer le grand massacre des Arméniens en 1915? Khrouchtchev en 1956, Gorbatchev maintenant, changent-ils la nature du régime soviétique en acceptant que puisse ouvertement entrer dans la mémoire collective la réalité de moins en moins incomplète des crimes terrifiants commis dans un passé pas très lointain?

« Souvenons-nous! » « Souvenez-vous! » : un peu partout dans le monde retentissent des appels à la mémoire. Sous différentes formes : vos crimes, leurs crimes sont dans nos mémoires; vos crimes, leurs crimes devraient être dans vos mémoires ou dans les leurs. Souvenons-nous des crimes dont les nôtres ont été victimes; souvenez-vous des crimes que les vôtres ont commis! Voici longtemps ou hier encore. Vous, les Anglais qui nous avez laissés mourir de faim, nous Irlandais. Vous les conquérants, vous, les colonisateurs, vous les hitlériens, vous, les enfants des hitlériens !

Ou bien alors : nos crimes contre vous, contre eux, devraient être dans nos mémoires ; nous vous acceptons comme partenaires parce que vos crimes sont dans vos mémoires. Pensons toujours à ce qui fut accompli en notre nom, nous, les héritiers de l'Allemagne nazie, nous, jeunes Américains évoquant Hiroshima ou le napalm au Viêt-nam.

La mémoire doit nous interdire, vous interdire de... La mémoire doit nous empêcher, vous empêcher de... La mémoire doit nous inciter, vous inciter à... Notamment à ne pas ignorer les crimes d'aujourd'hui, surtout s'ils ressemblent à ceux d'hier, quand ils sont dans le prolongement de ceux d'hier : chaque numéro du mensuel *Pogrom,* publié à Göttingen par la Société pour les peuples menacés *(Gesellschaft für bedrohte Völker)* est plein de cette continuité-là, qu'il s'agisse des Indiens (en Amérique du Sud, du Centre, du Nord), des Kurdes ou des Tsiganes. Et parce qu'il s'agit de tragédies, parce qu'il y a constamment urgence – fût-ce simplement l'urgence de ne pas laisser s'effacer le souvenir –, la tentation est grande de parler, de faire comme si tout était clair, comme si la parole était univoque.

On appelle crime ce que d'autres, ce que l'adversaire se refuse à désigner ainsi. On s'étonne de voir l'autre, de voir l'adversaire mettre sur le même plan ses souffrances et les nôtres. On dit « nous », on dit « vous », on dit « eux » sans avoir défini la nature, l'étendue, la durée des appartenances, et sans avoir précisé de quelle sorte de mémoire il s'agit. Est-elle née d'un vécu personnel, d'un souvenir collectif, d'un apprentissage scolaire ou médiatique ? Comment, en une telle matière, penser justement, c'est-à-dire à la fois avec rigueur et avec justice ?

« Tout être humain » – Vraiment ?

Au départ, une idée simple. Un crime est l'équivalent d'un autre crime de même nature et de même dimension dès lors que des êtres humains en ont été victimes. Tout homme vaut tout homme, donc toute atteinte à son intégrité est criminelle. Lisons la déclaration d'Indépendance américaine du 4 juillet 1776 : « Tous les hommes sont créés égaux ; ils sont doués par le Créateur de certains droits inaliénables ; parmi ces droits se trouvent la vie, la liberté et la recherche du bonheur. » Le 26 août 1789, la Déclaration des droits de l'homme et du citoyen proclame : « Les hommes naissent et demeurent libres et égaux en droits. » La Déclaration universelle des droits de l'homme, dont on a célébré le 10 décembre 1988 le quarantième anniversaire, voit son préambule commencer par la formulation solennelle : « Considérant que la reconnaissance de la dignité inhérente à tous les membres de la famille humaine et de leurs droits égaux et inaliénables constitue le fondement de la liberté, de la justice et de la paix dans le monde... » La Constitution de la France d'aujourd'hui confirme la validité du Préambule de celle de 1946, dans lequel : « le peuple français proclame de nouveau que tout être humain, sans distinction de race, de religion ni de croyance, possède des droits inaliénables et sacrés ». Et qui nierait que l'Église catholique est fidèle à l'inspiration évangélique lorsque, le 7 décembre 1965, on peut lire dans la Constitution pastorale sur l'Église dans le monde de ce temps – *Gaudium et spes* –, texte fondamental du concile Vatican II : « Toute forme de discrimination touchant les droits fondamentaux de la personne, qu'elle soit sociale ou culturelle, qu'elle soit fondée sur le sexe, la race, la couleur de la peau, la condition sociale, la langue ou la religion doit être dépassée et éliminée, comme contraire au dessein de Dieu » ?

Mais qui donc a pleinement respecté le principe de l'égale dignité ? Les Peaux-Rouges et les Noirs n'étaient pas plus inclus dans la démocratie américaine que les esclaves ne l'avaient été dans la démocratie athénienne. Le 4 février 1794, la Convention a bien décrété l'abolition de l'esclavage dans toutes les colonies, mais le décret n'est pas appliqué avant d'être annulé par Bonaparte en 1802. La IVe République naissante a refusé l'égalité aux musulmans d'Algérie, même quand ils avaient eu droit à l'égalité devant la mort dans les rangs de l'armée française. Et pendant combien de siècles l'Église n'a-t-elle pas appelé à la lutte sanglante contre les « infidèles », les « barbares », n'a-t-elle pas fait périr les déviants en son sein, n'a-t-elle pas, plus récemment, donné priorité à la protection de catholiques sur la défense des victimes juives d'une doctrine en principe antichrétienne ?

Qu'on prenne garde cependant de ne pas juger les contradictions d'hier en appliquant uniment les critères d'aujourd'hui! Cela pour deux raisons complémentaires. En premier lieu, parce que l'inégalité entre les cultures, donc entre les hommes participant de ces cultures, est toujours apparue comme évidente à la quasi-totalité des chrétiens et des humanistes. L'exemple d'Alexis de Tocqueville peut être considéré comme particulièrement significatif. Le *Rapport sur l'Algérie* qu'il a soumis en 1847 à la Chambre au nom de la commission des crédits extraordinaires d'Afrique est plein de mises en garde contre l'abus de la puissance : « Ne recommençons pas », dit-il à la fin, « en plein XIXᵉ siècle, l'histoire de la conquête de l'Amérique. N'imitons pas de sanglants exemples que l'opinion du genre humain a flétris. Songeons que nous serions mille fois moins excusables que ceux qui ont eu jadis le malheur de les donner ; car nous avons de moins qu'eux le fanatisme, et de plus les principes et les lumières que la Révolution française a répandus dans le monde ». Auparavant, il s'est exprimé avec sévérité et courage : « Nous avons réduit les établissements charitables, laissé tomber les écoles, dispersé les séminaires. Autour de nous, les lumières se sont éteintes, le recrutement des hommes de religion et des hommes de loi a cessé ; c'est-à-dire que nous avons rendu la société musulmane beaucoup plus misérable, plus désordonnée, plus ignorante et plus barbare qu'elle n'était avant de nous connaître. » Barbare tout de même avant la conquête française qui a abouti à un résultat clair : « La population européenne est venue; la société civilisée et chrétienne est fondée. » Il ne faut ni la cruauté, ni l'arbitraire, mais « il n'y a ni utilité, ni devoir à laisser à nos sujets musulmans des idées exagérées de leur propre importance, ni de leur persuader que nous sommes obligés de les traiter en toutes circonstances comme s'ils étaient nos concitoyens et nos égaux [1] »!

En second lieu, parce que la contradiction est encore pleinement vécue aujourd'hui. Non, il n'est pas vrai qu'un massacre d'Africains soit ressenti de la même manière qu'un massacre d'Européens! Parce que leur civilisation les a accoutumés à la sauvagerie? Peut-être – mais trouverions-nous judicieux qu'un Africain estime une hécatombe en Europe comme le produit normal d'une civilisation qui a produit Auschwitz et qui avait déjà produit Verdun? Et sommes-nous scandalisés quand les attentats contre des foyers ou des hôtels d'immigrés font périr des hommes, des femmes, des enfants, exactement comme nous le serions s'il s'agissait de victimes plus proches de notre statut national, social, ethnique?

Faut-il pour autant, au nom de l'égale dignité non plus des hommes, mais des cultures, accepter chez d'autres ce qui nous semblerait criminel chez nous? Nombre d'ethnologues et de sociologues nous invitent, en partie par réaction contre le paternalisme culturel occidental, à nous abstenir de tout jugement de valeur (et le mot *crime* est évidemment lourd de blâme, de condamnation morale!) dès lors que des violations de notre principe fondamental sont commises comme des actes normaux, puisque habituels au sein d'une culture particulière. Ne nous laissons pas abuser : si nous considérons que l'égale dignité de la femme relève de ce principe, la mutilation sexuelle des filles est criminelle, même si elle est pratiquée traditionnellement au sein d'une culture à respecter.

La définition du crime devra partir de notre jugement présent. Ainsi pour l'atteinte à l'intégrité du corps, pour la souffrance physique infligée délibérément. Quand Amnesty International dénonce la torture, quand l'ACAT (Action des chrétiens pour l'abolition de la torture) rappelle à son tour que, quarante ans après la Déclaration universelle des droits de l'homme, on torture encore dans la moitié des pays membres de l'ONU, qui donc ira défendre publiquement la légitimité d'une pratique si manifestement criminelle? Mais pendant des siècles, les mutilations les plus effroyables ont été infligées, dans les

20

pays les plus cultivés, les plus civilisés, que ce fût pour punir ou pour faire avouer, avec l'approbation, sous le contrôle, à la demande d'hommes de Loi et d'hommes d'Église. Si l'on se sent libre de pulsions sadiques, on lira avec effroi et horreur une analyse historique récente comme *Le Musée des supplices* [2]. On n'y découvrira aucune raison pour renoncer à considérer comme des crimes ce qui, jadis ou naguère, était considéré comme légitime. On se dira au contraire qu'il faut connaître ces crimes pour que la mémoire n'embellisse pas à l'excès un règne, une époque, une société.

La torture donc à coup sûr. Et le massacre. Tous les massacres ? Alors toutes les guerres ? Ou seulement les tueries que la victoire n'exigeait pas ? Ou bien seulement celles dont les victimes étaient « innocentes » – vocabulaire qui semble impliquer que les soldats sont non innocents et peuvent ainsi être tués plus légitimement ? Des crimes de guerre, mais pas la guerre comme crime ? Ou encore distinguer entre les guerres : la défense bonne, la conquête à réprouver ? Selon nos normes d'aujourd'hui, en négligeant celles d'hier ? Aucun manuel français ne parle de crimes pour la conquête de la Gaule par Jules César ; seul le meurtre de Vercingétorix prisonnier passe pour barbare. Parce que les Romains apportaient la civilisation ? Que dire alors des conquêtes coloniales ? A supposer qu'on ne les juge pas trop sévèrement – qu'est-ce qu'une conquête coloniale ? Sûrement celle de l'Algérie en 1830 ; sûrement pas celle de la Pologne par Hitler – mais la conquête de l'Éthiopie par Mussolini est-elle à rapprocher du cas de la Pologne plus que de celui de l'Algérie ?

Il n'y a pas que la mort infligée par les armes. La famine peut constituer un moyen de massacrer. Il y a crime assurément quand la volonté de massacre existe. Ainsi, lorsque des Arméniens de Turquie sont « transférés » délibérément vers des zones désertiques. Ou lorsque Staline isole l'Ukraine et la prive délibérément de ressources alimentaires. Crime encore quand la famine est acceptée comme conséquence d'une politique, par exemple par Staline lors de la « dékoulakisation ». Et quand un pouvoir sait que son abstention tue et qu'il s'abstient tout de même ? Comme le gouvernement britannique lors de la grande famine d'Irlande au siècle dernier ou comme les gouvernements européens face aux famines africaines de nos jours ?

Tous les crimes ne sont pas de même portée pour l'appréciation du passé, ni pour le jugement politique, l'action politique d'aujourd'hui. Et l'on est en droit de ne pas considérer comme également criminels, comme également passibles de condamnation morale tous les éléments de la longue liste que constitue le paragraphe 3 du chapitre 27 de *Gaudium et spes* : « Tout ce qui s'oppose à la vie elle-même, comme toute espèce d'homicide, le génocide, l'avortement, l'euthanasie et même le suicide délibéré ; tout ce qui constitue une violation de l'intégrité de la personne humaine, comme les mutilations, la torture physique ou morale, les contraintes psychologiques ; tout ce qui est offense à la dignité de l'homme, comme les conditions de vie sous-humaines, les emprisonnements arbitraires, les déportations, l'esclavage, la prostitution, le commerce des femmes et des jeunes, ou encore les conditions de travail dégradantes qui réduisent les travailleurs au rang de purs instruments de rapport, sans égard pour leur personnalité libre et responsable : toutes ces pratiques et d'autres analogues sont, en vérité, infâmes. »

Comment ne pas être sensible cependant au rapprochement entre les actes de violence sanglante et les souffrances durables provoquées ou maintenues par ce qui a été fort justement appelé la violence structurelle ? Ne serait-ce qu'à cause de sa présence dans telle ou telle mémoire, celle du mouvement ouvrier par exemple. Ne serait-ce qu'à cause de sa réalité dans le présent. Au Brésil, des Indiens sont encore assassinés, moyen simple pour l'appropriation des terres sur lesquelles ils vivaient. La misère des paysans non indiens sans terre est-elle pour autant négligeable, cette misère à laquelle il pourrait être porté remède et qui est donc, pour une part, d'origine criminelle puisqu'il n'y est pas porté remède ?

On peut considérer pourtant qu'il n'est pas abusif, pour réfléchir sur la présence du crime dans la mémoire, sur les fonctions politiques de cette mémoire, de se limiter à certaines catégories de crimes, sans se sentir pour autant obligé de s'en tenir à des délimitations infranchissables. D'envisager la violence en acte plus que la violence structurelle, sauf lorsque celle-ci est directement liée à celle-là. La souffrance, la mort infligées par un pouvoir politique ou en son nom plutôt que par tel individu ou par un groupe à d'autres individus ou d'autres groupes. Encore un lynchage est-il rarement séparable d'une abstention du pouvoir. Encore un pogrom n'est-il que rarement « spontané ». Il est vrai aussi que le crime d'en haut répond souvent à des crimes d'en bas – dont les auteurs invoquent souvent la violence structurelle imposée à ceux au nom desquels ils affirment recourir à la violence ouverte. La logique de la réflexion interdira ainsi d'exclure le terrorisme d'hier et surtout d'aujourd'hui.

Les « nous » et les « ils ».

L'emploi du « nous » et du « eux » est habituel. Surtout pour le sujet de ce livre. Leur crime et notre mémoire; leur crime et leur mémoire. Et aussi : notre crime et notre mémoire, notre crime et leur mémoire. Est-il légitime de postuler ainsi des appartenances? Le principe de référence, la dignité égale de la personne humaine, ne devraient-ils pas faire rejeter les jugements, peut-être même l'analyse, par groupes, par appartenances? La règle de base n'est-elle pas celle que le cardinal Karol Wojtyla, futur Jean-Paul II, a énoncée ainsi : « Le terme de " prochain " ne prend en considération que la seule humanité de l'homme, humanité qui revient à tout " autre " qu'à " moi-même ". Le terme de " prochain " fournit donc la base la plus large pour la communauté, une base qui s'étend par-delà toute altérité, et aussi bien qui résulte de l'être-membre de diverses communautés humaines [3]. » ? Mais est-il possible d'agir, de juger en conséquence ? Ce même pape ne privilégie-t-il pas son appartenance catholique, n'est-il pas en partie déterminé par son appartenance polonaise ?

Rien de plus générateur d'exclusions et de meurtres que le terrible article défini : *les* Juifs, *les* Arabes, *les* Russes, *les* Allemands, *les* Corses. Et il faudrait enseigner dans toutes les écoles la logique élémentaire qui doit faire trouver stupide le célèbre syllogisme : Artaxerxès dit que les Crétois sont menteurs; or il est crétois; donc il est menteur; donc les Crétois ne sont pas menteurs; donc il dit vrai; donc les Crétois sont menteurs – et ainsi de suite. Le contraire de « tous » n'est pas « personne » mais « les uns oui, les autres non », de même que le contraire de « toujours » n'est pas « jamais » mais « tantôt, tantôt ». Cependant, l'article défini est constamment présent, chez les acteurs des affrontements comme chez les historiens qui les décrivent. Même si on aboutit ainsi à des jugements intenables. Selon le moment, selon les personnes, selon les groupes, selon qu'on considère le regard des membres de ces groupes ou de leurs ennemis, les chrétiens ont eu pour source de comportement tantôt l'Évangile, tantôt le manuel de l'Inquisition. Le « véritable » islam d'aujourd'hui est à la fois la religion de tolérance définie par ses théologiens spiritualisés et celle d'un intégrisme haineux et meurtrier. Il importe de faire connaître l'existence des premiers à tous ceux qui assimilent l'islam au crime. Mais peu importe aux victimes des exécutions et des attentats que les tolérants existent.

Le crime naît souvent de l'appartenance, de la relation ami/ennemi qu'elle engendre. Et plus encore la bonne conscience du crime. Dieu n'est pas là pour tous les hommes; il doit protéger les miens et frapper l'adversaire, évidemment coupable. Et on pourra alors chanter de terribles Psaumes :

Par ton épée, libère-moi du méchant!
Que ta main, Seigneur, les chasse de l'humanité,
hors de l'humanité et du monde. (Ps. XVII)

Je poursuis mes ennemis, je les rattrape,
Je ne reviens pas avant de les avoir achevés.
Je les massacre, ils ne peuvent se relever,
ils tombent sous mes pieds...

De mes ennemis, tu me livres la nuque,
et j'extermine mes adversaires. (Ps. XVIII)

La Traduction œcuménique de la Bible dit, dans son introduction au Deutéronome, que le dernier livre du Pentateuque « enseigne une morale de l'amour en acte ». Peut-être; on y lit cependant :

> Sihôn sortit à notre rencontre, lui et tout son peuple... Et le Seigneur notre Dieu nous le livra... Alors nous avons occupé toutes ses villes et nous avons voué à l'interdit chaque ville : les hommes, les femmes et les enfants; nous n'avons laissé survivre aucun reste. (II, 33-34)

> ...Les villes de ces peuples-ci, que le Seigneur ton Dieu te donne en héritage, sont les seules où tu ne laisseras subsister aucun être vivant (par comparaison avec celles où il faut tuer seulement les hommes et garder femmes et enfants comme butin). En effet, tu voueras totalement à l'interdit le Hittite, l'Amorite, le Canaéen, le Perizzite, le Hivvite et le Jébusite... (XX, 16-17)

Voici un siècle encore, on apprenait aux lecteurs d'une collection « Bibliothèque de la Jeunesse chrétienne » qu'en l'an 639 les « hordes victorieuses » des musulmans « commencèrent leur œuvre de destruction » en prenant Jérusalem, alors qu'elles n'y commirent aucun massacre, tandis que l'entrée des croisés en 1099 est décrite ainsi :

> Les vainqueurs se répandent alors dans les rues et font retentir l'air du cri : « Dieu le veut! Dieu le veut! » Les musulmans jettent leurs armes et fuient dans toutes les directions; l'armée chrétienne réunie dans Jérusalem s'abandonne aux transports de la plus vive allégresse. Ainsi fut remportée cette mémorable victoire, vendredi, à trois heures après midi; c'était le jour et l'heure de la passion de notre Sauveur. Les chrétiens irrités des outrages des Sarrasins et de la longue résistance qu'ils leur avaient opposée, vengèrent leurs frères morts par le massacre de 70 000 Sarrasins [4].

A partir de la triple appartenance chrétienne, française et européenne, il sera alors possible de conclure :

La première croisade offre de merveilleux exploits; la vieille France y a conquis de la gloire et les souvenirs de bravoure sont toujours précieux pour la patrie. La croisade profita à la situation intérieure de l'Europe; les guerres particulières et les fléaux de l'anarchie féodale cessèrent. Toutes les haines se confondirent dans une seule, la haine contre les ennemis du christianisme. Il y avait dans cette disposition universelle de grands éléments de paix et de civilisation.

L'appartenance privilégiée peut conduire au crime. Le crime peut aussi créer le sentiment d'appartenance. Tantôt les victimes de la persécution sont conduites à se sentir membres du groupe persécuté, alors même qu'elles n'avaient auparavant que de faibles liens avec lui : ainsi pour nombre d'Allemands ou de Français juifs sous Hitler. Tantôt le crime fait partie d'une stratégie d'identification – directement ou par l'intermédiaire du crime que l'ennemi commettra par réaction. Tel attentat dans le métro contre un occupant allemand, tels assassinats commis par les insurgés en Algérie avaient pour but de provoquer des représailles qui frapperaient des Français ou des Algériens musulmans jusqu'alors à l'écart de la lutte et poussés par ces représailles à la solidarité avec la Résistance, avec le FLN. Jean-Paul Sartre a fait l'éloge enthousiaste du cycle meurtres-représailles-solidarisation dans sa préface aux *Damnés de la Terre* de Franz Fanon, affirmant notamment en toute mauvaise conscience colonisatrice, et avec admiration pour la violence décolonisatrice : « En le premier temps de la révolte, il faut tuer : abattre un Européen, c'est faire d'une pierre deux coups, supprimer en même temps un oppresseur et un opprimé; restent un homme mort et un homme libre; le survivant, pour la première fois, sent un sol *national* sous la plante de ses pieds [5]. »

Identifier le groupe ennemi par la mémoire d'un crime peut servir de justification à des massacres qui, sous prétexte de punition retardée ou de vengeance justifiée, passeront pour non criminels aux yeux des meurtriers. Pendant des siècles, des Juifs ont été torturés, abattus, brûlés au nom de leur appartenance à un « peuple déicide », une fois admis qu'on ne désirait pas que la victime de la cruci-fixion appartînt au même peuple que les hommes qui avaient réclamé sa mort. Les haines tribales se prolongent à coups d'évocations, d'invocations de crimes anciens attribués à la collectivité ennemie. La mort d'un membre du groupe servira de justification à l'action meurtrière de ce groupe ; le nom du martyr jouera le rôle d'emblème afin que sa mémoire puisse servir à la fois à l'identifica-tion du groupe et à sa justification. Les groupes terroristes palestiniens se donnent le plus souvent le nom d'un mort tué pour leur cause, quand ce n'est pas le nom d'un mas-sacre plus large. Il est vrai cependant que Septembre noir ne s'est pas vengé sur le roi Hussein, responsable de la tuerie, mais sur l'ennemi « impérialiste » – israélien ou occidental en général. En France, un groupe terroriste s'est donné le nom de Pierre Overney, tué devant les usines Renault.

La mémoire d'autrui peut contraindre à une apparte-nance prioritaire. Dans l'après-guerre, nombre de jeunes Allemands ont découvert que leur non-participation évi-dente au crime n'empêchait pas leur identification en tant qu'Allemands, même s'ils se sentaient appartenir davan-tage à l'ensemble « jeunes », à l'ensemble « étudiants » ou à l'ensemble « femmes ». Peu importaient les apparte-nances socialement vécues : la mémoire du dehors créait l'identification au dedans national qui devenait ainsi à son tour un vécu fort réel.

Le culte du souvenir n'aboutit pas nécessairement à des exclusions, à la glorification du groupe d'appartenance dans la dénonciation de groupes ennemis. L'Église célèbre les martyrs en principe non seulement pour affer-mir la foi et le sentiment de solidarité des chrétiens, mais aussi pour les appeler à aimer jusqu'au sacrifice et non à haïr un ennemi qui n'est ennemi qu'à cause de la haine qui l'anime, lui. En novembre, chaque année, à l'occasion du *Volkstrauertag*, de la journée nationale de deuil, une cérémonie solennelle au parlement de Bonn évoque toutes les victimes, avec une place particulière pour les victimes de crimes commis au nom de l'Allemagne.

Mais la commémoration du sang versé aboutit tout de

même le plus souvent à la glorification d'une appartenance face à d'autres appartenances considérées sous un aspect négatif. L'identification des anciens combattants n'opère pas nécessairement une délimitation face à l'ancien ennemi; elle privilégie l'ensemble au nom duquel le combat a été mené, à savoir la nation. Elle conduit donc à considérer comme des diviseurs, sinon comme des traîtres, ceux qui pensent soit que la nation ne doit pas se séparer, s'isoler du dehors, soit que l'unité nationale ne doit pas oblitérer les conflits internes, notamment les antagonismes nés de l'injustice sociale. La commémoration des fusillés de la Commune de Paris devant le mur des Fédérés a, pour sa part, longtemps servi de geste d'identification à la bonne Gauche, face à une méchante Droite, héritière des fusilleurs.

La vie politique, la vie sociale dans son ensemble voient s'affronter des groupes en lutte pour leur représentativité. Ils s'adressent aux individus pour leur dire : « Tu dois privilégier l'appartenance que j'incarne. Tu dois te sentir représenté par moi. » Moi, syndicat, moi, mouvement féministe, moi, parti politique. Le souvenir des victimes constitue une arme efficace dans cet affrontement. Victimes d'une violence sanglante ou victimes d'une violence structurelle non encore complètement éliminée. L'appel à l'appartenance au nom de la mémoire peut être générateur de conflits d'identité. Ainsi, pour des Français arméniens appelés à se considérer comme Arméniens français, pour des Français juifs appelés à se considérer prioritairement comme des Juifs français.

En sens inverse, le crime pourra être nié, dans sa nature et dans sa dimension, pour que sa mémoire ne gêne pas la définition du groupe ennemi d'aujourd'hui. S'il y a eu volonté d'extermination des Juifs dans l'Allemagne hitlérienne, si ce crime, par sa visée et son extension a occupé une place spécifique dans la gradation de l'horreur, il n'est plus licite de mettre sur le même plan tous les crimes engendrés par le capitalisme, moins encore d'attribuer au seul capitalisme tous les crimes massifs commis au nom de pays à économie non collectivisée. Pour le salut de l'idéologie, il faut donc nier la réalité passée et qualifier de mensongère sa mémoire. Ou bien on niera l'intention exterminatrice et le degré d'extermination atteint pour mieux pouvoir montrer que l'impérialisme génère partout, notamment au Viêt-nam, des crimes semblables [6].

Plus souvent, cependant, un groupe, en particulier une collectivité nationale, cherchera à faire le silence sur des crimes ou des complicités dont l'évocation affaiblirait la bonne conscience qui soutient sa mémoire collective. Dans l'Autriche d'après 1945, on a cultivé la mémoire du crime qu'a constitué l'*Anschluss,* l'annexion par l'Allemagne en 1938; on pouvait ainsi se sentir victime. Mais on gommait le consentement massif et largement enthousiaste à ce viol, puis les actes criminels auxquels l'annexion a associé nombre d'Autrichiens : une participation non mémorisée ne saurait venir troubler la conscience publique dès lors qu'on n'est pas, puisque victime, mis en accusation du dehors. Dans la Suisse d'aujourd'hui, quand un écrivain ou un cinéaste rappelle la complicité d'assassinat qu'a constitué le refoulement de réfugiés juifs, rendu possible par l'apposition, à la demande des autorités suisses, d'un *J* bien visible sur le passeport allemand, il est peu entendu, sauf par les pouvoirs politiques ou sociaux qui cherchent à le marginaliser pour que la mémoire nationale ne soit pas trop troublée.

Les manques de respect de la logique.

La mémoire est un composite. Elle comprend évidemment le vécu personnel, surtout quand il a fait participer à des tragédies. Elle a aussi été acquise à un âge où l'on ne sait pas que l'on acquiert une mémoire. L'entrée de l'enfant dans la société, sa socialisation, est tributaire de l'apprentissage du passé tel que celui-ci lui est présenté dans les récits familiaux et dans les manuels scolaires. Surtout en France où l'Histoire est présente dès l'enseignement primaire. Le jeune immigré devient français en acquérant pour ancêtres Jeanne d'Arc et Napoléon. Ou plutôt il le devenait : le poids de l' « Histoire de France » a diminué à la fois parce que son enseignement a évolué et parce que l'école n'a plus qu'un pouvoir limité face à la présence constante de la télévision. Celle-ci transmet un savoir éclaté dans l'espace et dans le temps, donc une mémoire disloquée, ce qui ne présente pas seulement des inconvénients : le jeune téléspectateur est plus disponible à des visions du passé différentes de celles qui lui sont transmises dans les principaux groupes d'appartenance, famille et nation. Il est vrai cependant que les choix des programmateurs, le travail des réalisateurs sont à leur tour fonction de leurs mémoires, donc de leurs conceptions particulières du passé et de ses prolongements dans le présent.

Les émissions risquent d'être trop respectueuses du pouvoir. Pouvoir des puissants de la politique et de l'argent désireux de voir présentée ou tue telle ou telle vision du passé. Pouvoir des spectateurs qu'on ne veut pas perdre en mettant en cause leur mémoire acquise, fondement de leurs convictions et même de leurs émotions. Il en va de même dans les manuels : dans l'entre-deux-guerres, il a fallu du courage aux auteurs de la célèbre collection Malet-Isaac pour présenter, à la fin des chapitres consacrés aux guerres de 1870 et de 1914, la traduction de passages correspondants de manuels allemands. Il faut encore du courage à une chaîne de télévision pour mettre en question les mémoires françaises en montrant, en laissant parler d'autres mémoires. Dans les régimes politiques où l'information – scolaire et télévisuelle – est accaparée par l'autorité politique, celle-ci peut hésiter sur les contenus à transmettre, à faire acquérir. Dans l'Union soviétique de Mikhaïl Gorbatchev, les manuels d'Histoire ont été retirés dans les lycées en 1988. Ils n'ont pas été immédiatement remplacés, ce qui a contraint à supprimer la matière à l'examen final : jusqu'où peut aller une nouvelle politique de la mémoire sans que se trouvent ébranlées les croyances indispensables à l'adhésion des citoyens au pouvoir de l'autorité ? Et si le libre examen du passé était pleinement autorisé, comment l'autorité pourrait-elle éviter un examen vraiment libre du présent ?

Il existe partout un décalage entre le produit de la recherche historique et le contenu des manuels, même ceux des grandes classes. Décalage dans le temps : il faut un délai pour que découvertes et réajustements soient « vulgarisés ». Décalage dans la présentation : l'incertitude née de connaissances nouvelles est mieux à sa place dans l'ouvrage savant que dans le manuel. Mais l'historien à son tour n'est pas un pur esprit détaché de la société. Il n'acquiert et ne présente pas un pur savoir. Il est tributaire de sa propre mémoire. Il respire l'air du temps. Il risque ainsi d'infléchir ses analyses pour rendre anodin tel crime, pour exalter le souvenir de telle catégorie de victimes plutôt que de telle autre. Pas nécessairement de façon délibérée, au point même que la vision qu'il a de telle époque peut influencer sa vision de telle autre. Parfois, il y a même influence réciproque : chez Albert Soboul, longtemps grand maître de l'histoire de la Révolution française, quelle était la part de sa vision de 1793 quand il s'intéressait à la Révolution bolchevique et à ses prolongements politiques, quelle était la part de sa vision de 1917 dans sa vision de 1793 ?

S'intéresser aux souffrances du peuple plutôt qu'à la gloire du roi, voilà une orientation de recherche qui tenait au coefficient personnel de Pierre Goubert. Mais le succès, en 1966, de *Louis XIV et vingt millions de Français* provenait aussi de l'air d'un temps où le vent soufflait de gauche. Rendre justice à la grandeur du roi était la légitime préoccupation personnelle de François Bluche. Cependant, l'impact, en 1986, de son *Louis XIV* était dû pour une part à l'air d'un temps où le vent soufflait de droite. Pour essayer d'échapper à ce vent, il faut d'abord humer l'air pour percevoir son orientation et se mettre en garde contre ses effets. Il faut avoir la passion de la vérité plutôt que celle du combat à mener avec l'arme d'une vérité d'autant plus incomplètement dégagée qu'on projetait de s'en servir comme d'une arme. La bibliographie récente sur la guerre de Vendée est éclairante à cet égard. Le grand livre n'est pas parmi ceux qui défendent une cause. C'est celui qui est né d'un effort de compréhension, de sympathie pour toutes les causes [7]. Un effort qui empêche aussi bien la sécheresse que la partialité et qui n'exclut ni la recherche patiente, ni la rigueur logique. Ce sont là les vertus méthodologiques qu'il faut pratiquer d'autant plus qu'est en cause la mémoire de crimes. Ce sont ces vertus qu'on est en droit de demander aux auteurs dont on veut utiliser les apports.

Mais tout est utilisable dès lors que l'utilisateur sait qu'aucun auteur ne peut faire entièrement abstraction de sa mémoire, que le contenu soit fait d'événements vécus ou de données de la mémoire collective d'un groupe d'appartenance. Tantôt l'auteur assume sa mémoire : sans doute est-il possible de considérer que la façon dont un grand expert de l'islam comme Maxime Rodinson cherche à ne pas être déterminé par son appartenance au judaïsme risque de le conduire à la détermination inverse, celle de parler et d'écrire pour prouver, pour se prouver qu'il est libre par rapport à cette appartenance. Il est permis aussi d'estimer que le rappel de ses attitudes passées de communiste à la pensée sectaire et haineuse garde encore des traces d'autocomplaisance. Mais on a tout naturellement tendance à faire crédit à quelqu'un capable d'un tel effort sur lui-même [8].

Tantôt, en revanche, il y a refus de mémoire. Quand il s'agit alors d'une pensée aboutissant à des condamnations catégoriques, on est poussé à la méfiance ou, au moins, à la vigilance critique. Ainsi, dans le cas de telle analyste combattante qui écrit dans les années soixante-dix sur « les communistes et leurs juifs » au cours des moments les plus âpres de la guerre froide, en oubliant de dire, peut-être même de penser, qu'elle-même a participé de la façon la plus engagée à leur combat. Annie Kriegel montre que « ce que les communistes proposent à leurs juifs, c'est d'échanger leurs " particularités " contre celles d'une classe, la classe ouvrière ». Qui soupçonnerait qu'elle-même avait écrit alors : « La " solidarité juive " n'est donc pas une conception communiste. C'est une conception nationaliste bourgeoise... Le sionisme a un fondement nationaliste et raciste. » Et, après avoir affirmé que « Hitler s'est gardé de faire du mal aux Juifs de la grande bourgeoisie », elle ajoutait – sur la base d'une délimitation réelle à l'intérieur du camp de concentration de Buchenwald – cette phrase insensée : « Qui oubliera jamais que Léon Blum, des fenêtres de sa villa, aux côtés de sa femme, contemplait la fumée des fours crématoires [9] ? »

Pour établir la correspondance ou le décalage existant entre les faits et leur mémoire – ou leur oubli –, il faudrait souvent mieux connaître la mémoire personnelle des auteurs qui les évoquent ou les rejettent. Il faudrait aussi être en mesure de vérifier les documents qu'ils citent à l'appui de leurs conclusions. Or, il est évidemment impossible d'avoir longuement travaillé sur l'Allemagne hitlérienne et de s'être parallèlement occupé de la même façon de l'Arménie ou du Cambodge. On fera donc nécessairement confiance aux apports les plus convaincants par leur rigueur au moins apparente, en essayant, lorsqu'il y a controverse, de ne pas confondre l'essentiel avec l'accessoire. Il importe par exemple de savoir que le capitaine Dreyfus n'a pas écrit le fameux bordereau; si celui-ci avait vraiment été de sa main, sa condamnation n'aurait pas constitué un crime judiciaire. Pour juger rétrospectivement un puissant mouvement d'opinion, au cœur de la Guerre froide, il n'est pas indifférent de savoir que, même si l'exécution des époux Rosenberg a été criminelle, il est à peu près certain aujourd'hui que Julius Rosenberg n'était nullement innocent [10]. Mais il est absurde de considérer que le régime hitlérien se trouverait quasiment absous si, le 28 février 1933, ce n'étaient pas les hitlériens qui avaient mis le feu au Reichstag; on peut en effet se laisser convaincre [11] que Hitler a simplement tiré avantage de l'incendie allumé par le jeune Hollandais ensuite condamné et exécuté, à l'issue d'un procès célèbre, sans pour autant trouver moins abominables les crimes hitlériens d'une tout autre dimension que la mise à feu nocturne d'un immeuble vide !

Lorsqu'un document appelle la critique, celle-ci peut avoir des portées très différentes. Que d'ironie acerbe et d'insinuations variées chez les négateurs du massacre des Juifs à propos du Journal de la petite Anne Frank! Il s'agirait d'un faux – donc le texte ne saurait constituer le témoignage d'une persécution subie. Or voici qu'une ample édition critique nous apprend qu'effectivement il y a eu des coupures et une réécriture partielle. Procédé contestable sans doute, mais qui s'explique dans la mesure où le père survivant a voulu écarter – comme cela avait été trop longtemps fait pour les lettres de Mozart – les passages scatologiques et les fantasmes de l'adolescente, ainsi que l'expression de ses moments de rejet à l'égard de sa mère et des gens qui leur donnaient courageusement asile, cela pour ne pas détourner l'enjeu du récit émouvant de l'enfermement et de ses conséquences [12]. Autre exemple : si la recherche la plus récente et la plus minutieuse aboutit à 1 550 et non plus à 3 000 ou 5 000 protestants forçats sur les galères du roi, la nature des crimes qu'a entraînés la révocation de l'Édit de Nantes par Louis XIV ne s'en trouve nullement modifiée [13]. En revanche, il faudra veiller à ne pas analyser la barbarie subie par les Arméniens de Turquie en 1915 sans s'interroger sur l'authenticité de tel télégramme ou de tel témoignage supposés prouver la volonté gouvernementale d'organiser systématiquement l'extermination totale.

La signification des faits établis concerne tantôt la nature et la dimension du crime, tantôt leur explication, c'est-à-dire les chaînes causales dont le crime serait l'aboutissement. Expliquer est indispensable dès lors qu'on veut juger, fût-ce simplement pour donner du sens aux comparaisons. Or, expliquer est ardu. Pas seulement parce qu'il n'y a jamais de cause unique, de point de départ net qu'on trouverait « en dernière instance ». Davantage encore parce qu'on risque constamment de raisonner faux. Si je dis que tout régime totalitaire cherche à éliminer par la violence tout adversaire réel ou supposé, je m'interdis de donner le totalitarisme comme explication à tel ou tel crime, puisque je confondrais un attribut avec une cause. Si Hitler est un produit du capitalisme, mais Roosevelt aussi, c'est que le capitalisme n'est que faiblement explicateur du système hitlérien.

Que veut dire d'ailleurs « expliquer Hitler » ? Savoir comment sa personnalité s'est constituée ? Savoir comment il a pu séduire tant d'Allemands avant d'arriver au pouvoir? Comment il a accédé à ce pouvoir? Quelle était la nature de ce pouvoir? Comment il a abouti à la guerre la plus sanglante et aux massacres les plus horribles? Il existe évidemment des liens entre ces diverses dimensions : sans les soutiens reçus, notamment de la droite antirépublicaine, Hitler ne serait pas devenu chancelier. On n'en déduira pas pour autant – surtout pour peser les culpabilités – qu'Alfred Hugenberg, chef du parti national-allemand et grand patron de presse, a provoqué, a causé Auschwitz au même titre que Heinrich Himmler, ni que l'idéologie des siens devait aboutir inéluctablement au crime massif. Ce qui a rendu possible n'est pas identique à ce qui a fait accomplir.

Expliquer Staline, ce n'est pas expliquer pleinement l'Archipel du Goulag! Pour comprendre trois décennies de crimes, il ne suffit pas d'expliquer un personnage. Quel héritage de répression a-t-il reçu à la mort de Lénine? Pourquoi et comment a-t-il pu être libre de ses pires décisions et les voir appliquées? Comment et pourquoi a-t-il été obéi? Pendant longtemps – et aujourd'hui encore – il a été particulièrement étonnant de voir des hommes se réclamant du marxisme, c'est-à-dire de l'explication par les structures économiques et sociales, elles-mêmes productrices de structures mentales, « expliquer » le Goulag par la nature propre et l'action d'une personnalité quasiment détachée du système politique et de son infrastructure sociale et économique.

Gardons-nous aussi des notions simples, trop simples, par exemple de la notion d'intérêt. Hitler avait sans doute intérêt à disposer, avec les Juifs, d'un bouc émissaire commode dès lors qu'il voulait rassembler en temps de crise des groupes sociaux antagonistes. Mais son anti-sémitisme n'était pas un recours rationnel face à une conjoncture particulière. A preuve, entre autres, la subordination de la victoire – nécessitant le bon ravitaillement ferroviaire du front en hommes et en armes – à la déportation des Juifs pour laquelle les trains devaient être disponibles par priorité.

Ce trafic ferroviaire était parfaitement organisé par la *Reichsbahn,* la société nationale des chemins de fer allemands. On pourra y trouver un facteur spécifique d'explication de la réussite du massacre : il a été pratiqué grâce aux ressources d'une administration et d'une technologie également « avancées ». Et également disponibles, également instrumentalisables. Mais jusqu'où aller dans l'interprétation d'un tel facteur explicatif ? On tient peut-être un trait particulier de la société allemande, de la culture allemande, à base de perfectionnisme administratif soumis à l'autorité, au pouvoir, cette perfection ayant elle-même un fondement à la fois prussien et luthérien. La logique incite cependant à se demander alors pourquoi les trains de la déportation ont pu quitter Drancy sans problème et parvenir sans encombre à la frontière française...

Il ne faut certes pas pousser trop loin la logique : on risque d'aboutir à des absurdités et c'est même au nom de logiques devenues folles que nombre de crimes ont été commis. Mais la recherche de la cohérence est indispensable dès lors qu'on veut comparer, qu'on veut juger. La démarche cohérente est malaisée. Voici deux faits situés en des lieux fort différents de la mémoire qui sont à rapprocher parce qu'ils paraissent semblables. La cohérence veut que l'on constate cette similitude, mais non que l'on conclue à l'identité. Ils sont semblables jusqu'à un certain point, mais c'est peut-être au-delà de ce point que se trouve l'essentiel de la comparaison à effectuer. Surtout s'il s'agit d'un essentiel moral. Au nom de la cohérence, chacun devrait s'interdire d'admirer les fantasmes du marquis de Sade s'il se veut en droit de réprouver les tortionnaires sadiques de notre siècle. Et aussi d'expliquer le pire criminel de droit commun par ses pulsions, par le subconscient installé dans sa plus tendre enfance, tout en refusant toute explication de ce genre à Julius Streicher, le condamné de Nuremberg le plus frénétiquement, le plus bassement fanatique. Mais une telle explication ne change rien à la dimension du crime ni surtout à la nature d'un régime qui a précisément permis à un Streicher de faire prévaloir ses visions les plus avilissantes et les plus meurtrières.

Il est peut-être inutile, pour comprendre et faire comprendre ce qu'est la recherche de la cohérence, avec sa difficulté, de recourir à des raisonnements un peu abstraits. Ne suffit-il pas de relire l'un des plus beaux passages de l'inépuisable roman que sont *Les Misérables* de Victor Hugo ? Souvenez-vous, tout au début, de la visite du bon évêque, Mgr Myriel, au vieux et noble conventionnel mourant. Celui-ci dit :

... – La Révolution française, c'est le sacre de l'humanité.
L'évêque ne put s'empêcher de murmurer :
– Oui ? 93 !
... – Ah ! vous y voilà ! 93 ! J'attendais ce mot-là. Un nuage s'est formé pendant quinze cents ans. Vous faites le procès au coup de tonnerre.
L'évêque sentit, sans se l'avouer peut-être, que quelque chose en lui était atteint... Il ajouta, en regardant fixement le conventionnel :
– Louis XVII ?
– Louis XVII ? Voyons. Sur qui pleurez-vous ? Est-ce sur l'enfant innocent ? alors soit. Je pleure avec vous. Est-ce sur l'enfant royal ? je demande à réfléchir. Pour moi, le frère de Cartouche, pendu sous les aisselles en place de Grève jusqu'à ce que mort s'ensuive, pour le seul crime d'avoir été le frère de Cartouche, n'est pas moins douloureux que le petit-fils de Louis XV, enfant innocent, martyrisé dans la tour du Temple pour le seul crime d'avoir été le petit-fils de Louis XV...
Revenons à l'explication que vous me demandiez. Que me disiez-vous ? que 93 a été inexorable ?
– Inexorable, oui, dit l'évêque. Que pensez-vous de Marat battant des mains à la guillotine ?
– Que pensez-vous de Bossuet chantant le *Te Deum* sur les dragonnades ?
La réponse était dure, mais allait au but avec la rigidité d'une pointe d'acier. L'évêque en tressaillit ; il ne lui vint aucune riposte, mais il était froissé de cette façon de nommer Bossuet. Les meilleurs esprits ont leurs fétiches et parfois se sentent vaguement meurtris des manques de respect de la logique.

Les manques de respect qu'implique la logique de la cohérence du jugement, il ne faut pas s'y refuser, dès lors qu'on ne cesse pas pour autant de considérer les empreintes, les souffrances que les crimes ont laissées dans les mémoires.

Notes du chapitre premier

1. Alexis de Tocqueville, *De la colonie en Algérie.* Présentation (excellente) de Tzvetan Todorov, Bruxelles, Complexe, 1988, 191 p., p. 153, 170, 171 et 179.

2. Roland Villeneuve, *Le Musée des supplices,* H. Veyrier, 1985, 363 p. in-4°.

3. Karol Wojtyla, *Personne et Acte,* Le Centurion, 1983, p. 330.

4. F. Valentin, *Abrégé de l'Histoire des croisades,* Tours, Mame, 1870 p. 10, 81, 103.

5. Maspero, 1961, p. 20.

6. V. l'analyse lumineuse d'Alain Finkielkraut, *L'Avenir d'une négation.* Réflexions sur la question du génocide, Seuil, 1982, 186 p.

7. Jean-Clément Martin, *La Vendée et la France,* Seuil, 1987, 207 p.

8. Maxime Rodinson, *Peuple juif ou problème juif?,* Maspero, 1981, p. 5 à 9 et 10 à 41.

9. Annie Kriegel, « Les Communistes français et leurs Juifs », paru dans *L'Arche,* revue du Fonds social juif, févr. 1971, repris p. 177-196 dans *Communismes au miroir français,* Gallimard, 1974 (citations p. 189 et 191) et la même Annie Besse, « A propos du sionisme et de l'antisémitisme », *Cahiers du communisme,* février 1953, p. 241-249 (cit. p. 242, 243, 245).

10. Cf. R. Radosh, J. Milton, *Dossier Rosenberg,* Hachette, 1985, 319 p.

11. En dernier lieu par U. Backes et al., *Reichstagsbrand.* Aufklärung einer historischen Legende, München, Piper, 1986, 326 p.

12. *Die Tagebücher der Anne Frank,* Einführung von H. Paape, G. Van Der Stroom, D. Barnouw, Frankfurt, Fischer, 1988, 792 p. (trad. du néerlandais).

13. André Zysberg, *Les Galériens.* Vies et destins des 60 000 forçats sur les galères de France 1680-1748, Seuil, 1987, 342 p.

2

AUSCHWITZ PAR COMPARAISON

La comparaison nécessaire et difficile.

Mentionnons l'interdit, respectable mais absurde, pour mieux le transgresser. Toute comparaison serait non seulement impossible, mais sacrilège. Il y aurait impiété pour les victimes, offense pour les survivants, dès lors que la mention d'un autre massacre apparaîtrait à côté de ce qu'a été, de ce qu'évoque Auschwitz. Un premier argument mérite examen : tout rapprochement serait à exclure puisque toute parole, même non comparative, serait à proscrire, puisque seul le silence serait à la mesure de la Shoah *. Peut-être en effet la douleur silencieuse, la contemplation du crime dans la commémoration

---

* Pendant longtemps, on parlait de la Solution finale, en reprenant le terme *Endlösung* utilisé par les responsables nationaux-socialistes pour la « question juive ». Puis vint la vogue du mot « holocauste ». Terme grec, il avait l'avantage de suggérer la singularité, mais son usage repose sur un abus de sens : l'holocauste, dans la Bible, était bien un sacrifice total fait par le feu, mais le sacrificateur était un prêtre, le sacrifice était une offrande à Dieu et il n'était total que parce qu'on brûlait toute la bête au lieu d'en garder une partie pour le prêtre ou pour l'offrant. Le recours au mot Shoah provient du même désir d'utiliser un mot hébreu pour la singularisation. Sa racine signifie l'inexistence, le néant et dans la Bible, notamment dans le Livre de Job (III, 1), il correspond à l'idée de désolation, de vide absolu, de destruction totale.

muette, conviendraient seules. Il faudrait alors que la parole fût vraiment absente, y compris celle qui veut interdire de parler. Or la parole est constamment présente, au contraire, un peu comme chez les théologiens discourant sans cesse sur ce qu'eux-mêmes disent indicible.

Un second argument, plus habituel, est à écarter pour une raison purement linguistique : le mot « incomparable » est du même ordre d'inadéquation que le mot « impensable ». Dire qu'une chose est impensable, signifie qu'on vient de la penser. Dire qu'un objet ou un événement est incomparable, c'est sous-entendre qu'on l'a déjà comparé, pour conclure qu'il est radicalement autre, dans l'excellence ou dans l'horreur. L'altérité, même radicale, ne peut être légitimement affirmée qu'après avoir été établie. Établie par la comparaison.

L'altérité radicale, c'est celle qui comporte une différence de nature et non plus de degré. Comment convaincre d'une différence de nature sans interrogation préalable sur la nature de ce qu'on affirme différent, donc sans définition d'une essence et d'attributs dont la singularité n'est à son tour établie que par comparaison ? A moins qu'il ne s'agisse pas de convaincre, mais de propager, d'imposer un acte de foi. Or pourquoi un Indien, un Arménien, un Cambodgien serait-il disposé à cet acte de foi ? La logique voudrait au contraire que quiconque vit dans la conviction de la singularité de la Shoah cherche à faire partager cette conviction par le raisonnement, donc par la comparaison.

Tout événement est unique, singulier : il n'est pleinement identique à aucun autre. L'unicité, la singularité dont il s'agit pour la Shoah est d'un autre ordre que l'affirmation banale que les historiens ont coutume de faire valoir, face aux sociologues désireux de systématiser en regroupant des séries d'événements à caractéristiques communes. La réplique des sociologues relève que de telles caractéristiques peuvent être plus significatives que les différences entre événements d'une même série, d'un même groupe. Nombre d'historiens sont tombés d'accord avec ce qui devrait aller de soi : l'étude des guerres est pleine de signification si on les oppose aux conflits non sanglants ou si on cherche à établir une typologie des méthodes, des causes, des objectifs, des résultats de guerres survenues en des temps différents et en des lieux différents. Dans cette perspective, dire d'une réalité passée qu'elle est unique signifie qu'on la déclare hors catégorie. Cette déclaration, pour faire sens, est inévitablement précédée d'une comparaison détaillée : pourquoi, malgré des appartenances partielles à des types (assassinats massifs, persécutions raciales, crimes commis au sein d'une société industrielle porteuse de culture et de valeurs, etc.), conclure à la spécificité irréductible, radicale ? Ici encore, l'affirmation ne saurait venir qu'à l'issue d'une comparaison minutieuse, que comme aboutissement négatif d'une tentative typologique englobant le fait singulier. Encore la spécificité pourrait-elle simplement venir de ce que cette réalité est seule à relever d'un ensemble particulier de critères significatifs.

Deux notions péjoratives ont tenu et tiennent encore une grande place dans le débat sur la nature et sur la mémoire de la Shoah. L'une, l'« historisation », est d'une redoutable obscurité. L'autre, la « banalisation », a une portée morale ambiguë. Si « historiser » veut dire traiter avec une impassibilité déshumanisée, c'est faire injure aux historiens que d'impliquer qu'entre leurs mains tout fait passé devient en quelque sorte un objet mort, hors de la sensibilité de l'analyste qui l'autopsie et du lecteur qui prend connaissance de l'autopsie. Si « historiser » devait signifier renvoyer à un passé révolu dont la portée n'est pas d'actualité, il faudrait couper en deux une telle signification : oui, Auschwitz appartient de plus en plus complètement au passé dans la mesure où les survivants – victimes et bourreaux – se font de plus en plus rares et où la connaissance de l'horreur est communiquée dans les écoles d'aujourd'hui à leurs petits-enfants et déjà à leurs arrière-petits-enfants ; non, une réalité passée n'est nullement absente du présent parce que passée, dans la mesure précisément où la réalité humaine inclut ce qui est présent dans les esprits, donc la vision du passé, la mémoire apprise aussi bien que la mémoire d'un vécu personnel. Enfin si, par historisation, on entend la soumission du fait « historisé » à l'enquête critique des historiens, fût-ce aux dépens de croyances respectables, il convient de dire fortement, hautement, que rien n'est plus souhaitable – pour la Shoah comme pour toute autre donnée du passé – et que cette historisation-là – est un bien méthodologique et éthique.

« Banaliser », à son tour, a au moins deux significations. Tout dépend de la finalité de la comparaison. Banaliser le sida peut vouloir dire : « C'est une maladie parmi d'autres maladies, donc ne lui attribuons pas trop d'importance », ou bien « C'est une maladie épouvantable qui a pour singularité qu'on ne lui connaît pas de remède; ne laissons pas l'horreur du sida écarter de nos consciences et de notre action sanitaire le fléau du cancer, le fléau de la drogue! ». Dans le premier cas, banaliser, c'est bagatelliser. Dans le second, c'est désingulariser. Oui, il y a une façon scandaleuse de dire que les morts de l'extermination sont à ranger parmi tous les morts innombrables de la période considérée, qu'Auschwitz est somme toute un « point de détail » dans le tableau de la grande tuerie de la période 1939-1945. Mais est-il moins scandaleux, pour les survivants ou les héritiers des victimes d'autres massacres – commis auparavant ou ultérieurement, ou encore commis par les forces allemandes sur d'autres que des Juifs – de s'entendre dire que ces massacres-là étaient de l'ordre de la banalité?

Pour mener à bien les comparaisons qui doivent permettre d'établir la nature, les aspects, la portée d'une spécificité, d'une singularité, convient-il de se munir d'outils conceptuels particuliers? Il en est en tout cas qui sont nuisibles ou inutiles ou encore difficiles d'emploi. La notion de fascisme appartient à la première catégorie, celle de totalitarisme à la seconde, celle de génocide à la troisième. Toutes trois ont tenu une grande place dans les discussions et aussi dans les mémoires des décennies d'après-guerre.

Mussolini se voulait expressément fasciste. Son régime était fasciste, ce qui impliquait la dictature et la police, la propagande et l'appel aux foules, la volonté proclamée de promouvoir le peuple obéissant au détriment de castes dirigeantes anciennes. Et aussi la grandeur de la Nation à affirmer, à développer, fût-ce par la conquête. Fasciste, Hitler et son régime ? Sans doute, mais quelle qualification appauvrissante ! Le racisme – et pas seulement l'antisémitisme –, la volonté délibérée d'asservir des peuples inférieurs après avoir conquis leurs territoires, la haine et le mépris comme fondements des attitudes et de l'action : le fascisme ne comprend pas nécessairement tous ces ingrédients. Or ce sont ceux-là qui importent pour l'analyse de l'horreur plutôt que la relation des puissants de la politique aux puissants de l'économie. Le préambule de la Constitution française de 1946 parlait de la victoire « remportée sur les régimes qui ont tenté d'asservir et de dégrader la personne humaine » ; il ne définissait pas ainsi le fascisme, même si, à l'époque, la coalition gouvernementale était bien fondée sur l'antifascisme. Celui-ci définissait le camp des vainqueurs, sans donner vraiment une place particulière à une catégorie spécifique de victimes : dans un premier temps, il y eut même une très significative absence de différenciation entre les divers camps de concentration et entre les destins des détenus. De plus, le clivage antifascisme-fascisme conduisait à croire ou à faire croire, comme le disait la même phrase du préambule de 1946, que la victoire avait été celle des « peuples libres », y compris le peuple soviétique, ainsi supposé libre.

La notion de totalitarisme a été en grande partie créée pour permettre au contraire l'unité conceptuelle entre le régime hitlérien et le régime stalinien, entre deux formes d'oppression meurtrière. Elle a connu des définitions diverses. En fait, un régime pleinement totalitaire devrait voir l'autorité exercer tous les pouvoirs, à commencer par celui de définir la vérité pour tous, cette vérité englobant à son tour la mémoire. Comme il est dit dans le *1984* de George Orwell : « Qui commande le passé commande l'avenir ; qui commande le présent commande le passé. » Le totalitarisme implique la disparition aussi complète que possible de l'espace privé – espace mental aussi bien qu'espace social. La formule de Goebbels « Tu n'es rien ;

ton peuple est tout » allait dans ce sens, le peuple étant évidemment incarné et déterminé par la volonté du Führer. Mais alors la société allemande sous le nazisme n'a jamais été totalitaire, tant étaient nombreux et parfois grands les interstices, les abris. Il y aurait même quelque contradiction à en nier l'existence et à vouloir en même temps maintenir la notion de responsabilité, de culpabilité individuelle. Le régime soviétique de la même époque tendait à être plus totalitaire parce que la société qu'il dominait était d'emblée moins différenciée que la société allemande. Mais, surtout, ni Hitler, ni même Staline n'ont entrepris la destruction totale de la mémoire existante, de la transmission culturelle. La dispersion des familles pour la désidentification des individus, seul peut-être Pol Pot l'a tentée au sein de son peuple et a ainsi manifesté une aspiration pleinement totalitaire.

La volonté exterminatrice n'est pas nécessairement liée au totalitarisme et n'est pas obligatoirement définie par lui. Les dirigeants turcs, qui ont fait massacrer tant d'Arméniens et confié tant d'enfants arméniens à des familles musulmanes turques pour détruire leur identité et leur en donner une nouvelle, ne se trouvaient pas au sommet d'un régime totalitaire. Il n'en reste pas moins que le consentement à l'ordre de massacrer, que l'instrumentalisation d'hommes en bourreaux tortionnaires, que l'acceptation de la catégorisation de victimes – notamment pour leur déshumanisation – sont d'autant plus faciles à obtenir que le pouvoir du Pouvoir sur les structures et sur les esprits est plus complet.

Il pourrait sembler que la notion du génocide soit la plus appropriée pour orienter la réflexion comparative. Le meurtre, l'extermination d'une espèce humaine, n'est-ce pas une appellation claire, univoque, pour un crime spécifique ? Deux difficultés se présentent cependant. La première provient du recours de plus en plus fréquent au mot génocide. La seconde se trouve au cœur du texte de l'ONU pourtant supposé donner une définition rigoureuse.

Quand le titre ou le sous-titre d'un ouvrage sur le massacre des Arméniens comporte le mot génocide, c'est que l'auteur ou l'éditeur veut à la fois proclamer d'emblée ce qu'il estime être la nature du crime et imposer l'idée qu'Auschwitz n'avait pas de spécificité radicale [1]. L'ampleur et le systématisme du crime des Khmers rouges sont suggérés dans un sous-titre tel que « L'histoire d'un autogénocide [2]. » En revanche, lorsque le titre affirme l'existence d'un « génocide franco-français [3] », il y a intention polémique, non pour « insinuer que les nazis en 1943 n'étaient pas pires que les révolutionnaires de 1793 », donc pour diminuer la portée d'Auschwitz, comme le dit à tort l'éditorial du numéro d'une revue juive intitulée « Génocides! Shoah, Kurdes, Arméniens, Vendée... Faut-il tout mélanger [4]? », mais tout au contraire pour proclamer, comme apport à un combat idéologique, que la Révolution a été capable et coupable d'horreurs du même ordre que le nazisme. C'est ce qu'indique clairement Pierre Chaunu, historien prestigieux et pugnace, dans la préface à un autre livre, en mettant côte à côte « l'incompréhensible du génocide nazi, l'incompréhensible du génocide jacobin [5] ». En sens inverse, lorsque l'historien allemand Ernst Nolte a recours au concept « génocide tendanciel » pour mettre sur le même plan les faits et même les intentions les plus différents, c'est bien pour faire en quelque sorte rentrer le nazisme dans le rang de la criminalité banale [6].

La Convention sur le génocide de l'ONU, datée du 9 décembre 1948 et ouverte en principe jusqu'à la fin de 1949 à la signature des États membres, commence ainsi :

Les parties contractantes,

Considérant que l'assemblée générale de l'Organisation des Nations Unies, par sa résolution 96, en date du 11 décembre 1946, a déclaré que le génocide est un crime du droit des gens, en contradiction avec l'esprit et les fins des Nations unies et que le monde civilisé condamne;

Reconnaissant qu'à toutes les périodes de l'histoire le génocide a infligé de grandes pertes à l'humanité;

Convaincues que, pour libérer l'humanité d'un fléau aussi odieux, la coopération internationale est nécessaire;

Conviennent de ce qui suit :

Article I. – Les parties contractantes confirment que le

génocide, qu'il soit commis en temps de paix ou en temps de guerre, est un crime du droit des gens, qu'elles s'engagent à prévenir et à punir.

Article II.6 – Dans la présente Convention, le génocide s'entend de l'un quelconque des actes ci-après, commis dans l'intention de détruire, en tout ou en partie, un groupe national, ethnique, racial ou religieux, comme tel :

    a) Meurtre de membres du groupe;

    b) Atteinte grave à l'intégrité physique ou mentale de membres du groupe;

    c) Soumission intentionnelle du groupe à des conditions d'existence devant entraîner sa destruction physique totale ou partielle;

    d) Mesures visant à entraver les naissances au sein du groupe;

    e) Transfert forcé d'enfants du groupe à un autre groupe.

L'article II fait problème par ce qu'il exclut et par ce qu'il inclut. Pour obtenir une majorité et non pour des raisons conceptuelles, il a fallu éliminer toute éradication de groupes humains définis par une appartenance politique ou économique, exclusion à laquelle se refusent les auteurs de l'un des deux meilleurs livres disponibles sur la problématique du génocide [7]. Pour les groupes énumérés dans la Convention, comment déceler l'intention de détruire entièrement une partie du groupe? A partir de combien de membres tués ou atteints dans leur intégrité physique ou mentale y aura-t-il génocide? Et y a-t-il génocide dès lors que le contrôle des naissances est imposé à un groupe dominé?

Est-il possible par ailleurs de mettre clairement au jour une volonté non seulement de tuer, mais d'exterminer? Et faut-il faire intervenir le nombre de victimes? Dans une liste non exhaustive de douze génocides du XXe siècle, on trouve un millier de membres d'une ethnie indienne du Paraguay à côté des victimes autrement plus nombreuses tuées par des Allemands, par des Nigériens, par des Indonésiens. La liste elle-même ne sert que faiblement pour établir ensuite des critères d'analyse tels que « génocides d'après-guerre et d'après-empire », « génocides post-coloniaux » (commis par des ex-colonisés), « génocides postrévolutionnaires », « génocides de conquête »[8], l'idée de base étant que « l'Holocauste est incontestablement le cas le plus abominable de génocide moderne ; cependant il a de nombreuses similitudes structurelles, internes et externes à la société avec des génocides moindres », formulation qui laisse ouverte la question des non-similitudes, des spécificités, de la singularité.

L'idéal serait, pour la comparaison, de parvenir à une classification systématique, à une systématisation des caractéristiques et à une sorte de mesure pour le poids de chacune d'entre elles. Il ne faut pas compter l'atteindre. On veillera simplement à s'interroger sans cesse sur l'identité des donneurs d'ordres et des meurtriers, sur leurs intentions proclamées ou/et réelles, sur l'altérité du groupe-victime par rapport au groupe pour lequel, par lequel, au sein duquel, au nom duquel le crime a été accompli. Et aussi sur la nature, la culture de la société-victime, en prenant le mieux possible conscience de tentations contraires. Dans les siècles passés, les sensibilités étaient autres, ce qui rendrait des crimes analogues inégalement atroces ; mais si l'on s'y réclamait déjà des mêmes principes qu'aujourd'hui ? Juger et même décrire dans les mêmes termes ; ne pas juger, ne pas décrire dans les mêmes termes : les deux attitudes risquent d'être injustes. Faire des distinctions entre des niveaux de développement, de civilisation de groupes victimes de crimes semblables : le racisme n'est pas loin qui ne dramatise pas la disparition de catégories « inférieures ». Ne pas faire de telles distinctions, c'est courir le risque de méconnaître l'ampleur de la barbarie lorsque les victimes sont insérées dans la culture du groupe meurtrier.

Ethnocides lointains et proches.

On s'imagine parfois que les actions meurtrières des peuples occidentaux à la conquête d'autres continents n'ont eu lieu que dans des siècles lointains, notamment lors de la capture et de la traite massive d'Africains et plus encore lors des conquêtes espagnoles, dans les Amériques du Centre et du Sud. Il est vrai que cette conquête a été marquée par des massacres sans nombre, par la quasi-éradication d'ethnies entières appartenant les unes à des civilisations peu développées, les autres à des cultures particulièrement anciennes et créatrices. Et, en Amérique latine, aux millions de morts des siècles de la conquête, n'ont cessé de s'ajouter les victimes des ethnocides multiples et continus de notre temps. La liste est longue, en particulier, des tribus de la forêt amazonienne non seulement réduites à la famine parce que chassées de leurs terres, mais soumises à la torture, aux fusillades, au napalm, à l'empoisonnement, aux épidémies délibérément provoquées, parfois avec l'aval de l'autorité politique, le plus souvent avec son acceptation ou son abstention en connaissance de cause.

Aux États-Unis, la « destruction de l'homme rouge [9] » au XIXe siècle a été l'accompagnement et la conséquence d'une longue suite d'engagements juridiques violés (en 1861, on en est au neuvième « traité » donnant des garanties territoriales qui ne seront pas plus respectées que les précédentes), de transferts déshumanisés dans des territoires éloignés dont les survivants se sont de nouveau trouvés chassés peu d'années plus tard. Entre le *Removal Act* de 1830 écartant les Indiens de l'est du Mississippi et l'*Allotment Act* de 1887 aboutissant à réduire le territoire réservé de 140 à 50 millions d'acres, que de morts par la faim, le froid, dans des batailles sans prisonniers, dans des massacres sans batailles!

La cruauté exterminatrice a souvent été celle de « conquérants » privés, en marche vers l'ouest. Mais que de documents sur des exterminations délibérées ordonnées par des chefs militaires, par exemple le général Carleton après sa prise de commandement au Nouveau Mexique en 1862! « Tous les hommes doivent être tués (*slain*) », « tous les Indiens sont à tuer », « tout Mescalero est à tuer » (Un nom qui réapparaîtra un siècle plus tard en Allemagne lors du mouvement terroriste...) En 1869, le général Ord se vante d'avoir encouragé ses troupes à chasser les Apaches comme des bêtes sauvages et à les exterminer (*root out*). Le général Sherman annonce en 1868 qu'il ne tiendra compte d'aucune accusation de cruauté ou d'inhumanité et ne fera rien pour retenir ses troupes d'agir comme elles l'entendent, puisqu'il s'agit d'empêcher les Indiens, ces « ennemis de notre race et de notre civilisation », de jamais recommencer leur guerre. A propos d'une tribu qui, en 1879, a tué un officier, il exprime la nécessité de l'exterminer, de la faire disparaître de la face de la terre. Le massacre des Sioux à Wounded Knee en 1890 est entré dans la légende des westerns. Au début du XXe siècle, la population indienne aux États-Unis atteint son chiffre le plus bas. Et il a fallu attendre 1924 pour que les survivants et leurs descendants reçoivent les droits politiques, deviennent des citoyens de la démocratie américaine.

L'Australie, de son côté, est-elle « une nation fondée sur le génocide [10] » ? Si, pour qu'il y ait génocide, il faut une intention délibérée ou au moins la conscience de l'extermination, la réponse est en gros négative. Les Blancs qui ont construit l'Australie depuis 1788 avaient la conviction que les Aborigènes (*ab origines* : présents depuis l'origine), dispersés sur l'immense continent, n'en étaient pas les propriétaires et qu'ils occupaient bel et bien une *terra nullius*, une terre n'appartenant à personne. Et le dépérissement de la population autochtone a été dû pour une large part à la destruction de ses ressources alimentaires, par le seul développement des troupeaux qui dévoraient les plantes dont elle se nourrissait, piétinaient et comblaient les points d'eau. La distinction faite en 1837 par l'évêque de Sidney n'est rétrospectivement pas inacceptable : « *Those who are most in contact with the Europeans will be utterly extinct – I will not say exterminated – but will be extinct.* » Mais il y a aussi le souhait de l'extinction ; un éditorialiste écrit en 1846 : « La perpétuation de la race des Aborigènes n'est pas à désirer. Il serait vain de nier qu'ils sont une race inférieure d'êtres humains. » Il y a également des massacres, tout au long du XIXe siècle et encore au XXe. Dans une réunion publique, en 1824, un grand propriétaire de troupeaux déclare que le mieux serait de fusiller tous les Noirs, surtout les femmes et les enfants, pour qu'on soit débarrassé de la race. Peu après, la loi martiale est proclamée, une tribu est exterminée et quarante-cinq têtes sont bouillies pour que les crânes puissent être exportés comme souvenirs. On pourrait évidemment dire que la culpabilité du criminel est atténuée s'il n'a pas conscience d'avoir accompli un crime : après le massacre de Myall Creek, en 1838, il y eut un procès qui indigna aussi bien la population que les accusés sortis de ses rangs qui déclarèrent qu' « ils ne savaient pas qu'en détruisant les Aborigènes, ils violaient la loi ».

La part de l'inconscience et celle de l'hypocrisie ne sont pas aisées à déterminer. Pour l'Australie comme pour la France esclavagiste. Ainsi, lorsqu'en 1685 Louis XIV promulgue le Code noir [11] : celui-ci ne règle pas la traite des Noirs (l'intensité maximale de l'importation d'esclaves sur le continent américain correspondra aux années 1730-1780), mais le statut des esclaves dans les Antilles françaises. Le texte montre comment on peut à la fois traiter des hommes en simples objets et les vouloir chrétiens. Les esclaves sont des biens « meubles » dont les enfants appartiennent aux propriétaires. « Les enfants, dit l'article 12, qui naîtront de mariages entre esclaves, seront esclaves et appartiendront aux maîtres des femmes esclaves », eux-mêmes ne pouvant « rien avoir qui ne soit à leur maître » (art. 28). Mais, dit l'article 2 : « Tous les esclaves qui seront dans nos îles seront baptisés et instruits dans la religion catholique, apostolique et romaine. » Il est à supposer que, dans cette instruction, on ne leur lit pas saint Paul disant : « Il n'y a ni esclave, ni homme libre... car vous ne faites qu'un dans le Christ Jésus. » (Gal.III, 28)

Ici, les membres de la race inférieure ne sont pas une petite minorité. Ils sont même de plus en plus majoritaires à Saint-Domingue : 154 000 esclaves sur 170 000 habitants en 1753, 465 000 sur 523 000 en 1789. En revanche, tous les inférieurs n'ont pas à devenir catholiques. L'article premier du Code noir dit en effet fort curieusement : « Voulons et entendons que l'édit du feu roi de glorieuse mémoire, notre très honoré seigneur et père, du 23 avril 1615, soit exécuté dans nos îles. Ce faisant, enjoignons à tous nos officiers de chasser hors de nos îles tous les juifs qui y ont établi résidence... » Ils se trouvent qualifiés, selon la tradition, d'« ennemis déclarés du nom chrétien ».

Les Irlandais étaient catholiques sans être noirs. A la suite de leur révolte de 1641 contre la tutelle anglaise, ils n'en furent pas moins privés de la possession de leurs terres par la législation de Cromwell qui, par ailleurs, n'a pas non plus exercé une pratique trop restrictive de la répression. En 1649, il explique comment il a interdit, dans la reconquête d'une ville, de faire des prisonniers : « Je pense que cette nuit-là, ils (nos hommes) ont tué (*put to the sword*) environ deux mille hommes [12]. » Après Cromwell, les Irlandais n'étaient plus que 500 000. En 1841, la population fort féconde de l'Irlande était de 8,2 millions. Elle s'est trouvée ramenée dix ans plus tard à 6,6 millions alors qu'elle aurait dû dépasser les neuf. C'est qu'entre-temps 1 million d'Irlandais avaient émigré, en général pour fuir la Grande Famine, environ 1,5 million de personnes ayant péri de la faim, du typhus ou d'autres maladies provoquées par la famine. Les pertes de population ont varié, selon les comtés, de 15 à 29 %.

Pénurie alimentaire et chômage étaient le lot habituel d'une région dépendant presque uniquement de la pomme de terre, de telle sorte qu'une maladie de celle-ci signifiait la famine. Mais le gouvernement britannique eut une lourde part de responsabilité directe dans le désastre humain qu'a représenté « une famine du XIIIe siècle frappant une population du XIXe » comme le déclara en 1847 l'un des dirigeants de Londres. D'autant plus que, depuis l'Acte d'Union entré en vigueur le 1er janvier 1801, l'Irlande et l'Angleterre ne faisaient en principe plus qu'un, l'économie irlandaise étant théoriquement intégrée dans l'économie anglaise. La responsabilité était doublement idéologique. D'une part, au nom de la doctrine du libre-échange, il ne fallait pas trop intervenir, ne pas trop distribuer de secours ni limiter le pouvoir qu'avaient les propriétaires anglais – résidant souvent en Angleterre – de faire expulser les familles de fermiers incapables de payer leur fermage ; d'autre part, il y avait le mépris pour les Irlandais, le désir de les punir pour leur esprit d'insoumission – et aussi un manque de considération pour les pauvres en général. On savait que l'expulsion correspondait à « une sentence de mort par torture lente », et on laissa faire : « La propriété, entendit-on aux Communes, serait sans valeur et il n'y aurait plus d'investissement possible dans l'agriculture si l'on ne reconnaissait pas au landlord le droit inviolable et sacré de gérer ses biens à son gré. » Sir Charles Edward Trevelyan, principal auteur de la politique pratiquée pendant la famine, savait que les Irlandais avaient besoin d'envois gouvernementaux de vivres. Mais il arrêta ces envois : « Le gouvernement n'importerait plus et ne fournirait plus aucune denrée alimentaire; les achats gouvernementaux n'avaient fait que paralyser le commerce; pouvait-on s'attendre à ce que des commerçants constituent des stocks suffisants pour parer à la disette si le gouvernement, en vendant à bas prix, les privait de leur profit ? »

A la question comparative qui vient à l'esprit, l'une des réponses possibles est celle de Cecil Woodham-Smith : « On a parfois qualifié de génocide le traitement appliqué à l'Irlande pendant la famine par le gouvernement britannique. On a reproché à celui-ci – et pas seulement les Irlandais – d'avoir voulu exterminer le peuple irlandais comme Cromwell avait voulu l'" extirper ". Encore faudrait-il en juger d'après les concepts de l'époque et non d'aujourd'hui, car la rigueur avec laquelle le gouvernement britannique a agi à l'égard de la population irlandaise n'est pas très différente de celle avec laquelle, quelques années plus tard, il a traité ses propres soldats en Crimée. » On pourrait ajouter : ni de celle dont s'est trouvé traité, au même moment, le prolétariat britannique dans les mines ou les filatures. Mais y a-t-il vraiment similitude entre l'insensibilité à la misère d'une armée, à l'inhumanité de conditions de travail et l'acte politique que constitue le refus d'organiser une aide immédiate, massive, pour empêcher des centaines de milliers d'Irlandais, membres d'une autre ethnie britannique, de mourir horriblement de faim, pendant qu'une aide importante, mais totalement insuffisante était envoyée par des Américains émus, qu'ils fussent ou non d'origine irlandaise ?

La tragédie arménienne a été d'une autre nature. Elle est celle qu'on fait le plus souvent entrer en comparaison, soit pour en atténuer la portée – qu'il s'agisse de préserver la singularité d'Auschwitz ou de diminuer, dans la politique internationale d'aujourd'hui, la dimension d'un crime délibéré –, soit pour mettre sur le même plan deux exterminations. Dans le premier cas, on rappellera d'autres drames du XIXᵉ siècle, comme les massacres en Grèce en 1821, en Bulgarie en 1876 ou encore la Vendée et les répressions coloniales. Dans le second, on emploiera délibérément le vocabulaire de l'identification, en particulier la notion de Solution finale de la question arménienne [13].

Il y a accord pour considérer que la mort massive de 1915 a connu une sorte de préambule, de répétition générale vingt ans plus tôt, sous Abdul Hamid, sultan depuis 1876. Celui-ci fut responsable du massacre de dizaines de milliers d'Arméniens (entre 40 000 et 300 000, selon les estimations variées) alors qu'il s'était engagé, au congrès de Berlin de 1878, à « réaliser, sans plus de retard, les améliorations et les réformes qu'exigent les besoins locaux des provinces habitées par les Arméniens et à garantir leur sécurité contre les Circassiens et les Kurdes ». A l'automne de 1895, les villes et villages arméniens se trouvèrent attaqués avec la complicité et la participation des autorités. Le consul de France à Diarbékir télégraphiait à son ministre : « Les massacres à Diarbékir ont été faits sans provocation par les musulmans de la ville ; le vali (chef de district), le commandant militaire, le chef de gendarmerie sont restés impassibles devant ces scènes d'horreur et n'ont absolument rien fait pour les arrêter ; j'ai vu de mes propres yeux les soldats et les gendarmes se joindre aux musulmans et aux Kurdes pour tirer sur les chrétiens, dont environ 5 000 furent massacrés dans ce district en trois jours. » A Ourfa, en Mésopotamie, le consul britannique, enquêtant l'année suivante, parlera de 8 000 Arméniens massacrés dont 3 000 brûlés dans la cathédrale.

En 1915, l'ampleur du massacre et ses conséquences pour l'élimination du groupe arménien sur le sol devenu pleinement turc seront tout autres. Dès le mois d'août, le consul allemand à Erzeroum écrit à Berlin : « L'expulsion des Arméniens touche à sa fin maintenant, ce qui veut dire que dans la zone de ce consulat il ne reste plus d'Arméniens. » Un an plus tard, l'ambassadeur d'Allemagne résume la situation pour son gouvernement : « La nouvelle loi parachève les mesures du gouvernement destinées à détruire les Arméniens ottomans en tant que nation vivante. Après la déportation en masse, le massacre des hommes, l'islamisation forcée des survivants, il y a eu la confiscation des biens et maintenant la dislocation de la communauté politique. »

Les motifs des Jeunes-Turcs, maîtres de l'Empire depuis 1908, ont été interprétés de diverses manières. Ils disaient craindre une complicité entre les Arméniens de Turquie et ceux de Russie, donc une trahison des Arméniens ottomans au profit de la Russie. Mais, même s'il y a eu, dans des périodes antérieures, des conflits sanglants entre ethnies de l'Empire, aucune déloyauté arménienne ne s'était manifestée lors de l'entrée en guerre de la Turquie aux côtés de l'Allemagne et de l'Autriche. En revanche, l'idéologie de l'Ittihad, le parti des Jeunes-Turcs, avait changé. Lorsqu'ils étaient arrivés au pouvoir, ils avaient de bonne relations avec les partis révolutionnaires arméniens parce que le but commun était de transformer les structures économiques et sociales de l'Empire. A partir de 1910, une tout autre transformation devint prioritaire : au nom d'un nationalisme turc, il fallait parvenir à une Turquie pleinement turque, de surcroît islamique, donc à une diminution sinon à une élimination, en influence, en espace, en nombre, des autres groupes, en particulier des chrétiens.

Sur ce que furent les horreurs de 1915, prolongées jusqu'en 1917, les renseignements surabondent, en particulier grâce aux dépêches envoyées par les diplomates allemands en poste dans le pays allié et aussi grâce aux demandes pressantes et détaillées d'intervention présentées par des organisations allemandes, surtout religieuses, à leur gouvernement. Pourtant les autorités turques font tout pour empêcher l'information de circuler – comme le fera le gouvernement allemand en 1940-1944. La censure est totale et les officiers ou fonctionnaires qui ne se taisent pas sont sanctionnés.

Au début, il y a élimination de l'élite de la communauté arménienne de Constantinople (communauté qui, comme celle de Smyrne, se trouvera épargnée ensuite, ce qui servira d'argument pour la différenciation avec le génocide hitlérien) et élimination des Arméniens des corps de fonctionnaires de l'État, puis désarmement des soldats arméniens de l'armée turque, versés dans des unités auxiliaires. Puis, à côté de pogroms nullement spontanés, la déportation massive vers des régions désertiques où les survivants sont définitivement voués à la faim. En route, horreurs variées, massacres, viols en masse, rapts d'enfants destinés à l'esclavage. Des groupes entiers sont égorgés, par des Turcs ou par des Kurdes. Un mémorandum de l'ambassadeur d'Allemagne donne l'exemple d'un groupe de 3 000 personnes (pour la plupart des femmes, des jeunes filles et des enfants) rejoignant, au quatorzième jour de leur marche, un groupe de 18 000 personnes. Au soixante-dixième jour, il reste 35 femmes et enfants sur les 3 000 et 150 survivants parmi les 18 000. Les autres ont été massacrés ou sont morts de faim et d'épuisement.

Parmi les documents destinés à démontrer la volonté délibérée du gouvernement, en particulier de Mehmed Talaat, principal organisateur de la déportation, d'exterminer entièrement la communauté arménienne, il vaut peut-être mieux écarter les plus spectaculaires. Ainsi l'aveu qu'aurait fait Mustapha Kemal, le futur Ataturk, à un procès après la guerre, alors qu'il s'agit selon toute probabilité d'une confusion de personne. Ainsi, surtout, un ensemble de télégrammes attribués à Talaat et dont l'authenticité fait problème. Mais, pour la comparaison, la réponse est facile, car on ne connaît pas davantage de texte de Hitler donnant l'ordre d'extermination. Et même si les Mémoires de l'ambassadeur américain Morgenthau peuvent être contestés pour l'exacte fidélité des paroles qu'il y a rapportées, les documents les plus officiels, telles les lois de dévolution des personnes considérées comme définitivement disparues, montrent que, dans l'esprit des dirigeants, il ne s'était nullement agi d'un simple déplacement de population, de regroupements destinés à écarter le danger d'une complicité avec l'ennemi. La déportation dans et vers la famine, avec accompagnement de massacres, étaient bien un moyen, moins visible que la destruction sur place, d'éliminer une population entière. Par sa finalité meurtrière, elle se distingue nettement de l'inhumaine déportation de la population de Phnom Penh en 1975.

Peu importe alors le bilan numérique final. L'évaluation du nombre des morts (une fois comptés les survivants en Turquie) et des réfugiés en Arménie russe va de 800 000 (et même, du côté turc, 300 000) à 1,5 et même 2 millions, les écarts provenant en partie de différences dans le chiffrage de la population arménienne de la Turquie de 1914. La dislocation, la disparition de la communauté arménienne turque a été accomplie dans l'horreur, avec la complicité active de toute une administration dont les membres réticents étaient punis. Avec la participation meurtrière de nombreux Kurdes appartenant à un groupe ethnique pourtant lui aussi victime, auparavant et jusqu'aujourd'hui, de nombreux massacres. Avec la complicité par abstention des pays ennemis de la Turquie en guerre, la France et la Grande-Bretagne, dénonçant le crime sans prendre des mesures spécifiques de rétorsion ni même d'intimidation pouvant en interrompre le cours. Et plus encore avec la complicité du pays ami qu'était l'Allemagne : le gouvernement de Berlin avait le souci contradictoire de ne pas apparaître comme complice et de ne pas trop heurter l'allié turc, ce qui a abouti à ne pas donner suite aux demandes d'action de ses diplomates et de ses témoins nationaux, eux-mêmes gênés par le désir de ne pas nuire à leur pays en guerre.

Les tueries de Juifs avant Hitler.

Les Arméniens ottomans ont été déportés, massacrés en tant qu'Arméniens. Sous Hitler, les Juifs ont été déportés, massacrés en tant que juifs. Avant de s'interroger sur les différences qu'une telle similitude peut receler, il convient de poser une autre question : dans quelle mesure le meurtre de Juifs en tant que juifs a-t-il été une spécificité hitlérienne ? Quelle part faut-il faire, dans l'interprétation, dans l'explication de la Shoah, à la longue tradition d'un antisémitisme sanglant spécifiquement chrétien ? En 1986, Simon Wiesenthal a publié *Le Livre de la mémoire juive. Calendrier d'un martyrologe* [14]. Voici ce qu'on y lit par exemple pour la date du 25 mai :

1096. – Les troupes de la première croisade assiègent le château de l'évêque de Worms, sur le Rhin (Allemagne) où 300 juifs environ se sont réfugiés. Ceux qui n'acceptent pas le baptême sont égorgés ou se suicident...

1556. – Une affaire de profanation d'hostie est jugée à Sochaczev. Une servante polonaise accuse son maître Ben Yacha et 4 autres juifs, ses complices supposés. 3 d'entre eux sont torturés et, le 25 mai, Ben Yacha meurt sur le bûcher, bien que le roi de Pologne Sigismond-Auguste ait ordonné sa mise en liberté.

1737. – A la suite d'un autodafé, 12 personnes sont brûlées sur le bûcher à Lisbonne, accusées de judaïser (c'est-à-dire de descendre de juifs convertis de force et de pratiquer clandestinement la religion juive).

1919. – 400 juifs sont égorgés et de nombreuses femmes juives violées au cours du troisième pogrom auquel se livrent en quatre mois des alliés de l'Armée nationale ukrainienne de Simon Petlioura à Radomsyl (district de Kiev).

1942. – Le ghetto créé à Kovel (Volhynie, R.S.S. d'Ukraine) est divisé en deux parties, l'une destinée aux hommes et aux femmes encore capables de travailler, l'autre pour les vieillards et les malades promis à la mort.

1 000 hommes, femmes et enfants sont déportés du camp de concentration de Theresienstadt à Lublin, puis au camp d'extermination de Maïdanek, où tous ces juifs sont assassinés, à l'exception d'un horloger utilisé par les nazis.

1943. – 2 862 internés juifs du camp de regroupement de Westerbork sont déportés au camp d'extermination de Sobibor.

203 juifs sont déportés de Vienne (Autriche) au camp de concentration de Theresienstadt.

La rubrique du 26 mai commence par : « 1171. – Toute la communauté de la ville de Blois est brûlée sur le bûcher à la suite de la première accusation de meurtre rituel en France », et dit encore : « 1942. – Un transport de 1 000 déportés juifs de Vienne (Autriche) arrive à Minsk. On les conduit aussitôt dans des fosses près de la ville, où ils sont fusillés. » Au 27 mai : « 1096. – Des troupes de la première croisade commandées par le comte de Leiningen arrivent à Mayence (Allemagne) et commencent à massacrer les Juifs de la ville en dépit de la protection qui leur a été accordée par l'empereur germanique Henri IV. Les 1 300 membres de la communauté, réfugiés dans le château de l'évêque, sont égorgés », et « 1943. – A Tluste (Tolstoye, R.S.S. d'Ukraine), les nazis conduisent 3 000 Juifs, rassemblés sur la place du marché, au cimetière, où tous sont massacrés. » On trouve des mentions analogues pour presque tous les jours de l'année. Parfois on tue contre la volonté du pape, des évêques ou, dans le cas de la deuxième croisade, de saint Bernard. Mais l'habitude d'attribuer aux Juifs les catastrophes naturelles (la peste de 1349 a entraîné des massacres particulièrement nombreux à travers l'Europe), on en trouve déjà la trace en 1020 lorsque, à la suite d'un ouragan à Rome, le pape Benoît VIII fait arrêter des Juifs accusés de profanation d'hosties, qui avouent tout sous la torture, puis sont brûlés sur le bûcher. Comme le seront les victimes des *autodafés*, dont les derniers ont lieu dans la seconde moitié du XVIIIᵉ siècle. Le peuple « déicide » est capable de tous les crimes, dont le « meurtre rituel ». A travers les siècles, la croyance se perpétue. Face à telle gravure ancienne montrant l'extraction du sang de Simon de Trente par des Juifs portant la rouelle, insigne repris ultérieurement comme étoile jaune, on lit :

Un enfant chrétien, Simon de Trente (Italie), ayant été trouvé mort, Samuel, un Juif riche, et plusieurs de ses coreligionnaires sont accusés de meurtre et soumis à la torture. L'enfant est considéré comme martyr, tandis que les Juifs sont emprisonnés et torturés en mars et avril. Le 23 juin, Samuel est brûlé sur le bûcher, les autres sont brûlés ou rompus sur la roue. Simon de Trente a été vénéré comme martyr jusqu'à l'intervention du Vatican en 1965.

Certes, les Juifs n'ont pas été les seules victimes de crimes commis au nom du Christ. Pendant les croisades, la croix a été en fait symbolisée par la poignée de l'épée fracassant les crânes des « infidèles », musulmans ou même chrétiens d'Orient. En 1213-1214, la croisade contre les Albigeois donne lieu à des scènes qu'un prêtre, participant et témoin, décrit avec franchise et bonne conscience. « On jeta dans un puits la dame du castrum, qui était la sœur d'Aimeric et la pire des hérétiques et le comte la fit couvrir de pierres. Nos pèlerins brûlèrent d'innombrables hérétiques avec une immense joie », notation reprise à propos d'un autre bûcher : « Nous trouvâmes là sept hérétiques de la secte des Vaudois ; on les conduisit aussitôt au légat, ils confessèrent leur incroyance en toute clarté, et nos pèlerins s'en emparèrent et les brûlèrent avec une immense joie [15]. » Mais c'est l'antisémitisme qui subsiste le plus durablement, le plus fortement et qui fait par exemple écrire au père Bailly, rédacteur en chef du quotidien catholique *la Croix*, en novembre 1890 : « Nous ne demandons pas qu'on massacre le peuple déicide... Nous demandons qu'on fasse des saignées à son or, qui est le sang de notre peuple. » Pas de massacre, mais des mesures en suivant la méthode des Russes. « Chez le tsar, explique *la Croix*, les Juifs sont l'objet d'une constante surveillance ; comme ils ne pensent qu'à tromper les autorités, on les rend collectivement responsables ; l'accès des universités et des fonctions publiques leur est presque fermé ; s'ils se permettent la moindre manifestation, on exécute un certain nombre d'entre eux [16]. » En octobre 1890, le père Bailly écrit :

Un homme de cœur nous écrit : « Ne serait-il pas nécessaire de faire une pétition que signeraient tous les Français qui veulent se débarrasser du joug qui les opprime et de demander au Parlement :

1º Que les Juifs, ne pouvant avoir deux nationalités, reprennent en France la situation d'étrangers.

2º Que les étrangers qui troublent la paix du pays, qui excitent les diverses classes de citoyens les unes contre les autres, en semant la haine et la division, soient expulsés de France. »

Comme, dans un autre article, il suggère la création d'un « immense ghetto », il n'est pas trop difficile d'établir un lien avec l'antisémitisme du parti national-socialiste dès son premier programme en 1920. *La Sociologie catholique* publia, dans son numéro de mars-mai 1898 un article : « La question juive envisagée au point de vue de la race et des mœurs », où l'on pouvait lire :

> Les niais, les étourdis et les écrivains aux gages des juifs cherchent à nous attendrir sur le sort de ceux-ci. Leurs malheurs n'ont été que le juste châtiment de leur abominable conduite... Que sont quelques milliers de juifs massacrés en comparaison de chrétiens réduits à mourir de faim, de misère ou *empêchés de naître* par l'usure, les exactions, les escroqueries des juifs ? Si, pour chaque chrétien que les juifs ont empêché de vivre, on avait mis à mort un israélite, il y a longtemps que le dernier sectateur du Talmud eût disparu sous le soleil [17].

Et même Auschwitz ne suffira pas pour tarir la source de l'antisémitisme chrétien, puisqu'en 1946 encore, Jules Isaac, apôtre de la fraternité judéo-chrétienne, doit protester vigoureusement contre le livre à succès de l'auteur catholique à succès qu'est Daniel-Rops. Celui-ci a en effet écrit dans *Jésus en son temps* :

> Par quelle mystérieuse loi de réversion et de similitude, ces outrages et ces persécutions se sont-ils abattus depuis vingt siècles sur la race qui, plus que les soldats féroces et que Pilate, en avait pris sur soi l'opprobre, et qui allait réclamer, comme un honneur, la responsabilité du sang à répandre ? ... Au long des siècles, sur toutes les terres où s'est dispersée la race juive, le sang retombe et, éternellement, le cri de meurtre poussé au prétoire de Pilate couvre un cri de détresse mille fois répété... Il n'appartenait pas à Israël, sans doute, de ne pas tuer son Dieu après l'avoir méconnu, et, comme le sang appelle mystérieusement le sang, il n'appartient peut-être pas à la charité chrétienne de faire que l'horreur du pogrom ne compense, dans l'équilibre secret des volontés divines, l'insoutenable horreur de la Crucifixion [18]

Le racisme allemand hors antisémitisme.

En Allemagne, et plus encore dans l'Autriche où Adolf Hitler naît en 1889, l'antisémitisme, le racisme antijuif, a été fortement présent à la fin du XIXe et dans la première partie du XXe siècle. Il pouvait se réclamer de la tradition catholique et davantage encore, dans l'Allemagne wilhelminienne, d'un protestantisme trouvant une justification dans les violentes attaques de Luther contre les Juifs.

Mais il ne faudrait pas réduire le racisme hitlérien à l'antisémitisme. Malgré Gobineau en France, malgré le sentiment de supériorité raciale des colonisateurs français et anglais pour les peuples colonisés, la conviction que les nations sont constituées de peuples-ethnies différents en valeur, la conviction qu'il existe une « race » supérieure aux autres a surtout été allemande. Linguistiquement déjà, il est significatif qu'aucun dérivé du substantif français « peuple » ne corresponde au concept de *völkisch*, dérivé de *Volk*. L'adjectif a une connotation ethnique, sinon raciale, correspondant initialement à l'idée qu'un peuple, une nation, détermine l'appartenance décisive de ceux qui sont nés en son sein – et de personne d'autre. Les Nordiques supérieurs aux gens du Sud, les « Aryens » supérieurs aux « Non-Aryens », les Germains supérieurs aux Slaves : le racisme national-socialiste n'est décidément pas réductible à l'antisémitisme. Mais, s'il en est ainsi, il ne faut pas réduire le crime racial hitlérien à la tentative d'exterminer les Juifs. D'autres crimes et d'autres catégories de victimes sont à prendre en considération.

La violence a été présente dès les premières années d'existence du NSDAP, du Parti ouvrier national-socialiste allemand. Elle n'a pas cessé lorsque, en 1930, une brusque montée électorale lui a permis d'espérer une arrivée légale au pouvoir. En août 1932, neuf membres des SA, des Sections d'Assaut du parti, sont arrêtés pour avoir battu à mort, dans le village silésien de Potempa, dans sa maison, un militant communiste. Hitler leur envoie un télégramme de « fidélité illimitée ». Et, comme la victime était polonaise, le *Völkischer Beobachter*, organe du parti, écrit : « Pour le national-socialisme, une âme n'est pas l'équivalent d'une autre âme, un homme ne vaut pas un autre homme. Pour lui, il n'y a pas de " droit en soi ". Son but est la force de l'homme *allemand*, il se réclame de la protection de cet Allemand et tout le droit, la vie sociale, la politique et l'économie doivent être subordonnés à ce but-là. »

Quand, après 1945, on posera constamment, en Allemagne encore plus que hors d'Allemagne, la lancinante question : « *Wie konnte es geschehen ? Wie war es möglich ?* – Comment cela a-t-il pu arriver ? Comment cela a-t-il été possible ? », l'un des sens multiples du *es* du « cela » –, portera sur l'arrivée au pouvoir, sur l'accès au pouvoir total, d'un homme dont le *Frankfurter Zeitung*, le plus respecté des quotidiens, écrit courageusement le 31 janvier 1933, lendemain de la nomination d'Hitler comme chancelier : « Jusqu'à maintenant, il n'a pas encore donné à la nation la preuve de sa qualification humaine à la chancellerie. » Il faut du courage, en effet, parce que, parallèlement aux procédures constitutionnelles, la brutalité continue et s'officialise. L'abdication des uns et la violence contre les autres se juxtaposent. L'abdication, c'est moins l'adhésion des 43,9 % des votants qui donnent leur voix au NSDAP à la dernière élection compétitive, le 5 mars 1933, que l'acceptation, le 23, par le Reichstag, de la loi constitutionnelle qui donne tous les pouvoirs à Hitler, bien qu'un autre journal encore libre et respecté, la *Vossische Zeitung*, ait écrit l'avant-veille : « On n'en resterait pas à la suspension des sept droits fondamentaux... déjà écartés par l'ordonnance du 28 février. Par-delà, une telle législation ne serait pas liée à la prescription que tous les Allemands sont égaux devant la loi ni que les juges sont indépendants et soumis à la loi, qu'aucune peine ne peut être prononcée sans avoir été fixée avant le délit ni que tous les habitants du Reich ont la pleine liberté de conscience et de croyance... Il ne s'agit pas du tout d'inventions de la Constitution de Weimar... Il s'agit des fondements juridiques sur lesquels la culture du monde européen s'est développée depuis deux siècles. » Les socialistes disent non. Les communistes se sont vu interdire de siéger. Les autres disent oui. En partie par peur. Comme diront oui tant d'organisations et de groupements, par adhésion ou dans l'espoir d'être épargnés s'ils laissent frapper le voisin. Le passage, à la fois enthousiaste, résigné, contraint, d'une démocratie libérale à un système politiquement totalitaire – n'est-ce pas là une originalité, même avec le précédent italien, qui forme en quelque sorte l'arrière-plan des interrogations sur la spécificité ultérieure de l'horreur ?

Mais l'horreur, c'est d'abord la terreur. Et pas n'importe quelle terreur policière. Dans les premiers camps de concentration, créés dès le printemps de 1933, on n'enferme pas seulement pour mettre à l'écart les opposants, tel le jeune député social-démocrate Kurt Schumacher qui avait, au Reichstag, qualifié le national-socialisme, d'« appel au salaud qui dort dans chaque homme ». L'enfermement a aussi pour but l'humiliation, la souffrance physique, l'avilissement. Et c'est par centaines de milliers que les Allemands souffriront et souvent mourront à Buchenwald et ailleurs, bien avant l'arrivée des premiers déportés étrangers.

La violence intérieure précède la violence d'une guerre qui fera des victimes par dizaines de millions et qui a été pleinement voulue par Hitler. Cette volonté, proprement criminelle, n'a été que faiblement perçue par un peuple bercé de promesses de paix : en 1938, après Munich, Hitler doit tancer les directeurs de ses journaux parce qu'ils ont laissé la joie de la paix sauvée se répandre dans les esprits ; désormais, ils doivent insuffler la volonté de guerre. Ils n'y parviendront que médiocrement, mais les discours que Hitler tient secrètement aux chefs de l'armée sont sans ambiguïté. Dès le 3 février 1933, il leur a dit : « Comment devra être utilisée la puissance politique reconquise ? Peut-être gagner de nouvelles possibilités d'exportation. Peut-être – et ce serait mieux – conquête d'un nouvel espace vital à l'Est et sa germanisation impitoyable *(rücksichtslose Germanisierung)*. » Et le 22 août 1939 : « La relation personnelle avec Staline est établie. Von Ribbentrop signera le traité après-demain. Maintenant la Pologne est dans la situation dans laquelle je voulais la placer. Nous n'avons pas à craindre le blocus. L'Est nous livrera du blé, du bétail, du charbon, du plomb, du zinc. J'ai seulement peur qu'au dernier moment un salaud quelconque ne présente un projet de médiation. »

Staline ne se rendait pas compte que l'espace vital peuplé de races inférieures ne se limitait pas à la Pologne! Les Polonais furent certes particulièrement pressurés, maltraités, massacrés dans le mépris pour les Slaves. Mais que de mépris meurtrier aussi pour les populations des territoires envahis après le 22 juin 1941, plus encore pour les soldats faits prisonniers lors de la première offensive contre l'URSS! De juin à décembre, 1,4 million d'entre eux moururent; des 3,4 millions de soldats faits prisonniers jusqu'au 1er février 1942, 40 % seulement survécurent [19]. Quand un général protestait contre le traitement qui leur était infligé – famine, épidémies non combattues, punitions, fusillades, et répressions diverses –, le maréchal Keitel, chef du commandement suprême de la Wehrmacht, répliquait : « Ces scrupules correspondent à des conceptions de soldat sur la guerre chevaleresque. Ici il s'agit de l'anéantissement d'une idéologie. » C'est que, dans la guerre contre l'URSS, on pouvait combiner l'antislavisme et l'antibolchevisme, celui-ci étant lié au « judaïsme international ». Lorsqu'on en est à transporter des masses de prisonniers vers des camps de concentration en Allemagne, notamment à Bergen-Belsen, pour les y faire périr, le chef de la Gestapo, Müller, demande qu'on exclue des transports les prisonniers en si mauvais état qu'ils sont déjà « visiblement voués à la mort » (*ofensichtlich dem Tode verfallen*). Les commandants des camps de concentration se plaignent qu'environ 5 à 10 % des *Sowjetrussen* destinés à l'exécution arrivent morts ou à demi morts dans les camps... On a constaté en particulier que lors des marches à pied, par exemple de la gare au camp, un nombre non négligeable de prisonniers de guerre s'effondrent en route, morts ou demi-morts et doivent être ramassés par les voitures qui suivent. Il est inévitable que la population allemande remarque ce qui se passe. Or, il faut le lui cacher.

Comme il fallait lui cacher d'autres assassinats, commis également sur le territoire allemand, mais contre des Allemands, à savoir les handicapés mentaux. Sauf à préparer les jeunes esprits à leur disparition en introduisant dans un livre scolaire tel exercice d'arithmétique : « Un aliéné coûte quotidiennement 4 marks, un invalide 5,5 marks, un criminel 3,5 marks. Dans beaucoup de cas, un fonctionnaire ne touche quotidiennement que 4 marks, un employé 3,5 marks, un apprenti 2 marks. 1) Faites un graphique avec ces chiffres. 2) D'après des estimations prudentes, il y a en Allemagne environ 300 000 aliénés, épileptiques, etc. dans les asiles. Calculez combien coûtent annuellement ces 300 000 aliénés et épileptiques. Combien de prêts aux jeunes ménages à 1 000 marks pourrait-on faire de façon non remboursable si cet argent pouvait être économisé [20] ? »

C'est du 1er septembre 1939 qu'est datée la brève instruction de Hitler élargissant les compétences des médecins à désigner pour le *Gnadentod* (la mort administrée comme un acte de grâce) les malades incurables. En fait l'« euthanasie » était déjà en route. Elle allait être pratiquée comme assassinat systématique de handicapés physiques et mentaux et de vieillards, par la famine délibérée, par injections, finalement par le gazage. Il y avait notamment ramassage des enfants handicapés dans les cliniques, hospices, centres de soins, puis transport dans des institutions spécialisées d'où leurs cendres étaient expédiées à leur famille comme s'il y avait eu décès naturel, alors que, en fait, il avait fallu installer des fours crématoires pour traiter la masse des cadavres produits par exemple dans la *Landesheilanstalt* (établissement régional de santé) de Hadamar ou à la *Anstalt Bernburg* dont l'un des aides recrutés pour « soigner » racontera : « Le Dr Eberl m'a demandé si je faisais du jardinage et lorsque je lui dis que j'avais en effet quelque compétence, il me dit que je savais donc qu'il fallait anéantir la mauvaise herbe. La même chose se faisait chez eux ; ceux qui n'étaient pas dignes de vivre *(Lebensunwerte)* devaient disparaître... Le premier gazage qui eut lieu lorsque nous arrivâmes, nous dûmes y assister [21]. » On ne tuait cependant pas tous les malades – ce qui permit à partir de juin 1940 (après un recensement spécial effectué en avril) de faire un sort particulier aux patients juifs qui seront exterminés plus systématiquement [27]. La protestation des Églises, notamment du cardinal von Galen, amena un arrêt officiel du programme d'« euthanasie », mais en réalité il ne fut nullement interrompu. Et des recherches menées à bien quarante ans plus tard montreront que beaucoup de gens avaient été au courant du sort des malades, notamment des enfants, à commencer par le personnel des maisons de soins dont ils étaient arrachés et les maires des localités dont ces maisons relevaient.

Une autre catégorie d'hommes, de femmes et d'enfants s'est trouvée vouée à la destruction, même si cette destruction fut finalement incomplète. En 1936, un article allemand sur « Peuple et État » disait : « Le Juif et le gitan sont aujourd'hui très loin de nous parce que leurs ancêtres étaient totalement différents de nos ancêtres nordiques [23]. » Le racisme antigitan, antitsigane avait une longue tradition en Europe. En partie parce qu'ils étaient nomades, mais il y avait aussi la tendance à faire retomber sur tous les nomades la haine et le mépris manifestés aux divers groupes de gitans, Romas ou Sintis. En 1941 Himmler décida de résoudre le problème des nomades (*Landfahrerproblem*) sur une base raciale (*rassischer Grundlage*). On établit alors sept catégories de nomades allant de Z (Tsigane de souche authentique) (*stammesechter Zigeuner*) à NZ (*Nicht-Zigeuner*) en passant par « métis tsigane avec sang à dominante tsigane », « métis avec sang à dominante allemande », etc. Il y eut une longue suite d'exclusions, regroupements, internements, déportations d'Allemagne, puis des autres régions de l'Europe conquise. On fit mourir par famine, par épuisement à des travaux impossibles, par meurtres, puis par gazage. A Auschwitz, on créa un camp dans le camp pour les Tsiganes. Un dixième des quelque trente mille qui y furent détenus survécurent [24]. A Ravensbrück, à Mauthausen, à Maidanek, des convois de gitans arrivèrent d'un peu partout. Cinq mille, dont environ 2 600 enfants, furent mis dans un coin du ghetto juif de Lodz. Leur quartier fut entouré d'un mur double et d'une tranchée. « Au cours de cet hiver extrêmement froid, les Allemands cassèrent toutes les vitres des fenêtres. Quinze jours plus tard une épidémie de typhus se déclarait. Les Allemands ne donnèrent absolument aucun secours médical. Mais deux médecins juifs se portèrent volontaires pour aider les malades. L'un d'entre eux, le Dr Glaser, mourut du typhus. Au cours des deux premiers mois, 613 personnes périrent. Tous les jours des charrettes chargées de cadavres sortaient du quartier. Certains des cadavres étaient atrocement mutilés, avec des membres qui manquaient. En mars et avril 1942, les gitans qui restaient furent déportés à Chelmo où ils furent gazés [25]. »

De l'exclusion d'êtres humains à l'extermination de la vermine.

Le massacre des handicapés avait vu naître et se perfectionner la méthode de la mort par gazage, au point que des « techniciens » furent transférés des hospices vers les camps pour exercer leur savoir. Et l'habitude fut prise dans ces centres de soins de marquer les corps des victimes d'un signe particulier pour signaler qu'après le meurtre il y aurait des dents en or à arracher. Dans les camps d'extermination, l'or ainsi récupéré a constitué, avec les cheveux, les lunettes, les vêtements, une ressource précieuse dans l'exploitation économique des déportés vivants ou morts. Mais le lien fort réel entre les méthodes d'assassinat et les formes de la rapacité barbare ne renvoie pas nécessairement à une identité de signification entre le crime contre les handicapés et le crime contre les Juifs, pas plus que la volonté de génocide ne crée obligatoirement une telle identité entre le massacre des Juifs et celui des Tsiganes.

C'est qu'il faut partir non pas de la mise en œuvre de la « solution finale » au cours des dernières années du régime hitlérien, mais bien de 1933. La république de

Weimar avait certes connu l'antisémitisme, mais le demi-million de Juifs membres de communautés israélites et leurs familles, ainsi que tous les autres dont Hitler allait affirmer l'identité juive, faisaient pleinement partie de la société allemande. Sans doute pas tous au même degré. Les *Ostjuden*, en provenance de l'Europe orientale, étaient même souvent considérés comme des *Polacken* par nombre d'Israélites fort distingués. Et, parmi les abdications du printemps de 1933, parmi les lâchages effectués dans l'espoir d'être soi-même épargné, comment ne pas relever la façon, très justement suggérée au début du film *Holocauste*, dont certains notables refusèrent la solidarité entre tous les Juifs? Ainsi le 4 juin 1933, le *Berliner Tageblatt*, dont les éditeurs juifs avaient été chassés en avril, publia une déclaration du secrétaire général de l'Union des Juifs nationaux-allemands : « Il n'importe pas de savoir que beaucoup de Juifs se considèrent aujourd'hui simplement comme des victimes innocentes et il n'importe pas davantage qu'un homme surexcité proclame " le Juif " incarnation du mensonge et de la tromperie... La vérité, c'est que les Juifs allemands ne sont pas châtiés aujourd'hui pour leur " méchanceté ", mais pour leur irréflexion et leur faiblesse... C'était de la faiblesse sentimentale lorsque les Juifs allemands ne pouvaient se résoudre à agir contre les Juifs de l'Est avec la dureté qui constituait un devoir pour tout Allemand... »

Mais la contribution des « citoyens allemands de confession israélite » à la vie culturelle, scientifique, médicale, judiciaire de l'Allemagne weimarienne était d'une ampleur d'autant plus visible que la première République allemande a, parallèlement à ses multiples faiblesses, constitué une sorte de bref âge d'or d'une culture et d'une civilisation. Et c'est précisément l'intégration des Juifs qui a fait de leur désinsertion progressive, de leur arrachement par étapes, un phénomène particulier dont la visibilité a créé le problème de la faute, de la culpabilité par abstention, plus sûrement que l'ignorance réelle, imaginaire ou simulée, pendant une période de guerre et de souffrance, du sort réel des Juifs loin du territoire allemand. Les premières mesures discriminatoires ne sont en effet nullement venues avec la législation proclamée à Nuremberg en 1935. La liste pour la seule année 1933 est déjà si longue qu'un choix suffit pour montrer le sens de l'évolution [26] :

1er avril : boycott des magasins juifs par les SA.

7 avril : loi sur « la reconstitution de la Fonction publique ». Élimination entre autres de tous les fonctionnaires non aryens (règles particulières pour les Juifs anciens combattants).

22 avril : exclusion des enseignants non aryens des associations d'enseignants.

23 avril : introduction du *Arierparagraph*, de la disposition sur les Aryens, par l'Union allemande des pharmaciens.

7 mai : licenciement de tous les ouvriers et employés juifs de l'Armée.

22 août : dans de nombreuses localités, interdiction pour les Juifs de se baigner dans les piscines, les bains-douches publics, etc.

13 septembre : la science de l'hérédité *(Vererbungslehre)* et la *Rassenkunde* deviennent matière obligatoire d'examen pour tous les élèves.

7 novembre : modification du statut du personnel des chemins de fer. Quiconque est de descendance non aryenne ou qui a épousé une Non-Aryenne ne peut devenir fonctionnaire la *Reichsbahn*. Les fonctionnaires aryens qui épousent une Non-Aryenne seront licenciés.

13 novembre : les Non-Aryens ne peuvent siéger ni comme prud'hommes ni comme jurés.

Face à la discrimination sans cesse accentuée, face à l'exclusion de plus en plus accompagnée de la perte des moyens d'existence, les réactions juives furent diverses. L'idée qu'il fallait quitter l'Allemagne connut un succès variable. En 1933, il y eut 37 000 émigrants juifs. En 1934, la Nuit des longs couteaux, l'élimination des chefs SA les plus ouvertement vulgaires et brutaux fit renaître l'espoir qu'une vie acceptable serait possible même sous un régime ouvertement antisémite. Ce régime les incitait pourtant à l'émigration, à condition qu'ils paient pour y avoir droit. En janvier 1939 encore, une circulaire de

Heydrich précisait que les Juifs internés après la Nuit de cristal du 9 novembre précédent devaient être relâchés s'ils disposaient des papiers leur garantissant l'accueil dans un autre pays européen. Ce fut seulement le 23 octobre 1941 que l'émigration fut définitivement interdite : le processus d'extermination était mis en route. Au total, environ 254 000 émigrants juifs quittèrent l'Allemagne de 1933 à 1939, auxquels s'ajoutèrent encore 23 000 autres en 1940 et 1941. S'il n'y en eut pas davantage, ce fut pour une bonne part à cause du refus des autres pays – les États-Unis, la Grande-Bretagne, la France, la Suisse – de les accueillir en grand nombre. Le gouvernement américain en particulier ne se contenta pas de ne pas élargir le *quota* d'immigrants allemands; il exigea pour chacun un *affidavit*, une attestation d'accueil et d'assistance à fournir par un habitant des États-Unis. Par le paiement exigé au départ comme par les ressources nécessaires à l'arrivée, les Juifs aisés pouvaient émigrer plus facilement que les démunis. Mais les plus aisés étaient aussi souvent les plus intégrés, les plus profondément allemands, donc parfois les plus disposés à demeurer malgré les mesures de plus en plus sévères qu'ils subissaient.

Dans les écoles, les élèves juifs, avant d'être renvoyés vers des établissements juifs qui allaient être fermés ultérieurement, se sont trouvés relégués dans leur classe sur une *Judenbank*, un banc pour Juifs. L'exclusion sociale des élèves et de leurs parents était déjà en voie d'achèvement lorsque, le 1er septembre 1941 – deux jours avant les premiers gazages expérimentaux à Auschwitz – le port de l'étoile jaune (*Judenstern*) fut rendu obligatoire sur le territoire du Reich à partir du 15. La Nuit de cristal avait été suivie à la fois d'internements et de mesures fort variées contre les Juifs demeurés en liberté, par exemple l'interdiction de fréquenter théâtres, cinémas, musées, le retrait des permis de conduire, et même l'interdiction de posséder des pigeons voyageurs!

Il y eut aussi, de façon de plus en plus fréquente et systématique, l'expulsion des Juifs de leur appartement, soit occupés de force par des Aryens, soit réquisitionnés au bénéfice de nouveaux occupants désignés par les autorités. Ces expulsions ont servi de prétexte d'abord à des regroupements dans des locaux délibérément surpeuplés, puis à la ghettoïsation. Les expulsions et regroupements étaient acceptés par les associations cultuelles (*Kultusgemeinden*) juives. En octobre 1940, celle de Munich diffusa à ses membres l'exigence du *Gauleiter,* chef régional du Parti, de respecter des règles d'occupation : au moins deux personnes pour chaque petite pièce, trois pour les moins petites. Quand, en septembre, il y avait déjà eu création des deux « camps pour Juifs » de Milbertshofen et de Berg-am-Lain, la même association s'était adressée à l'association nationale des Juifs en Allemagne (*Reichsvereinigung der Juden in Deutschland*) pour trouver un nombre suffisant d'objets dont elle avait dressé la longue liste : couvertures, vaisselle, chaises, etc. Consciemment ou inconsciemment, les représentants officiels du judaïsme allemand – comme devaient le faire les chefs des « organisations représentatives » en France – cherchaient constamment à éviter le pire à partir de l'expérience millénaire de la persécution et de massacres auxquels le judaïsme avait pu survivre. Les mesures d'exclusion, ne les avait-on pas connues dans d'autres siècles et n'avaient-elles pas fini par être révoquées ? A quoi aurait servi une révolte ?

En fait, le pire s'est mis en route. Pas une exclusion, pas une simple ghettoïsation, mais une tentative radicale d'extermination de tous les Juifs d'Allemagne et d'Europe. L'idée d'éradiquer d'autres peuples que les Juifs n'était pas considérée comme absurde en soi dans la hiérarchie SS. Elle paraissait simplement inapplicable. Ainsi, en avril 1942, le responsable de la section raciale (questions juives) du ministère pour les Territoires occupés de l'Est écrivait, dans un gros rapport sur le *Generalplan Ost* de Himmler : « La proposition d'Abel, visant à la liquidation des Russes, ne peut être retenue pour des raisons politiques et économiques sans parler de l'impossibilité de sa réalisation pratique... De toute façon, une annihilation biologique complète des peuples russes (*Russentum*) ne peut être dans notre intérêt, tant que nous-mêmes nous ne sommes pas en état de combler l'espace par nos hommes. » Et encore : « Il va de soi qu'on ne peut résoudre le problème polonais en ce sens qu'on liquide les Polonais comme les Juifs. Une telle solution du problème polonais marquerait le peuple allemand jusque dans un avenir lointain et nous enlèverait de toutes parts la sympathie, d'autant plus que les autres peuples environnants devraient compter sur l'éventualité d'un semblable traitement à un moment donné [27]. » Mais les Juifs, eux, pouvaient être saisis, rassemblés, massivement fusillés, tués par le gaz dans des camions, enfin dans des installations plus adaptées à l'extermination partielle ou totale de convois en provenance de camps non spécialisés dans le « traitement spécial » (*Sonderbehandlung*) ultime.

Une fois la machine rodée, il était possible de tuer des millions d'hommes, de femmes, d'enfants. D'abord ceux qui étaient d'emblée incapables de travailler, puis ceux qui auraient survécu au travail épuisant dans une quasi-famine, le « résidu résistant » étant d'autant plus dangereux qu'il pourrait mettre au monde des vengeurs. La machine fonctionnait parce qu'elle était gérée par une administration compétente, avec une judicieuse répartition des tâches. Le 25 juin 1942, Heydrich signala à tous les responsables de la SP et du SD (police et service de sécurité) et des *Einsatzgruppen* – groupes d'interventions chargés d'exécutions massives –, sous l'entrée « Objet : solution finale de la question juive », qu'il était désormais chargé de prendre toutes les mesures organisationnelles et matérielles pour une solution d'ensemble de la question juive à l'intérieur des zones d'influence allemande en Europe. A un autre niveau de responsabilité, au sein d'une autre structure hiérarchique, le secrétaire d'État au ministère des Transports écrit calmement le 20 juillet 1942 au chef SS Wolf que, depuis le 22, un train quotidien avec 5 000 Juifs va de Varsovie à Treblinka et un train bihebdomadaire avec 5 000 Juifs aussi de Przemysl à Belsek, mais que les transports de Varsovie à Sobibor doivent être interrompus jusqu'en octobre pour cause de réfection de la voie...

L'organisation impliquait aussi l'exploitation économique des détenus vivants, en particulier leur mise à la disposition d'entreprises industrielles et par ailleurs la mise au point systématique des mécanismes de mise à mort. D'une certaine façon, les actes de sadisme, de cruauté gratuite dans les camps de la dernière période constituaient des « bavures » : contrairement aux humiliations infligées aux détenus des années trente, ils n'avaient pas pour but d'avilir des êtres humains face auxquels les SA de service s'étaient sentis inférieurs : maintenant on les considérait de toute façon comme des sous-hommes, des non-hommes. En donnant un sens différent à l'horrible affirmation selon laquelle on n'aurait tué que des poux à Auschwitz, on peut dire qu'en effet on n'y a tué que des sortes d'insectes, dans la mesure où les exterminateurs ont voulu délibérément faire subir à des millions d'hommes, de femmes et d'enfants *La Métamorphose* décrite par Kafka, la transformation d'êtres humains en une vermine que l'on écrase et qu'on balaie ou qu'on brûle.

Les Juifs tués l'ont été parce que Juifs. Leur appartenance n'était nullement déterminée par une vie de groupe, une vie en groupe, encore qu'une partie des Juifs d'Europe orientale aient vécu en communauté ethnique avant d'être massacrés, sur place ou après déportation. L'une des qualités du film de Louis Malle, *Au revoir, les enfants*, vient de la façon dont il fait sentir au spectateur de 1987 ce qu'avait été la chasse à l'homme, la chasse à l'enfant individualisé : tout Juif était à détecter et à saisir. Et c'était à l'Autorité de déterminer qui était juif, en fonction de la définition donnée à l'appartenance de ses grands-parents ou de son conjoint, sans rapport nécessaire avec une quelconque insertion topographique, religieuse ni même affective dans le groupe globalement persécuté. Sans doute est-ce là une spécificité par rapport à d'autres massacres, à d'autres tentatives d'extermination. Mais, si elle singularise, il n'est pas sûr qu'elle ajoute à l'horreur, dès lors qu'on ne considère pas l'altérité visible d'un groupe – victime, par exemple la couleur de sa peau –, comme un début d'excuse, de diminution de faute pour un massacre.

Une seconde spécificité – partagée cependant avec d'autres, donc limitée – est la non-dangerosité du groupe victime. (Évitons le mot d'innocence qui suppose un certain degré de culpabilité chez les victimes non « innocentes », par exemple les hommes jeunes par rapport aux enfants, aux femmes et aux vieillards!) Les Indiens d'Amérique du Nord ne sont pas restés passifs. Ils ont eux aussi commis des atrocités. Dans les affrontements ethniques du passé, les groupes victimes d'hier ont pu être plus ou moins bourreaux avant-hier. Les Tsiganes, eux, ont été des victimes sans aucune agressivité préalable. La passivité des Juifs a été jugée de façon fort diverse et son rejet, sa condamnation explicite ou implicite, a constitué une dimension essentielle de la volonté militaire de l'État d'Israël. Mais elle a en tout cas enlevé toute justification au massacre. Au moins depuis la diaspora, la dispersion des Juifs voici bientôt deux mille ans, il n'y a plus eu d'actions militaires juives, encore moins des tueries, fussent-elles dues à la vengeance, comme, dans la Bible, à la fin du Livre d'Esther.

Cependant la non-dangerosité, la non-agressivité n'est qu'un fait rationnellement observable et analysable. Or la réalité humaine a aussi une tout autre dimension : elle est faite également de croyances, de ce que les acteurs du jeu social croient être vrai. Et ces croyances peuvent être meurtrières. En stricte analyse économique, l'Allemagne de 1939 n'avait nul besoin d'un « espace vital » supplémentaire. Mais Hitler était convaincu du contraire et cette conviction fut une cause décisive de la guerre, de ses morts et de ses ruines. Hitler ne jouait pas à croire les Juifs dangereux pour mobiliser les foules et leur proposer un bouc émissaire. Il croyait vraiment au complot juif, à la conspiration juive. Cette obsession, qui fit par exemple qu'il laissa écrire au plus psychopathologiquement antisémite des siens, Julius Streicher, les articles les plus insensés, renvoie probablement à une autre spécificité : la haine de Talaat Pacha pour les Arméniens était d'un autre ordre que la fantasmagorie hitlérienne sur la juiverie mondiale – encore que ces fantasmes n'aient nullement été particuliers à Hitler et puissent être retrouvés chez bien des auteurs – et pas seulement en Allemagne!

Il est vrai – mais il y a bien une spécificité allemande. Elle relève moins du nombre de millions de victimes que de la nature de la culture allemande. Non dans les aspects négatifs de l'histoire allemande, plutôt moins chargée de crimes que la française, mais bien dans ses aspects les plus positifs. Certes, les Néo-Américains qui ont massacré les Indiens n'étaient pas des primitifs et l'Empire ottoman était l'aboutissement d'une civilisation à la richesse prodigieuse. Mais que Hitler et les siens aient pu être « produits » par le pays des musiciens et des philosophes, que le mépris de l'Homme, que la haine la plus viscérale aient pu être poussés jusqu'à leur extrême limite au pays de Maître Eckhart, de Kant, de Goethe, qu'en Allemagne, puis hors d'Allemagne, on ait détruit des membres, des porteurs d'une civilisation née de siècles de progrès culturel, qu'on ait pu considérer comme des sous-hommes des philosophes, compositeurs, architectes, prix Nobel de toute sorte, voilà qui constitue un tel scandale pour l'esprit qu'une singularité résulte de ce scandale même !

Encore faut-il veiller à ne pas donner trop d'importance à une sorte d'éminence, de qualité particulière des victimes du mépris, de la discrimination et du massacre. On parvient vite à la limite d'une condescendance ethnique et sociale à l'égard de victimes moins « civilisées », moins entrées dans le champ de la culture commune à l'Occident. Rien de moralement plus inacceptable que de dire ou d'impliquer qu'un million de paysans ukrainiens tués représentent un crime moindre qu'un million de Juifs !

Et il convient de ne pas négliger non plus une dernière spécificité, une dernière singularité : dans quel autre endroit a-t-on vu le régime successeur reconnaître pleinement la nature et la dimension du crime commis au nom du pays qu'il représentait désormais ? Où a-t-on vu la connaissance des dimensions, des mécanismes, des responsabilités soumis à des enquêtes aussi minutieuses donnant lieu à des publications aussi amples et nombreuses, fondées sur des archives aussi disponibles ? Des enquêtes et des publications dues dans une large mesure aux historiens, sociologues, psychologues de la nation dont les dirigeants avaient organisé l'extermination et conduit nombre de leurs concitoyens à s'en faire les complices actifs ou passifs.

La comparaison avec l'URSS.

La notion de régime successeur renvoie à une dernière comparaison, la plus attendue sûrement, la plus difficile aussi. Difficile parce que inévitablement lourde d'implications politiques et idéologiques. Il n'y a pas eu de régime successeur en Union soviétique, à moins de supposer – malgré bien des évidences – qu'une discontinuité radicale peut être localisée, que ce soit à la mort de Staline, à l'arrivée au pouvoir de Khrouchtchev ou à la proclamation de la nouvelle politique de Gorbatchev. Il y a constamment eu utilisation du crime soviétique dans la politique intérieure des pays occidentaux dans la défense de privilèges sociaux, pour le maintien de violences structurelles. Il y a toujours eu négation du crime, allant jusqu'à la glorification du ou des coupables, pour ne pas nuire au Parti ou à l'alliance avec ce parti. Une négation due tantôt au mensonge délibéré, tantôt à l'aveuglement par la foi, par la légèreté, par le désir de ne pas voir, tantôt à l'ignorance de faits vraiment inconnaissables à l'époque. Il y a eu l'alliance du temps de guerre ou de temps de paix avec le régime criminel, ou, au contraire, utilisation du crime dénoncé pour une réorientation de la politique extérieure. Il y a eu la juste compassion, la juste admiration pour les victimes de la barbarie, pour les résistants à la barbarie, pour des vainqueurs sur la barbarie, entraînant la conviction que la comparaison était sacrilège et que la seule évocation du crime constituait déjà le début de la comparaison. Il y avait enfin l'affrontement idéologique permanent : d'un côté, le crime devait être présenté comme la conséquence inéluctable de tout socialisme, ce qui pouvait conduire paradoxalement à en voiler les aspects les plus horribles parce que non déductibles d'une doctrine, fût-elle totalitaire; de l'autre, le crime devait être conçu comme une déviation, un accident ou encore comme le produit d'une société spécifique, nullement caractéristique d'une doctrine incarnée en un régime, alors qu'Auschwitz était supposé être l'aboutissement nécessaire du fascisme exacerbé.

Les appellations sont évidemment à manier toujours avec prudence. Le recours au mot *hitlérisme* permet de désigner l'ensemble d'une idéologie et des politiques concrètes menées au-dedans et au-dehors sous la direction de Hitler, alors que le mot *national-socialisme* n'implique pas nécessairement l'ensemble de ces pratiques, y compris les crimes dans leur étendue. La question des dates ne fait pas problème : avant le 30 janvier 1933, le national-socialisme, l'hitlérisme n'était pas au pouvoir; après le 8 mai 1945, il ne l'était plus. Le mot *stalinisme* est plus ambigu. Il a certes désigné et désigne encore les accomplissements, positifs ou négatifs, des trois décennies pendant lesquelles Staline a exercé le pouvoir, tout particulièrement les vingt-cinq années où ce pouvoir fut illimité. Mais il a impliqué et implique encore souvent un double découpage avant-après fort contestable, ainsi qu'une explication vraiment trop individualisée, trop pharaonique du crime, alors que même l'idée qu'il n'y aurait pas eu Auschwitz sans Hitler ne revient nullement à lui attribuer la responsabilité exclusive de l'horreur.

Une horreur dont la singularité ne résidait assurément pas dans le nombre des victimes, car les macabres comparaisons chiffrées montrent que, hors guerre, Staline a « produit » plus de cadavres que Hitler. Et si c'est bien Hitler qui a mis en place le système policier qui a permis l'organisation des massacres, Staline, en revanche, a trouvé dans la succession de Lénine et la Tchéka et les camps. La Tchéka créée le 20 décembre 1917 pour liquider toutes les tentatives de contre-révolution ou de sabotage et installée dans le vieil immeuble d'une compagnie d'assurances, la Lioubyanka; les camps, destinés non aux coupables, mais aux « douteux » dénoncés par Lénine dès août 1918, dans le cadre d'une terreur massive et sans merci et devenant système de camps de travail forcé à partir de mai 1919. A l'autre bout, « c'est seulement à partir de 1955-56 que nous pouvons réellement parler du système arrivant à sa fin, ou du moins devenant beaucoup plus petit. Les jours où Kolyma était à une extrémité du spectre représentant le stalinisme avec la Lioubyanka à l'autre, étaient passés et seulement le système de camps de travail tel qu'il subsiste aujourd'hui demeurait [28] ».

Kolyma n'a constitué qu'un secteur de *l'Archipel du Goulag* et Soljenitsyne en parle relativement peu dans son livre [29] parce que les camps de la mort dans le Grand Nord étaient plus horribles et beaucoup plus délibérément orientés vers la mort des déportés que les multiples autres lieux d'enfermement, de souffrance, d'avilissement, de disparition, dans le reste de l'Union soviétique. On mourait déjà beaucoup au long du terrifiant voyage en train et en bateau qui pouvait durer un mois ou un mois et demi. A Kolyma, il y eut sans doute plus de trois millions de décès dus au froid, à la famine, à l'épuisement et aussi aux exécutions massives, notamment dans des prisons spécialisées. La mort par fusillade pouvait être infligée aussi bien aux cadres du camp s'ils présentaient une demande d'amélioration du sort des détenus ou simplement s'ils étaient tombés en disgrâce, sur place ou à Moscou.

A partir de 1933 et surtout de 1937, tout un chacun pouvait en effet se trouver arrêté, déporté ou exécuté après un procès simulacre ou par simple décision administrative, individuellement ou par fusillade massive. Cet aspect de folie meurtrière froide a souvent été décrit et le bilan final [30] fait état d'un nombre énorme de victimes, soviétiques et étrangères. Un bilan qui continuait à s'alourdir en 1988 par la découverte ou du moins par la révélation de nouveaux charniers. Dans *les Nouvelles de Moscou*, un chercheur soviétique présentait le résultat de son enquête dans la zone de Kouropaty, près de Minsk [31] :

> C'est ainsi que surgit non loin de Minsk ce terrible lieu (d'une étendue de 10 à 15 ha) auquel la tradition donne le nom de Brod ou de Kouropaty. Lieu d'exécution en masse, abattoir qui fonctionna de 1937 au début de la guerre, en juin 1941... Des « abattoirs » de ce genre, il y en a eu d'autres, dans les environs d'autres grandes villes de Biélorussie. Les récits faits par les témoins ont permis, rien qu'à Minsk et

dans les environs, d'en localiser pour l'instant cinq, servant à l'extermination d'hommes et de femmes à l'époque stalinienne... En 1987 et 1988, Y. Chmygaliov et moi avons systématiquement interrogé plusieurs dizaines de témoins (nous avons réussi à en trouver actuellement environ 170) et effectué des fouilles archéologiques à Kouropaty... Les exécutions avaient lieu chaque jour après le déjeuner, le soir et toute la nuit. Les condamnés étaient convoyés dans des camionnettes bâchées, on les fusillait en groupe et on les jetait dans des fosses profondes. Les assassins portaient l'uniforme du NKVD. Après avoir anéanti un groupe, on recouvrait superficiellement les cadavres d'un peu de terre et on faisait avancer le groupe suivant jusqu'à ce que la fosse fût remplie à ras bords... Une fois effectués les prises de dimensions, calculs et déductions nécessaires, on peut fixer le chiffre approximatif pour le nombre de victimes primitivement ensevelies (avant l'exhumation des années quarante) dans les tombes étudiées par nous. Si l'on prend comme chiffre moyen 200 corps par tombe et qu'on le multiplie par celui des sépultures actuellement découvertes (510), on obtient 102 000 personnes. Le nombre réel des victimes a cependant dû être supérieur à ce chiffre.

Les victimes pouvaient appartenir à n'importe quelle catégorie sociale : purges de l'armée et purges du parti suivaient, accompagnaient, précédaient des purges de techniciens ou de paysans. Mais il y avait eu auparavant, il y a eu à partir de 1937 des groupes de victimes plus spécifiées parce que définies par leur appartenance ethnique nationale. Et le crime auquel conviendrait le mieux l'appellation de génocide fut assurément celui commis contre les Ukrainiens de 1930 à 1932. « Holocauste masqué », « Holocauste par la faim »[32], le traitement de l'Ukraine fut d'un autre ordre, d'une autre nature que celui déjà infligé à l'ensemble de la population de l'URSS au nom de la « dékoulakisation ». Pourtant, il a été si bien dissimulé, si délibérément ignoré qu'il a mis des décennies avant d'entrer vraiment dans l'Histoire : même les meilleurs livres sur le génocide au XXᵉ siècle le passent encore sous silence.

Lors des famines de 1921-1923, l'URSS avait accepté l'aide internationale, notamment américaine. En 1932-

1933 l'existence même du problème fut niée. C'est qu'il s'agissait d'éliminer brutalement la tentative ukrainienne de prendre au sérieux la possibilité, en principe ouverte en 1921, de voies nationales, régionales, vers le socialisme, y compris l'administration en langue ukrainienne. Dans le pays agricole qu'était l'Ukraine, problème national et problème paysan coïncidaient pour aboutir le 25 décembre 1929 à une décision du parti communiste ukrainien : on ne collectiviserait en 1930 qu'un cinquième de l'agriculture.

L'ordre vint de Moscou quelques jours plus tard de collectiviser à 100 % en trois ans. Sous le contrôle de cent mille fonctionnaires venus de dehors, 70 % étaient déjà sous régime kolkhozien à la fin de 1930, tandis qu'on imposait à l'Ukraine d'exporter massivement ses récoltes. Il y eut pillage des ressources, y compris d'une partie des semences dont une autre fut mangée par les affamés, ce qui interdit ensuite de produire du blé. De nombreux Ukrainiens essayèrent de fuir le pays, d'autres d'aller chercher de la nourriture de l'autre côté de la frontière, mais celle-ci fut fermée et des troupes furent amenées pour assurer cette fermeture : pas de sortie sans autorisation spéciale, pas d'entrées d'aliments, alors que les villages de l'autre côté de la frontière se trouvaient ravitaillés. Parmi les quelque sept millions de morts que semble avoir fait la famine organisée, environ trois millions étaient des enfants, plus vulnérables. Un autre million d'Ukrainiens, qualifiés de koulaks, furent déportés, notamment à Kolyma.

Peut-être n'y a-t-il pas eu volonté d'exterminer totalement les Ukrainiens, mais pour le moins décision d'en faire périr un grand nombre. Et en tout cas d'éliminer massivement toutes les élites, comme ce fut pratiqué ensuite dans les pays baltes et en Pologne. L'élite pouvait être aussi celle du parti communiste lui-même, en URSS ou dans les partis soumis à la discipline du Komintern régenté par Staline. Ainsi ne revit-on jamais les dirigeants du parti yougoslave présents à Moscou en 1937 ni ceux du parti polonais convoqués en 1938, tandis que plus de cinq cents cadres du parti allemand périrent comme traîtres ou furent tout simplement livrés à Hitler. Mais il y eut aussi des punitions plus collectives infligées à des peuples. Ainsi, après l'occupation de la partie de la Pologne attribuée à l'URSS dans le protocole secret Staline-Ribbentrop, plus d'un million de Polonais furent déportés, avant l'attaque allemande de juin 1941, dans des conditions effroyables, tandis que des milliers d'autres furent enfermés dans des prisons, puis massacrés lors de l'avance des Allemands. Les quinze mille officiers polonais disparus, dont cinq mille furent retrouvés dans les fosses de Katyn, n'ont constitué qu'une partie des victimes. Toutes ne périrent pas. Tous les enfants ne furent pas jetés des trains comme cadavres rigidifiés par le froid, comme ceux qui sont évoqués dans le gros paquet de témoignages récemment découverts et analysés [33] : si les parents du futur général Jaruzelski ne revinrent jamais, lui-même, âgé de seize ans à l'époque, put survivre à la déportation.

En 1956, le rapport Khrouchtchev a donné une liste de nationalités déportées pendant la guerre, en en oubliant un bon nombre, depuis les Allemands de la Volga en 1941 jusqu'aux Tatars de Crimée en 1944. De 1957 à 1967, des « réhabilitations » furent prononcées, des retours organisés, des nationalités restaurées. Mais il manque des groupes, des nationalités dont les noms ne sont plus prononcés, comme s'ils n'avaient jamais existé, et dont on ne sait pas s'ils ont disparu par extermination ou par dispersion [34]. Par ailleurs, l'antisémitisme a tenu une grande place dans les répressions politiques des années d'après-guerre en URSS, en Tchécoslovaquie, en Pologne, en Hongrie.

Le bilan de la terreur et de l'horreur renvoie à la comparaison. Les ressemblances sont évidentes. Ce n'est pas le nombre de morts qui fait la singularité du système exterminateur dont Auschwitz est devenu comme le nom générique. Ce n'est pas non plus le nombre de meurtriers ni celui de leurs complices. Staline a trouvé tous les serviteurs nécessaires pour assurer les tortures, enfermements, famines, déportations, massacres. A tout moment et à tous les niveaux de la hiérarchie. Simplement, sans doute parce que son règne a été plus bref, Hitler, passée la Nuit des longs couteaux du 30 juin 1934, n'a plus transformé des bourreaux en victimes, comme Staline éliminant sans cesse ses épurateurs sanglants.

A partir de quelle idée de la pureté ? Une différence apparaît ici, de peu d'importance pour les victimes, fondamentale pour expliquer, en Union soviétique et au-dehors, bien des complicités, des consentements, des silences et des refus de l'information. Hitler se réclamait d'une doctrine en rupture avec la double tradition chrétienne et humaniste, celle de l'égalité entre les catégories humaines. Il proclamait la supériorité d'une « race » et son droit d'en dominer, d'en asservir d'autres. Staline a utilisé le langage de la justice, de l'égalité à établir entre tous les hommes, de la lutte ainsi impliquée contre l'injustice et l'inégalité. L'obéissance obtenue, les dévouements suscités pouvaient certes provenir, chez les bourreaux, de la peur, de la cruauté, du désir d'exercer du pouvoir sur d'autres. Mais le message transmis au-dehors – au-dehors du système concentrationnaire en URSS, au-dehors de l'Union soviétique – faisait appel à des sentiments à la fois plus nobles et plus mobilisateurs que le message national-socialiste. Il n'en résulte aucune supériorité morale pour la machine de terreur stalinienne. On peut même soutenir que l'hypocrisie plus grande constitue une infériorité morale. Mais la différence dans la tonalité de l'appel contribue largement à expliquer les problèmes de connaissance et de mémoire qu'il faudra analyser à propos de l'Allemagne, de la France et aussi de l'URSS elle-même pour la période la plus récente.

Restent les spécificités que l'évocation du régime soviétique à ses pires moments n'entamerait pas. Le privilège négatif accordé à une catégorie humaine spécifique, les Juifs ; la gestion administrative froide de l'horreur, grâce à un appareil bureaucratique mis en place au cours de plusieurs siècles de marche vers l'administration efficace dans la neutralité et le service public, cette froideur incluant la technique d'extermination en quelque sorte industrielle que représente le recours au gazage collectif. Et surtout, le degré d'évolution de la société au sein de laquelle le crime a été conçu et perpétré. Non qu'il s'agisse d'accepter la qualification d'« asiatique » teintée de racisme, qu'on accole parfois à la cruauté stalinienne. Ni de considérer que Bach incarnait la culture et non Tolstoï ou Tchekhov. Mais l'insertion de l'Allemagne dans une civilisation de la démocratie libérale, sa contribution à cette civilisation et son développement dans la société allemande, rendent bel et bien plus effrayante, plus scandaleuse, plus difficile à expliquer, plus impossible à justifier, la désignation de catégories humaines à exclure, à arracher du tissu social, puis à mettre hors de la vue de la société à laquelle elles étaient arrachées. En Allemagne et dans les pays occupés par elle.

Il convient cependant d'ajouter qu'il existe des différenciations d'un autre ordre. Le régime hitlérien a été battu grâce aux armées du pays qui avait été sa victime, avec son régime par ailleurs exterminateur. Et les combattants qui s'opposaient à Hitler, en Allemagne et ailleurs, comprenaient nombre d'hommes et de femmes pour lesquels l'Union soviétique constituait un pôle d'attraction morale. A quelques voix marginales près, le système hitlérien n'a pas été un sujet de controverse politique après 1945. Il n'a pas été l'objet d'un clivage de politique intérieure ni de politique extérieure dans les sociétés occidentales, les seules où l'exercice de la mémoire pouvait se dérouler à peu près librement. Le système stalinien, en revanche, était entouré, dans les esprits, d'ombre et de lumière, avec des désirs et des volontés plus ou moins intenses de reléguer les ombres hors de la connaissance, hors de la conscience, hors de la mémoire. En même temps, comme il y a eu effectivement tentative d'atténuer l'horreur nationale-socialiste par la comparaison, celle-ci s'est souvent trouvée disqualifiée, ce qui accentuait le non-examen des ombres, des ténèbres soviétiques. Autant que les spécificités et les singularités d'Auschwitz, il faut avoir ces données-là présentes à l'esprit si l'on veut comprendre les mécanismes et les contenus des mémoires du second demi-siècle.

Notes du chapitre 2

1. Par exemple Jean-Marie CARZOU, *Un génocide exemplaire*, Arménie 1915, Flammarion, 1975, 252 p.; Yves TERNON. *Histoire d'un génocide*, Seuil, 1977, 318 p.; Tribunal permanent des peuples. *Le Crime de silence*. Le génocide des Arméniens, Flammarion, 1984, 381 p.; *Archives du génocide des Arméniens*, recueillies et présentées par Johannes LEPSIUS, préface d'Alfred Grosser, Fayard, 1986, 307 p.

2. Elizabeth BAKER, *Les Larmes du Cambodge*. L'histoire d'un autogénocide, Presses de la Cité, 1986, 452 p.

3. Reynald SECHER, *Le Génocide franco-français*. La Vendée-Vengé, P.U.F., 1986, 338 p.

4. *Passages*, n° 11, novembre 1988.

5. J.-F. Fayard, *La Justice révolutionnaire*. Chronique de la Terreur. Préface de Pierre Chaunu, R. Laffont, 1987, p. 14.

6. *Der Europäische Bürgerkrieg. 1917-1945*. Nationalsozialismus und Bolschewismus, Berlin, Propyläen, 1987, 616 p.

7. *Genocide and the Modern age*. Etiology and case studies of mass death. Ed. by I. WALLIMANN and M. DOBROWSKI, New York, Greenwood Press, 1987, 321 p. L'autre est celui de Leo KUPER, *Genocide*. Its political use in the twentieth century. Newhaven, Yale U.P.; 1981, 256 p.

8. Barbara HARFF, « The etiology of genocides », dans WALLIMANN... p. 41-59.

9. Siegfried von NOSTITZ, *Die Vernichtung des roten Mannes*. Dokumentarbericht. Düsseldorf, E. Diederichs, 1970, 161 p., doc. citée ci-après.

10. « A nation founded on genocide », Tony BARTA « Relations of genocide : land and lives in the colonization of Australia » dans WALLIMANN, p. 237-251.

11. Texte et chronologie dans Louis SALA-MOLINS, *Le Code noir* ou le Calvaire de Canaan, P.U.F. 1987, 292 p.

12. Texte dans *The good old cause*. The English Revolution of 1640-1660, Christopher HILL, London, F. Case, 2ᵉ ed, 1969, p. 429. Cit. suivantes dans Cecil WOODHAM-SMITH, *La Grande Famine d'Irlande* 1845-1949, Plon, 1965, 275 p.

13. On se reportera ici à l'orientation bibliographique.

14. R. Laffont, 321 p. in-4°.

15. *La Croisade albigeoise*, présenté par Monique Zerner-Chardavoine, Julliard « Archives », 1979, p. 131 et 139.

16. Exemple russe et cit. dans Pierre Sorlin, « *La Croix* » *et les Juifs 1880-1899*, Grasset, 1967, 345 p.

17. Cité p. 117 de Pierre Pierrard, *Juifs et Catholiques français. De Drumont à Jules Isaac*, Fayard, 1970, 337 p.

18. Cité p. 137-138 dans Jules Isaac, *L'Enseignement du mépris. Vérités historiques et mythes théologiques*, Fasquelle, 1962, 195 p.

19. Chiffres et cit. p. 135-136, 17 et 185 de l'étude minutieuse de Christian Streit, *Keine Kameraden. Die Wehrmacht und die sowjetrussischen Kriegsgefangenen*, Stuttgart, DVA, 1978, 445 p.

20. Cité par H.J. Gamm, *Der braune Kult* Hamburg, Rütten et Loening, 1962, p. 215.

21. Cité p. 135 de *Dokumente zur « Euthanasie »*, hgg. von Ernst Klee, Frankfurt, Fischer, 1985, 342 p., volume complémentaire de E. Klee, « *Euthanasie* » *im NS-Staat. Die « Vernichtung lebensunwerten Lebens »*, id. 1983-1985, 503 p.

22. Cf. chap. suivant.

23. Cité p. 69 de Donald Kenrick et Gratton Puxon, *Destins gitans. Des origines à la « Solution finale »*, Calmann-Lévy, 1972, 291 p.

24. Chiffres dans Joachim S. Hohmann, *Geschichte der Zigeunerverfolgungen in Deutschland*, Frankfurt, Campus, 1981, 248 p.

25. Kenrick-Puxon, p. 225-226.

26. Chronologie en annexe au livre désormais aussi fondamental que celui de Raul Hilberg, *La Destruction des Juifs d'Europe*, Fayard 1988, 1699 p., *Die Juden in Deutschland. 1933-1945. Leben unter nationalsozialistischer Herrschaft*, hgg. von Wolfgang Benz, München, C.H. Beck, 1988, 780 p.

27. Cité p. 187 et 189 dans L. Poliakov, J. Wulf, *Le IIIᵉ Reich et les Juifs*, Gallimard, 1959, 453 p.

28. Cité p. 65 dans Robert Conquest, *Kolyma. The Arctic death camp*, Londres, Macmillan, 1978, 256 p.

29. Alexandre Soljenitsyne, *L'Archipel du Goulag. 1918-1956*, Seuil, 1974-1976, 3 vol.

30. Voir surtout Robert Conquest, *La Grande Terreur. Les purges staliniennes des années 30*, Stock, 1970, 583 p.

31. Traduction dans *L'Événement du Jeudi* du 5 janvier 1989.

32. Miron Dolot. *Les Affamés. L'holocauste masqué (Execution by hunger. The hidden Holocaust)*, Ukraine 1929-1933,

Ramsay, 1986, 332 p.; *Der Ukrainische Hunger-Holocaust*. Eine Dokumentation, hgg. von Dmytro ZLEPKO, Sonnenbühl, V. Helmut Wild, 1988, 309 p. qui complètent Robert CONQUEST *The Harvest of Sorrow*. Soviet collectivization and the Terror Famine, Londres, Hutchinson, 1986, 412 p.

33. Jan GROSS, *Und wehe, du hoffst...* Die Sowjetisierung Ostpolens nach dem Hitler-Stalin-Pakt 1939-1941, Freiburg, 1988, Herder, 222 p.

34. Tableau comparatif p. 100 de Robert CONQUEST, *The Nation Killers*. The soviet deportations of Nationalities, Londres, Macmillan, 1970, 222 p.

3

LES MÉMOIRES ALLEMANDES

Quels Allemands pour quels crimes ?

En France, comme dans la plupart des autres pays d'Europe, le problème de la mémoire du crime est, depuis plus de quarante ans, prioritairement un problème allemand. En Allemagne aussi. Le contenu, la densité, l'intensité de la mémoire allemande se trouvent même soumis à une sorte de surveillance sourcilleuse. Du dehors et du dedans. Et déjà les regards allemands jetés sur la mémoire allemande devraient aider chacun à comprendre que le pluriel est de mise : il n'existe pas une mémoire allemande ; il existe des mémoires allemandes, diverses et contrastées.

Et ce pas uniquement parce que, depuis l'effondrement de 1945, il y a eu constamment coexistence de courants antagonistes aux forces fluctuantes. Le désir d'oublier et d'être oublié, le refus de savoir et la tentation d'excuser – moins les grands coupables que soi-même et les siens – ont été présents, à côté de la volonté de savoir, de la ferme condamnation, de la mise en accusation pouvant aller jusqu'au masochisme moral, individuel ou collectif. Écrire la mémoire au pluriel, parler de mémoires allemandes est également nécessaire parce qu'on ne peut comprendre, parce qu'on ne peut rendre justice qu'en faisant des distinctions dans le temps et dans l'espace.

Dans le temps : à lire nombre de commentaires non

allemands sur l'Allemagne, on a l'impression que la durée n'existe pas entre le Rhin et l'Elbe. Qu'ont-*ils* fait sous Hitler ? Quelles questions les jeunes Allemands posent-ils à leurs parents sur les comportements de ceux-ci avant 1945 ? Plus de 90 % des Allemands de 1989 sont nés après 1919. (Cette référence n'est pas choisie au hasard : elle a servi aux occupants en 1946 pour écarter du contrôle automatique du passé individuel ceux qui avaient eu moins de quatorze ans à l'avènement de Hitler.) Plus de 70 % n'étaient pas nés en 1933. Plus de 60 % sont nés après la fin de la guerre. Et quand un lycéen de seize ans pose une question sur le comportement familial passé, ce n'est pas sur celui de son père, né lui-même vers 1944-1948. Et si c'est sur son grand-père, c'est pour demander pourquoi il n'a pas été plus courageux comme jeune homme : les hommes en âge d'exercer des responsabilités importantes sous le nazisme, fût-ce au niveau local, ont déjà commencé à appartenir à la génération des arrière-grands-parents. La mémoire d'un vécu, d'abord dominante, a donc progressivement cédé la place à la mémoire acquise, transmise, apprise. Avec de fortes variations dans l'intensité de l'acquisition. Ainsi faudra-t-il s'interroger sur le comment et le pourquoi de l'intensification du souvenir du crime dans les années quatre-vingt.

Distinctions aussi dans l'espace social, qui n'est pas homogène. Et chacun s'y trouve implanté en plusieurs endroits. La présence du crime dans la mémoire, le désir de cette présence ou son refus, ont été différents selon les appartenances professionnelles, avec des absences et des rejets particulièrement forts là où la mémoire impliquait des constats de complicité, par exemple chez les industriels et les magistrats. Différents aussi selon l'appartenance confessionnelle, les Églises ayant des comportements dissemblables dans le traitement de la mémoire. Différents encore selon le vécu personnel et familial dû pour une large part à une implantation concrètement localisée, par exemple une ville bombardée, une région dont on s'était trouvé expulsé.

Rien de plus habituel que de ne pas prendre en considération la souffrance d'autrui quand on est soi-même dans la souffrance, le crime dont un autre a été victime quand on se sent soi-même victime d'un crime, fût-il la conséquence du premier. Les villes allemandes de 1945 étaient en ruine. Hitler avait commencé à violer la convention de La Haye de 1907 qui considérait comme criminelle toute mort infligée à des non-combattants. Le 15 novembre 1940, mille tonnes de bombes allemandes avaient tué 568 habitants de Coventry; le lendemain il y avait eu 700 victimes à Birmingham. Ensuite 1,5 million de tonnes de bombes alliées tombèrent sur les villes allemandes, détruites systématiquement par les escadres de sir Arthur Harris non pour détruire des ressources militaires, mais pour amener la population à exiger la capitulation. Les usines se trouvèrent même épargnées, ce qui allait contribuer au redressement ultérieur de l'économie allemande. En revanche, environ 600 000 personnes périrent dans les villes détruites [1]. Le bombardement le plus meurtrier, celui de Dresde, le 13 février 1945, semble avoir eu pour but de permettre à Churchill de démontrer la volonté anglo-américaine d'intervenir dans la guerre sur le front oriental. Le 12 août 1943, le Premier ministre avait envoyé à Staline des diapositives montrant l'étendue des dégâts, notamment à Hambourg où, comme il le disait dans sa lettre d'accompagnement, 80 % des maisons se trouvaient détruites.

Le 15 décembre 1944, Churchill fit aux Communes une déclaration sur un autre sujet. Parlant des territoires à accorder à la Pologne en compensation de ceux qu'elle abandonnerait à l'URSS, il dit : « En effet, c'est ce qui est proposé : l'expulsion totale des Allemands hors du territoire acquis par la Pologne à l'ouest et au nord. L'expulsion est bien, autant que nous sachions, la méthode la plus satisfaisante et la plus durable... Je ne vois pas pourquoi il n'y aurait pas place en Allemagne pour la population allemande de la Prusse orientale et des autres territoires que j'ai mentionnés. Après tout, 6 ou 7 millions d'Allemands ont déjà été tués dans cette guerre effroyable dans laquelle ils n'ont pas hésité à plonger l'Europe pour la seconde fois en une génération. » L'accord de Potsdam, signé le 2 août 1945 par Staline, Truman et Attlee dit : « Les trois gouvernements reconnaissent que l'on devra procéder au transfert en Allemagne des populations allemandes demeurées en Pologne, en Tchécoslovaquie et en Hongrie. Ils sont d'accord sur le fait que ces transferts doivent être effectués de façon ordonnée et humaine. »

Que fallait-il entendre par Pologne ? En fait, l'expulsion concerna, par-delà le territoire polonais de 1939, les régions confiées à Potsdam à l'administration de la Pologne, soit plus du cinquième de l'Allemagne du traité de Versailles. Et les « transferts » des Allemands qui n'avaient pas encore fui l'avance de l'armée soviétique ne se firent nullement dans des conditions humaines ni, en général, ordonnées, sauf pour les transports de 1946-1947 : à partir de janvier 1946, quatre, puis six, puis de nouveau quatre trains quotidiens transportèrent chacun 1 200 Allemands de Tchécoslovaquie (les Allemands des Sudètes) et aussi de Hongrie et de Yougoslavie ; un accord conclu le 14 février 1946 entre les autorités polonaises et britanniques permit l'opération Alouette, c'est-à-dire l'expédition de 1,36 million d'Allemands par trains de 1 500 à 2 000 personnes. Déjà, au recensement d'octobre 1946, il y avait près de 10 millions d'expulsés dans les quatre zones d'occupation. Les départs et les déplacements s'étaient faits dans des conditions telles qu'environ 2 millions des Allemands concernés ne sont jamais parvenus à destination.

Les expulsions, les crimes qui les ont accompagnés, le crime qu'elles ont constitué étaient aisément explicables par l'horrible traitement que l'Allemagne hitlérienne avait infligé à la Tchécoslovaquie et plus encore à la Pologne. Mais, pas plus que les bombardements, elles n'incitaient les victimes à faire entrer dans leurs mémoires les crimes allemands tels qu'elles avaient pu en connaître des aspects, ne fût-ce que comme complices, tels qu'elles pouvaient les découvrir après le désastre.

L'un des buts des longues audiences du procès de Nuremberg, de novembre 1945 à octobre 1946, fut précisément de montrer à la population allemande l'étendue des crimes commis sur l'ordre des accusés. Mais ce but n'impliquait-il pas l'idée d'une ignorance allemande, alors que, par ailleurs, il était reproché aux Allemands d'avoir su? Cette contradiction fondamentale ne devait jamais être pleinement levée. Elle domine toute la littérature sur l'extermination, quand les auteurs se font en même temps analystes de la volonté de secret des dirigeants nationaux-socialistes et accusateurs du peuple allemand dans sa grande majorité, qui aurait connu la nature et l'extension de l'horreur. Il en est ainsi notamment pour Raul Hilberg dont *La Destruction des Juifs d'Europe* s'achève par une réflexion nourrie de cette même contradiction. En réalité, il était impossible après 1945, il est encore très difficile, après des décennies de recherches, de savoir exactement qui savait quoi, qui refoulait de sa mémoire quelle partie de la terrible réalité, ou qui devait nourrir sa mémoire de quels faits révélés après la chute de Hitler. En tout cas, le savoir était plus répandu que la plupart des Allemands ne l'admettaient, beaucoup moins que les vainqueurs ne l'affirmaient.

On ne devait apprendre que beaucoup plus tard que le refus de connaître et la complicité par ignorance délibérée, plus encore l'abstention malgré l'information, avaient été aussi le fait d'autorités extérieures, tout particulièrement du président Roosevelt. Pour des raisons d'opportunité politique, en particulier par crainte de l'antisémitisme américain, il ne fit rien pour sauver les Juifs d'Europe dont il connaissait pourtant le sort, son abstention se trouvant confortée par le refus de savoir et d'agir d'une bonne partie des Juifs des États-Unis[2]. De toute façon, dès 1946, la leçon du procès de Nuremberg se trouvait affaiblie par les inévitables réflexions comparatives qu'il soulevait chez nombre d'Allemands.

Non pas la comparaison avec la situation morale de l'autre grand vaincu, le Japon. L'information était limitée. Même si elle avait été plus abondante, on aurait certes perçu la différence de traitement – l'empereur Hirohito échappant complètement à la mise en accusation – mais on aurait mieux suivi les procès, les condamnations, les exécutions qui se sont déroulés en Asie de 1945 à 1948. Le général Yamashita fut pendu dès le 23 février 1946. Le principal procès devait s'achever en novembre 1948.

Au total, il y eut 920 condamnations à mort jusqu'en 1951. Les crimes avaient été divers et nombreux : assassinats d'otages, de populations civiles, traitements inhumains de prisonniers de guerre (27 % des prisonniers anglo-américains moururent dans les camps japonais contre 4 % dans les camps allemands), destructions de villages, déportations [3].

Les civils et militaires japonais condamnés le furent pour avoir commencé la guerre et pour l'avoir conduite en commettant des crimes selon les définitions du droit international. A Nuremberg, deux des trois principaux chefs d'accusation étaient ceux-là. Mais les vainqueurs n'avaient-ils pas eux aussi commis des crimes de guerre ? Une question des avocats sur l'exécution de prisonniers par l'Union soviétique fut rejetée par la Cour. La guerre sous-marine contre les bateaux de commerce fut considérée comme criminelle, mais pas le phosphore sur Dresde, ni la bombe atomique sur Hiroshima, ni même la seconde, celle sur Nagasaki, lancée après que le Japon eut manifesté son désir de capituler. Et lorsque le nom de Katyn fut prononcé devant la Cour, celle-ci, à la demande du juge soviétique, interdit le débat sur la nature du crime et l'identité du criminel.

Les crimes de guerre, selon la définition admise à Nuremberg, comprenaient « l'assassinat, les mauvais traitements et la déportation pour les travaux forcés ou pour tout autre but des populations civiles dans les territoires occupés, l'assassinat ou les mauvais traitements des prisonniers de guerre ou des personnes en mer, l'exécution d'otages, le pillage des biens publics ou privés, la destruction sans motif des villes et des villages, ou la dévastation que ne justifient pas les exigences militaires ». S'y ajoutaient les crimes contre l'humanité, décrits comme « l'assassinat, l'extermination, la réduction en esclavage, la déportation et tout autre acte inhumain commis contre toute population civile avant ou pendant la guerre; ou bien les persécutions pour des motifs politiques, raciaux ou religieux lorsque ces actes de persécution, qu'ils aient constitué ou non une violation du droit interne du pays où ils ont été perpétrés, ont été commis à la suite de tout crime rentrant dans la compétence du tribunal ou en liaison avec ce crime ».

Pour les crimes contre l'humanité, très peu d'Allemands – sur le moment et au cours des décennies suivantes – ont suivi les défenseurs des accusés affirmant que cette rétroactivité était inacceptable puisque le crime n'aurait été défini et rendu punissable qu'a posteriori : la désignation nouvelle d'un type de crime si systématique, si énorme qu'on ne l'avait pas codifié auparavant, apparaissait comme nullement illégitime.

En revanche, une fois jugés et, pour la plupart, condamnés et pendus, les accusés du grand procès, la question de la culpabilité des autres Allemands demeurait entière, et allait rester ouverte longtemps encore. Quelle part de culpabilité pour la participation sur ordre à un crime ? Quelle définition, quelle application rétroactive d'un devoir de désobéissance ? Quelle part de culpabilité pour les non-participants directs ?

Le débat fut et demeura faussé par deux erreurs des occupants occidentaux. Alors que l'Union soviétique acquittait la masse de la population, à condition qu'elle se rallie à sa définition de la démocratie et de l'ordre social, les Occidentaux mirent tout le monde en accusation, quitte à laisser le gros poisson passer à travers les mailles d'un trop gros filet. Et on donnait surtout ainsi l'impression – justifiée en ce qui avait concerné Roosevelt, en ce qui concernait bien des Français – qu'on attribuait au peuple allemand une culpabilité collective, alors qu'il y avait à faire, alors qu'on faisait dans la réalité des procédures et de la politique, une distinction fondamentale : d'une part la culpabilité pénale (*Schuld* en allemand, *guilt* en anglais, la responsabilité pour faute ou crime), de l'autre la responsabilité civile (*Haftung, liability* – mot absent de la langue française) qui oblige à assumer les conséquences de la faute même commise par autrui. Or c'est bien sur la base de la *Haftung,* de la *liability* que la République fédérale d'Allemagne allait prendre en charge le passé, financièrement par exemple dans le traité de réparation avec Israël, moralement par la mémoire acceptée, proclamée, par exemple dans l'agenouillement du chancelier Brandt devant le monument du ghetto de Varsovie.

Il y avait évidemment au départ des culpabilités individualisées, des responsabilités individualisées. Sur quelles bases fallait-il les concevoir, les juger, les présenter pour qu'un double but fût atteint? Punir et transformer. Transformer sans doute les individus punis. Transformer la société, c'est-à-dire l'ensemble des individus, en changeant leurs points de référence et leurs comportements par l'entrée du crime dans leurs mémoires, à la fois par sa présentation et par sa répression.

La visée était claire. Sa mise en œuvre ne l'était pas et ne pouvait pas l'être. Dans un petit livre dont le retentissement fut grand dès sa parution en 1946 [4], le philosophe Karl Jaspers, rentré de Bâle à Heidelberg avant d'y repartir déçu, montra que, si la culpabilité directe, criminelle, pouvait être sanctionnée par des juges, la responsabilité morale et métaphysique, celle du péché d'omission, d'abstention, ne l'était pas. Chacun devait en délibérer avec soi-même, après avoir pris une distance intérieure critique. Mais il fallait bien aussi épurer, « dénazifier ». C'est ce que voulurent faire les occupants puis les nouvelles autorités locales allemandes – celles-ci difficilement légitimées puisque soit anciennes victimes de Hitler, donc peut-être partiales, soit anciens abstentionnistes du refus, donc peu qualifiées pour juger. On recourut à des critères formels (l'instituteur n'avait pu éviter de faire partie de l'organisation nationale-socialiste d'encadrement pour les enseignants; l'industriel s'était contenté de faire tourner la machine de guerre et de gagner de l'argent. L'instituteur était sanctionné; l'industriel non, d'autant plus que son utilité continuée paraissait évidente). De plus, on n'avait que peu de temps pour juger avant que les situations ne se figent, avant que l'indulgence par lassitude n'intervienne et il était impossible de juger bien en jugeant vite, si grande était la foule des gens à passer au crible, si innombrables les documents disponibles, sans même songer à tous ceux que les vainqueurs avaient emportés en masse et qu'ils tardaient à dépouiller ou à rendre accessibles.

Sur fond de misère, de faim, de marché noir, le débat sur le passé immédiat fut pourtant intense. Il touchait à la mémoire : que fallait-il savoir pour se juger, pour juger l'Allemagne dans son ensemble, pour préparer un avenir qui fût radicalement différent de ce qu'on savait, de ce qu'on découvrait comme causes de crimes, comme mécanismes intellectuels, institutionnels, sociaux du crime ? Des lignes de fracture enchevêtrées apparurent : du refus de la mémoire (« Qu'avons-nous à nous encombrer du passé alors qu'il s'agit de vivre, de survivre, de reconstruire ? ») à l'exigence de la mémoire sans cesse présente, les attitudes les plus diverses étaient présentes dans les zones occidentales d'occupation. En zone soviétique, le débat s'était vite trouvé limité par l'imposition d'une vérité définie par la nouvelle autorité. Et dans l'Autriche considérée par les vainqueurs comme victime libérée et non comme un ensemble jusqu'alors intégré dans la société en accusation, il y eut effort soutenu pour s'adapter à ce rôle en limitant le plus possible et la punition et l'entrée en mémoire des culpabilités, des complicités, des complaisances [5].

En Allemagne de l'Ouest, la reconstruction politique et intellectuelle se trouva entravée par nombre de pratiques des occupants, facilitée par d'autres pratiques, d'autres services des administrations occupantes. Elle fut accélérée aussi par la présence acceptée de revenants créateurs, c'est-à-dire d'émigrés, juifs ou non, qui allaient contribuer à faire revivre les villes (ainsi Max Brauer, maire de Hambourg), les universités (ainsi Max Horkheimer et Theodor Adorno à Francfort), les partis (ainsi Erich Ollenhauer, rentré de Suède, pour la social-démocratie), les syndicats (ainsi Adolf Ludwig, rentré dans le Palatinat après douze années souvent difficiles passées en France, appelant ensuite à la rescousse son fils Werner qui venait de passer sa licence en droit à Toulouse et à Paris et qui, après avoir vécu en France depuis son septième anniversaire en 1933, allait devenir maire de Ludwigshafen, ville de la BASF, en 1965, et le demeurer jusque dans les années quatre-vingt-dix). En même temps, d'anciens serviteurs zélés du régime retrouvaient peu à peu leurs fonctions, cherchant en général à oublier, à se faire oublier, avant d'avoir de nouveau du poids, une fois adaptés aux exigences de la société nouvelle et après s'être en général créé une mémoire nouvelle.

La société était-elle vraiment nouvelle? Dès 1946 et plus encore dans les années cinquante, puis de nouveau, par critique rétrospective, à partir de la fin des années soixante, la notion de restauration se trouva au centre d'un débat à la fois politique, intellectuel et moral. En réalité, on eut constamment tendance à négliger deux données pourtant essentielles. La première, c'était que le retour à la prospérité à partir de la réforme monétaire de juin 1948, et le retour simultané vers l'autonomie politique allaient ériger les années d'occupation en période de mémoire – d'une mémoire largement rejetée, niée, parce que cette période avait été marquée par de nouvelles formes d'humiliation, de soumission, d'immoralité trafiquante.

La seconde donnée, c'était précisément la remontée dans son ambiguïté. La crise de Berlin transformait, à partir de ce même mois de juin 1948, l'ancienne capitale du Reich en symbole de la liberté, faisant des Allemands de l'Ouest des défenseurs, redevenus moralement honorables, de cette même liberté. Les apports d'une telle situation étaient éclatants : on pouvait entrer en démocratie sans plus trop se sentir dominé par des occupants autoritaires, sans trop ressentir cette démocratie comme imposée par eux. Ensemble avec eux on pouvait fortifier et défendre un État dont l'essence serait le double rejet du totalitarisme passé et du totalitarisme voisin, ce qui présupposait la présence dans la mémoire de la pleine négativité du premier. En même temps cependant, les soudaines retrouvailles avec l'honorabilité permettaient de vivre dans le présent en effaçant de la mémoire non les crimes du passé, mais les abdications, les compromissions, les déshonneurs personnels et même collectifs.

Les mémoires des dirigeants.

La République fédérale d'Allemagne n'est pas un État-Nation. La communauté politique y est organisée selon un ordre fondamental libéral et démocratique *(freiheitliche demokratische Grundordnung)* d'inspiration éthique et non nationale. La préoccupation éthique allait même pendant longtemps dominer toute réflexion sur le politique : la discipline universitaire de la science politique s'est initialement donné pour objet, en République fédérale, de démontrer la nécessité et la supériorité de la démocratie libérale et de fournir des outils pédagogiques aux professeurs et aux institutions chargés de la formation civique des jeunes générations. Et c'est le souci de cette démocratie – affirmée face à ses citoyens et aussi face aux pays étrangers toujours soupçonneux quant au sérieux du libéralisme allemand – qui conduisit les constitutions de Bonn à placer les articles définissant les droits fondamentaux non plus à la fin du texte constitutionnel, comme cela avait été le cas à Weimar, mais en tête, dans les articles 1 à 19. Avec, dès l'article premier, une précision qui manque cruellement pour le préambule de la Constitution française de 1946, validé par celle de 1958 : « Les droits fondamentaux énoncés ci-après lient le pouvoir législatif, le pouvoir exécutif et le pouvoir judiciaire à titre de droit directement applicable. »

Il y a donc les droits et leur protection par les trois pouvoirs, notamment par le tribunal constitutionnel fédéral. Un changement d'accent s'est ainsi trouvé introduit depuis l'immédiat après-guerre où, en pensant à 1933, les constituants de plusieurs Länder avaient fait appel à la défense de l'État de droit par les citoyens. Le 1er décembre 1946, la constitution de Hesse avait proclamé que « la résistance contre un pouvoir public exercé de façon anticonstitutionnelle est le droit et le devoir de chacun ». Le 21 octobre 1947, celle de Brême exprimait la même idée. La Loi fondamentale ne parle plus du devoir de résistance, mais seulement du droit, et ne l'admet que si aucun autre moyen n'existe de s'opposer à quiconque veut renverser l'ordre libéral. La préoccupation des rédacteurs est fort claire : si chacun est juge de l'illégitimité du pouvoir, on ne risque pas seulement une sorte de désobéissance civile permanente; on risque encore davantage des révoltes au nom de la légitimité d'un pouvoir appelé populaire, en lutte pour des droits économiques et sociaux pas assez présents dans les textes des démocraties libérales.

On préféra donc accorder une place importante à un autre fait de mémoire : le souvenir d'une république de Weimar trop tolérante, se livrant trop aisément aux forces antidémocratiques. L'idée « pas de liberté (ou pas trop de libertés) pour les ennemis de la liberté » s'est trouvé exprimée dans les articles 5 et surtout 18 de la Loi fondamentale. « La liberté d'enseigner ne dispense pas de la fidélité à la Constitution » et « Quiconque mésuse de la liberté d'expression, notamment de la liberté de presse, de la liberté d'enseigner, de la liberté de réunion, de la liberté d'association, du secret de la correspondance, de la poste et de la télécommunication, de la propriété ou du droit d'asile pour lutter contre l'ordre libéral et démocratique fondamental, est déchu *(verwirkt)* de ces droits fondamentaux. La déchéance et son étendue sont prononcées par le tribunal constitutionnel fédéral. C'est au même tribunal qu'il appartient de se prononcer sur l'inconstitutionnalité de partis politiques qui, selon l'article 21, « visent, d'après leur but ou d'après le comportement de leurs adhérents, à restreindre ou à éliminer l'ordre fondamental libéral et démocratique. »

L'article 21 a pris une importance passagère avec l'interdiction du parti communiste en 1956. Il fut recréé en 1968, au moment où le problème de la défense contre les ennemis réels ou supposés de la liberté allait prendre une tout autre dimension : toute la longue querelle sur l'accès à la fonction publique d' « ennemis de la Constitution » (notion absente de cette Constitution qui ne connaît que le principe précis d'anticonstitutionnalité) a tourné, dans les années soixante-dix, autour de l'idée de « démocratie combative » *(streitbare Demokratie)* née d'une interprétation contestable du passé, d'une mémoire partiellement fausse : la principale faiblesse de Weimar n'avait pas été le manque d'un arsenal répressif face aux anti-démocrates, mais la non-application, par les juges encore plus que par l'autorité politique, de la législation pénale ordinaire.

Des crises politiques plus profondes et plus durables se trouvaient en germe dans un article de la Loi fondamentale établissant un droit sans objet au moment de sa rédaction. En effet, l'article 4 sur la liberté de conscience comporte un paragraphe 3 disant : « Personne ne peut être contraint contre sa conscience au service militaire armé. » L'objection de conscience était établie alors que l'État naissant s'était vu interdire, avait accepté de s'interdire tout armement, toute armée. Les Alliés n'étaient-ils pas venus en 1945 libérer l'Allemagne « du national-socialisme et du militarisme » ? Ces deux notions ne s'étaient-elles pas trouvées constamment associées, notamment dans la législation sur la dénazification ? N'avait-on pas cherché à éduquer les jeunes Allemands dans l'idée que l'antimilitarisme constituait une forme privilégiée de rejet du passé ? Or dès 1950, on leur expliqua, avec d'excellents arguments, que le bon démocrate était celui qui acceptait de défendre la liberté les armes à la main. Le vol à voile et l'escrime étaient encore interdits comme « militaristes » quand on discutait déjà de l'étendue de la contribution allemande à la défense commune de l'Occident. Le trouble des esprits qui en résulta ne s'est jamais complètement apaisé et on risque de ne rien comprendre aux « mouvements de paix » allemands des années quatre-vingt si l'on ne pense pas au renversement de la référence aux armes intervenu en 1950 dans la définition de la mémoire démocrate. Des centaines de milliers de jeunes et de moins jeunes, dans des générations successives, omirent de regarder tout ce que la mémoire du militarisme avait permis comme démocratisation de l'armée nouvelle : refus d'obéissance obligatoire en cas d'ordres illégitimes, délégué parlementaire recueillant directement plaintes et doléances des militaires de tous grades, droit syndical pour militaires, etc.

Dans le corps de la Loi fondamentale, une disposition transitoire allait permettre au tribunal constitutionnel de fixer en quelque sorte le contenu officiel de la mémoire à garder des discontinuités de l'histoire politique récente. En effet, l'article 131 évoquait le statut des fonctionnaires. Le 17 décembre 1953, le tribunal rejetait le recours de certains « épurés » de 1945 en affirmant avec force que la rupture du statut de la fonction publique telle qu'elle est définie dans les régimes de démocratie pluraliste, avait eu lieu en 1933. Les fonctionnaires qui, n'ayant été ni juifs, ni socialistes, ni libéraux, ni francs-maçons, etc., avaient pu alors garder leur emploi, ne pouvaient en déduire le droit à la permanence. Le jugement ne mettait évidemment pas pour autant un terme aux inévitables débats sur le passé des fonctionnaires maintenus ou réintégrés après une période de suspension pour cause de dénazification. La mise en cause, souvent justifiée, de la fidélité passée au régime hitlérien de tel ou tel diplomate faisait cependant négliger une autre dimension de la réalité : le recrutement d'hommes déjà mûris par l'épreuve, décidés à placer leur carrière sous le signe de la mémoire, donc de l'exigence morale. Tel ambassadeur des années soixante-dix, né en 1919, appelé au service du travail obligatoire en 1937, soldat en 1939, fait prisonnier par les Soviétiques en 1945, rentré de captivité en 1950 n'avait donc achevé sa formation qu'après l'âge de trente ans, ce qui l'a conduit à concevoir son métier comme ayant une finalité autre que le nationalisme et autre que les mondanités.

Beaucoup allaient dépendre de la façon dont les dirigeants de l'État né en 1949 seraient choisis et dans quel esprit ils parleraient du passé. A commencer par les présidents de la République auxquels les constituants – à partir d'une mémoire en partie fausse de l'effondrement de Weimar – n'avaient accordé pratiquement aucun pouvoir, sauf celui de parler pour préciser les exigences de la morale collective. C'est ce que fit d'emblée le premier Président Theodor Heuss dont le passé honorable contenait tout de même le oui à la loi des pleins pouvoirs du 23 mars 1933. Le 7 décembre 1949, un discours à une cérémonie commémorative de la Société pour la coopéra-

tion judéo-chrétienne lançait une notion dont le retentissement fut considérable [6] :

> On a parlé d'une « culpabilité collective » du peuple alle-
> mand. Le mot culpabilité collective et ce qu'il implique est
> une réduction simpliste, semblable à la façon dont les nazis
> étaient habitués à regarder les Juifs : que le fait d'être juif
> renfermait déjà le phénomène de la culpabilité.
> Mais quelque chose comme une honte collective est né de
> cette époque et est resté. Le pire que Hitler nous ait infligé –
> et il nous a infligé beaucoup – c'est précisément qu'il nous a
> contraints à la honte de porter ensemble avec lui et ses séides
> le nom d'Allemands.

Il y revint souvent, en particulier dans un discours sur
l'emplacement du camp de Bergen-Belsen, le 29
novembre 1952 : « Les Allemands ne doivent jamais
oublier ce que des hommes de leur nationalité ont perpétré au cours de ces années de honte. » Et lorsque, le
12 mars 1959, peu avant de quitter ses fonctions, il parle à
la nouvelle école militaire supérieure de Hambourg, c'est
pour railler l'esprit de tradition, alors que l'armée a obéi à
Hitler, et pour dire que la tradition à cultiver doit être
celle des officiers qui ont tenté de tuer le Führer le
20 juillet 1944.

Son successeur, Heinrich Lübke, n'a jamais eu son
prestige et a vu la fin de son second mandat de cinq ans
raccourcie par une accusation sur son passé. On ne voulut
pas voir qu'en 1933, à trente-neuf ans, ce député du parti
catholique au Landtag de Prusse avait été démis de toutes
fonctions et enfermé pendant près de deux ans. Il fit
figure de constructeur de camps de concentration parce
que, effectivement, le cabinet d'architecture où il avait
trouvé un emploi, avait construit un camp de l'armée en
Allemagne. Son successeur, Gustav Heinemann, président de 1969 à 1974 avait été l'un des animateurs de
l'Église confessante, de cette minorité du protestantisme
allemand qui s'était mise en marge de l'Église soumise à
Hitler. Ministre chrétien-démocrate de l'Intérieur, il avait
démissionné en octobre 1950 pour protester contre la
décision d'Adenauer d'effectuer le réarmement. Après

avoir créé un parti pacifiste, il était entré au SPD en 1957 et était devenu en 1966 un ministre respecté de la Justice. Son rayonnement de président eût été plus grand si le chancelier exerçant le pouvoir réel n'avait pas été Willy Brandt dont le rapport éthique au passé suffisait à marquer la période. Il eut pour successeur le ministre des Affaires étrangères, président du parti libéral qui, né en 1919, appartenait à une autre génération que ses prédécesseurs. Walter Scheel avait sans doute un tempérament trop souriant pour qu'on comprenne toujours la portée de ses discours présidentiels graves. L'un des plus importants pour le contenu de la mémoire, celui prononcé en 1975 pour le trentième anniversaire du 8 mai, fut pourtant d'une particulière netteté [7] :

> ... Assurément, le 8 mai 1945 le régime national-socialiste s'est définitivement effondré. Nous avons été libérés d'un joug terrible, de la guerre, de l'assassinat, de l'asservissement et de la barbarie. Et nous avons été soulagés lorsque la fin est venue.
>
> Mais nous n'oublions pas que cette libération est venue du dehors, que nous, les Allemands, nous n'avons pas été capables de nous débarrasser nous-mêmes de ce joug, qu'il a fallu que la moitié du monde fût détruite avant qu'Adolf Hitler pût être rejeté de la scène de l'Histoire...
>
> ... La fin terrible (du consentement, de la soumission), ce fut : le déchaînement de la Seconde Guerre mondiale et l'anéantissement de millions d'hommes et d'abord de millions de Juifs...
>
> Pourquoi tout cela s'est-il produit ? Pourquoi ces victimes ? La réponse est : Hitler voulait la guerre, sa vie n'avait pas d'autre but que la guerre. Il a transformé notre pays en une gigantesque machinerie de guerre et chacun d'entre nous en était un rouage. C'était visible. Mais nous avons fermé les yeux et bouché nos oreilles, espérant qu'il n'en était pas ainsi...
>
> ... Voilà donc les conséquences (villes détruites, expulsions, division de l'Allemagne). Nous aurons encore longtemps à les supporter. Mais la tragédie allemande, c'est en 1933 qu'elle commence, pas en 1945.

Assez étrangement, on n'évoqua guère ce discours lorsque, dix ans après, un autre président de la République prononça le discours du quarantième anniversaire. Il est vrai que le débat général sur la mémoire était beaucoup plus vif, plus vivant en 1985 qu'en 1975 et aussi que le prestige de Richard von Weizsäcker était particulièrement grand. A cause du rayonnement de sa personnalité et de son autorité morale, d'autant plus grande que celle du chancelier Kohl paraissait atteinte. Repris, diffusé, réimprimé sous des formes diverses, positivement commenté à l'étranger au moins autant qu'en Allemagne [8], le texte, même par comparaison avec le discours de Walter Scheel, était en effet d'une très grande précision et d'une inspiration morale exceptionnelle, d'autant plus que, partant de la mémoire, il aboutissait aux attitudes nécessaires dans le présent si cette mémoire devait avoir un sens. Le thème du souvenir était développé notamment ainsi :

... Nous pensons aujourd'hui dans le deuil à tous les morts de la guerre et de la tyrannie.

Nous pensons en particulier aux six millions de Juifs qui ont été assassinés dans des camps de concentration allemands. Nous pensons à tous les peuples qui ont souffert dans la guerre, avant tout aux citoyens innombrables de l'Union soviétique et aux Polonais qui ont perdu la vie.

... Nous pensons aux Sinti et aux Roma assassinés, aux homosexuels tués, aux malades mentaux objets de meurtre, aux hommes qui ont dû mourir pour leurs convictions religieuses et politiques.

Nous pensons aux otages fusillés.

Nous pensons aux victimes des mouvements de Résistance dans tous les pays occupés par nous...

Après l'évocation de la Résistance allemande et de toutes les souffrances, de toutes les cruautés endurées par les Allemands et par les autres, un long passage était consacré aux Juifs. La haine de Hitler à leur égard éclate dès le commencement de la tyrannie installée. « Le génocide des Juifs est sans exemple dans l'Histoire. » Et après avoir évoqué les questions de la culpabilité, présenté ce que l'on pouvait savoir de la ségrégation, des déportations, il dit : « Nous tous, coupables ou non, vieux ou jeunes, nous devons accepter le passé. Nous sommes tous concernés par ses conséquences et nous devons tous en répondre (*in Haftung genommen*). »

Konrad Adenauer avait soixante-treize ans quand il devint le premier chef de gouvernement du nouvel État. En 1933, il avait été expulsé de sa mairie de Cologne et avait perdu la présidence de la Chambre haute de la Prusse. Il avait été à deux reprises passagèrement emprisonné – la seconde fois pour une complicité d'ailleurs inexistante avec les conjurés du 20 juillet. Écarté par le régime, hostile au régime, il n'avait pas vraiment combattu ce régime et en avait beaucoup moins souffert que son principal adversaire de 1949, le social-démocrate Kurt Schumacher, en camp de concentration presque constamment de 1933 à 1945. Adenauer a tout fait pour intégrer les expulsés et réfugiés, ce qui a permis d'éviter pratiquement tout revanchisme, d'apaiser si bien le ressentiment que Willy Brandt, lorsque vingt années seront passées, pourra accepter la frontière occidentale de la Pologne sans soulever une trop large révolte de la mémoire. Le traité avec Israël et l'attitude à l'égard de la communauté juive démontrèrent à la fois du courage face à nombre de ses compatriotes, et de l'habileté politique face aux États-Unis. Il y eut cependant des critiques du dehors et plus encore du dedans parce que le chancelier utilisait, parfois comme proches collaborateurs, des hommes contestés. Un nom revint sans cesse, celui de Hans Globke. Directeur à la chancellerie puis secrétaire général de celle-ci, il sert loyalement et efficacement le chancelier pendant ses quatorze années d'exercice du pouvoir. Mais en 1935, fonctionnaire au ministère de l'Intérieur, il avait écrit puis publié le plus officiel des commentaires des lois de Nuremberg, peut-être pour en diminuer la portée, lui, le militant catholique en contact avec l'Église. En tout cas, en les présentant comme du droit positif normal. Et il y avait aussi le cas du banquier Hermann Abs, négociateur du règlement des dettes allemandes en 1952, puis président du conseil d'administration de la Deutsche Bank, l'une des banques les plus puissantes de la République fédérale : n'avait-il pas été à partir de 1938, à trente-sept ans, directeur des services vers l'étranger de cette même banque et ne s'était-il pas trouvé engagé à ce titre dans l'exploitation des pays occupés, notamment de la Yougoslavie ? N'appartenait-il pas en 1942 à une quarantaine de conseils d'administration, parfois comme président ? Une telle éminence du système économique du IIIᵉ Reich devait-elle retrouver une situation encore plus éminente ?

Ludwig Erhard, chancelier de 1963 à 1966 après avoir été l'inamovible ministre de l'Économie avait eu trente-six ans en 1933. Comme expert en économie de l'entreprise, il s'était tenu à l'écart des compromissions, tout en rédigeant des mémoires analysant la politique possible après la défaite qui attirèrent l'attention bienveillante de l'occupant américain auquel Ludwig Erhard dut ensuite son ascension [9]. Son successeur Kurt-Georg Kiesinger avait un passé fort différent, beaucoup moins net qu'il n'en a accepté la mémoire, beaucoup moins déshonorant que ne l'ont proclamé ses adversaires, en particulier Beate Klarsfeld, jeune allemande qui avait épousé un avocat français juif victime du nazisme, et qui, à cause du passé du chancelier, le gifla publiquement lors du congrès du parti chrétien-démocrate de 1968. Juriste de vingt-neuf ans en 1933, il était devenu membre du parti mais avait toujours refusé d'entrer dans l'association qui permettait les carrières rapides, le *Nationalsozialistischer Rechtswahrerbund*. Son seul procès politique fut la défense d'une victime de la Gestapo. Mais en avril 1940, à trente-six ans, il est affecté au ministère des Affaires étrangères de Ribbentrop au service de liaison avec le ministère de la Propagande de Goebbels. Il a fait valoir ultérieurement qu'il n'y avait été qu' « auxiliaire scientifique », mais c'était la désignation officielle pour tous les non-fonctionnaires de tous rangs et lui-même avait rang de chef adjoint du service chargé de l'action radiophonique. Les documents disponibles sont susceptibles d'interprétations diverses, allant de la participation délibérée à l'action de propagande, sans cependant d'initiative particulière, jusqu'à des textes et des témoignages pouvant montrer une attitude d'oppositionnel face à l'équipe de Goebbels.

A la fin de la guerre, il fut interné par l'occupant américain sur la base de ses fonctions passées, puis vécut comme répétiteur de droit, particulièrement apprécié, comme il l'avait été par nombre d'étudiants d'avant-guerre, pour son esprit libéral et sa grande connaissance des pères du droit et de la philosophie du droit démocratiques. Et sa carrière politique au sein de la CDU, y compris comme porte-parole du groupe parlementaire en politique étrangère, comme ministre-président du Land Bade-Wurtemberg à Stuttgart, puis comme chancelier, fut jalonnée de témoignages de ses adversaires comme de ses amis politiques le présentant comme l'incarnation même de l'esprit de culture, d'ouverture, de tolérance. Ce n'est pas par hasard qu'il fut le chef du gouvernement de la grande coalition entre socialistes et chrétiens-démocrates. Et c'est en cela que son cas est probablement le plus intéressant, le plus difficile quand on s'interroge sur les limites, sur les interdits que la mémoire du passé doit créer, pour l'activité ultérieure de ceux dont cette mémoire révèle les faiblesses. Le passé ne devrait-il pas entraîner des exclusions dans le présent ? Des décennies d'activité créatrice de démocratie libérale ne sont-elles pas à ériger en exemple pour tous ceux qui ont modérément failli et qu'il eût été absurde de rejeter en masse ?

La situation de Kurt-Georg Kiesinger était fort différente de celle de son successeur à Stuttgart : quand on découvrit que Hans Filbinger avait, comme juge militaire, prononcé nombre de condamnations à mort, dont celle de jeunes soldats « déserteurs » au printemps de 1945 pour avoir compris l'absurdité révoltante des combats, il eût pu peut-être se tirer d'affaire en invoquant la contrainte de situation, encore que, dans des discours récents, il eût traité d'assassins ce type de juges. Mais il déclara qu'il n'avait fait que son devoir en maintenant la discipline en temps de guerre : en 1978, il dut démissionner.

En tant que chancelier, Kiesinger eut comme suppléant et ministre des Affaires étrangères, Willy Brandt, chancelier à son tour de 1969 à 1974. Leur attelage faisait l'effet d'une honorabilisation réciproque, mais de deux ordres fort différents.

L'antifasciste de toujours gommait le passé de l'ancien membre du parti fasciste. Le digne chrétien-démocrate rendait digne des hautes fonctions gouvernementales l'enfant naturel, l'émigrant qui avait changé de nom en Norvège, le « rouge » qui était revenu en uniforme norvégien : ce n'étaient évidemment pas les Allemands qui cultivaient la mémoire des crimes hitlériens dont les attitudes négatives à l'égard de Brandt devaient être surmontées ! Mais même Adenauer avait cherché, y compris pendant la campagne électorale de 1965, à entamer la réputation du maire de Berlin en lui faisant grief de son lointain passé – pourtant particulièrement méritant.

Né le 18 décembre 1913, le jeune Herbert Frahm était entré dès 1931 au parti ouvrier socialiste, établi sur la gauche du SPD. Il était parti pour la Norvège dès avril 1933. Il y vécut comme journaliste politique et servit aussi d'homme de liaison entre les socialistes norvégiens et l'émigration allemande de gauche à Paris. Le 5 septembre 1938, il fut déchu de la nationalité allemande. Après l'invasion allemande de la Norvège, il put se réfugier en Suède où il reçut l'acte de naturalisation établi par le gouvernement norvégien en exil à Londres. En 1943, il écrivit dans une lettre : « Au cours des récentes années, j'ai perdu deux fois une patrie. Je travaille pour en regagner deux – une Norvège libre et une Allemagne démocratique. Il ne sera assurément pas facile, de prendre en charge l'héritage des nazis, mais le jour devra bien venir où la haine inévitable sera surmontée. » En octobre 1945, il se rendit au procès de Nuremberg comme correspondant de presse norvégien. En mai 1946, il assistait comme invité socialiste norvégien au premier congrès d'après-guerre du SPD à Hanovre. En janvier 1947, attaché de presse intérimaire à la maison militaire norvégienne à Berlin, il décida, malgré des propositions flatteuses du gouvernement norvégien, de redevenir allemand. Le 1er février 1948, il devient le représentant à Berlin du comité directeur du SPD. Le 1er juillet, le norvégien Herbert Frahm, dit Willy Brandt, redevient citoyen allemand par décret du gouvernement du Slesvig-Holstein où se trouve Lübeck, sa ville natale. Le 11 août 1949, par décision du gouvernement de Berlin-Ouest, il devient juridiquement Willy Brandt – seul nom qu'il porte depuis longtemps et qui est vingt ans plus tard celui du chancelier de la République fédérale d'Allemagne. Un chancelier dont l'agenouillement à Varsovie, le 20 octobre 1970, prend valeur de symbole : un peu comme le Christ prenant sur lui les péchés du monde sans avoir péché lui-même, le chancelier au passé entièrement éloigné du national-socialisme, assume l'héritage. Et la mémoire assumée devient, au-dedans et au-dehors, facteur d'apaisement, gain moral. Le prix Nobel de la Paix attribué l'année suivante, fondé sur les traités avec la Pologne et l'URSS, est également motivé par le geste de Varsovie.

Chancelier de 1974 à 1982, Helmut Schmidt a expliqué dans son discours d'adieu de parlementaire, le 10 septembre 1986, pourquoi et comment c'est la mémoire du passé d'avant 1945 qui lui a fait fonder sa conception du politique sur la raison à finalité éthique : « Lorsque la guerre fut terminée, j'ai été semblable à des millions d'autres soldats allemands. Nous nous sommes dit avec un grand soulagement : Dieu merci, c'est passé! Pendant la guerre, nous, soldats allemands, nous sommes trouvés la plupart du temps dans un état schizophrène. Le jour nous combattions, en partie pour faire notre devoir, en partie pour préserver notre vie, en partie pour ne pas être faits prisonniers; la nuit, nous souhaitions ardemment la fin de la guerre et de la dictature nazie – schizophrénie! Mais nous étions jeunes, très jeunes... C'est seulement dans le camp de prisonniers en Belgique que j'ai vécu le commencement de la liberté intellectuelle. J'avais été appelé à l'armée en 1937. Lorsque la première démocratie allemande a été anéantie, j'avais juste quatorze ans. Où donc ma génération allait-elle apprendre ce que peut être une démocratie ? Un prisonnier bien plus âgé que moi, du nom de Hans Bohnenkamp, un socialiste religieux, d'un grand rayonnement personnel, a commencé dans le camp mon éducation de démocrate et de social-démocrate conscient... [10] »

Helmut Kohl, son successeur, n'avait pas vingt-six ans à la mort de Hitler, mais quinze. Il est le premier des six chanceliers à n'avoir pas vécu comme adulte sous le nazisme, à ne pas avoir eu à se demander, comme quatre de ses cinq prédécesseurs, s'il n'aurait pas été possible d'en savoir davantage, de faire davantage. On lui a reproché avec véhémence d'avoir, lors d'une visite officielle en Israël, fait allusion à cette situation en recourant à une formulation qui entra dans la polémique comme « la grâce de la naissance tardive » *(Gnade der späten Geburt)*. Elle ne méritait pas tant d'indignation, sauf dans la mesure où elle pouvait faire douter – à tort – de la prise en charge de la mémoire même par un chef de gouvernement né en 1930. Et aussi parce qu'elle n'évoquait pas la façon dont le plus antihitlérien des chanceliers l'avait assumée.

De même pouvait-on, de même devait-on défendre le chancelier Kohl face à la vague d'indignation qui s'abattit sur lui, à propos de la visite qu'il effectua avec le président Reagan au cimetière militaire de Bitburg. Comme Ronald Reagan venait de toute façon à Bonn pour un sommet occidental, il avait été décidé, que pour marquer le quarantième anniversaire du 8 mai 1945, les deux hommes se rendraient à Dachau et à Bitburg. La vraie faute du chancelier, ce fut d'avoir accepté l'annulation de la visite à l'ancien camp de concentration, le président américain, manifestement ignorant des données historiques et politiques, ayant déclaré qu'une telle visite offenserait le peuple allemand. Comme si la République fédérale ne s'était pas toujours expressément réclamée des opposants au régime et des victimes du nazisme ! A Bitburg, en revanche, il y avait déjà eu nombre de cérémonies commémoratives comme dans d'autres cimetières militaires. Et la dramatisation de la présence de tombes de jeunes tués des Waffen-SS traduisait de l'ignorance, de l'hypocrisie ou de l'oubli. Seuls les colonels et généraux des Waffen-SS avaient été choisis pour leur fanatisme. Pendant la guerre, des centaines de milliers de recrues avaient été affectées d'autorité aux unités militarisées de Waffen-SS.

En France, la leçon de 1953 avait été oubliée. Cette année-là, en effet, le tribunal militaire de Bordeaux avait eu à juger une partie de la division de Waffen-SS qui avait exterminé la population d'Oradour-sur-Glane. On se préparait à appliquer aux accusés la loi de 1948 par laquelle la France avait fait exception dans le monde occidental en écartant, précisément à cause du souvenir d'Oradour, un principe fondamental du droit : la charge de la preuve était renversée, l'accusé devant prouver sa non-participation au crime. Au procès, on découvrit que, parmi les jeunes soldats comparaissant devant le tribunal, se trouvaient des Alsaciens incorporés de force et affectés aux Waffen-SS de façon aussi peu volontaire que leurs camarades allemands. L'Assemblée nationale abolit la loi pendant que le procès continuait et, après des condamnations relativement indulgentes, il y eut des mesures de grâce pour les Alsaciens, tout de suite, pour les Allemands, plus tard.

Et la polémique sur la visite à Bitburg, encore aggravée par la découverte de fleurs sur les tombes de tués Waffen-SS, en fait déposées par des journalistes américains en mal de sensation, fit passer sous silence le discours que Helmut Kohl avait prononcé le 21 avril, toujours à l'occasion du quarantième anniversaire, sur l'emplacement du camp de Bergen-Belsen. Il y disait pourtant, entre autres :

    ... La réconciliation avec les survivants et avec les descendants des victimes n'est possible que si nous acceptons notre histoire telle qu'elle a réellement été, si, en tant qu'Allemands, nous nous réclamons de notre honte, de notre responsabilité devant l'Histoire...

    Nous nous souvenons avant tout de la persécution et de l'assassinat des Juifs... Bergen-Belsen, un lieu au milieu de l'Allemagne, demeure un signe de Caïn gravé dans la mémoire de notre peuple comme Auschwitz et Treblinka, comme Belzec et Sobibor, Kulmhof et Majdanek... La question décisive, c'est de savoir pourquoi tant de gens sont restés indifférents, n'ont pas voulu entendre, n'ont pas voulu percevoir... Quand on brûlait des livres que nous comptons parmi les grands biens culturels de notre siècle. Quand on mettait le feu aux synagogues. Quand on démolissait des magasins juifs. Quand on interdisait aux concitoyens juifs de s'asseoir sur les bancs des jardins publics...

    Lorsque le camp de Bergen-Belsen a été installé, on y

amena d'abord des prisonniers de guerre russes. La façon dont ils ont été logés et traités correspondait à une torture. Plus de 50 000 sont morts rien que dans le secteur de Bergen. De cela aussi il faut nous souvenir aujourd'hui et constamment; sur les quelque six millions de soldats soviétiques qui ont été faits prisonniers, moins de la moitié ont survécu.

Aussi évoquons-nous, également, en cette heure ce qui a été infligé comme souffrances, au nom de l'Allemagne, aux peuples d'Europe centrale et orientale...

Pour les méfaits de la tyrannie nationale-socialiste, l'Allemagne porte la responsabilité devant l'Histoire. Cette responsabilité *(Verantwortung)* se traduit aussi par une honte imprescriptible *(nie verjährende)*.

Pratiques de la mémoire et de l'oubli.

L'appel à la mémoire, ce n'est pas seulement l'affaire des constituants et des dirigeants dans leurs proclamations. Comment traite-t-on les victimes ? Comment traite-t-on les coupables ? Comment le souvenir retentit-il dans la société, en particulier chez ceux qui se veulent porteurs d'un message moral ?

Contrairement à la République démocratique allemande qui a attendu jusqu'en 1988 pour accepter l'idée d'une responsabilité civile à l'égard des victimes, la République fédérale a affirmé très tôt son désir de prouver sa qualité d'État-successeur des Allemagnes antérieures en prenant à sa charge l'indemnisation. Le traité de 1952 avec Israël en a été le témoignage le plus spectaculaire. A l'intérieur, toute une batterie de textes législatifs et réglementaires a inventorié les droits et prévu des règlements. La réalité a été moins glorieuse, d'autant plus que justice et administrations se montraient tatillonnes et que le montant des retraites versées aux veuves de grands coupables faisaient comparativement scandale [11].

Les criminels n'étaient pas faciles à découvrir, d'autant plus que la Pologne et l'URSS ne livraient les archives que peu à peu. Le parlement eut ainsi à connaître d'un problème difficile. Il n'était pas question d'accorder une amnistie. Mais jusqu'où fallait-il aller pour l'imprescriptibilité? La prescription, c'est-à-dire l'impossibilité d'entamer des poursuites au bout d'un nombre défini d'années après le crime ou le délit, devait-elle être appliquée à des coupables de l'époque hitlérienne? En principe, l'assassinat est prescrit en droit allemand au bout de trente ans. A deux reprises, en 1965 et en 1969, le Bundestag a prolongé ce délai par des subterfuges, la seconde fois en considérant que la justice allemande n'était redevenue souveraine qu'en 1949 et que la prescription ne devait donc intervenir qu'en 1979. Le 3 juillet 1979, par 255 voix contre 222, le Bundestag a décidé d'abroger de manière générale la prescription pour assassinat. Le débat a été difficile, approfondi et de qualité.

N'aurait-il pas fallu distinguer entre les crimes hitlériens et les crimes de droit commun? Mais l'imprescriptibilité du génocide et des crimes contre l'humanité n'at-elle pas une base juridique fragile, puisque la caractérisation de ces crimes n'a été que rétrospective, et donc leur punition, en tant que telle, rétroactive? L'imprescriptibilité de l'assassinat n'est-elle pas en contradiction avec les principes juridiques traditionnels? Fallait-il vraiment entamer des procédures puis juger des accusés vieillis? A quoi bon, si les preuves étaient difficiles à rassembler, les juges indulgents, l'opinion lassée? Ne proclamait-on pas une sorte de culpabilité allemande permanente, illimitée? En revanche, l'abolition de la prescription devait montrer que la République fédérale demeurait consciente des abominations commises au nom de l'Allemagne. Et puis, que ferait-on si, une fois la prescription intervenue, tel ou tel criminel se révélait et se vantait d'avoir participé à la barbarie?

Pour découvrir les coupables et permettre l'ouverture de poursuites contre eux, les ministres de la Justice des Länder ont décidé tardivement, en 1965, la mise en route rapide à Ludwigsburg, près de Stuttgart, d'un Bureau central qui n'a en fait fonctionné à plein régime qu'à partir de 1968, avec 121 collaborateurs, procureurs, policiers, archivistes. En 1970, 1 188 informations sont ouvertes; en 1975, un sommet est atteint avec 2 235; en 1982, il y en a encore 822. Mais le nombre de condamnations auxquelles on aboutit peut sembler dérisoire : un maximum de 39 en 1971, moins de dix par an après 1976[12]. Les condamnations auraient sans doute été plus nombreuses s'il n'avait pas existé d'emblée et pendant des décennies le problème des magistrats. Peu épurés, s'entr'épargnant ensuite, non seulement ils n'ont pas fait oublier longtemps l'étendue des compromissions passées, des crimes judiciaires commis, mais encore ils ont pesé négativement sur procédures et jugements[13]. Il en résulta d'une part une sorte d' « amnistie froide »[14], d'autre part la perpétuation d'un juridisme froid n'aboutissant pas nécessairement à la défense des droits de l'homme. Ainsi tel jugement du *Bundesgerichtshof* (équivalent de la Cour de cassation, mais vrai tribunal et non simple régulateur du droit) décidant en 1956 que les Tsiganes n'avaient pas été déportés par racisme, mais plutôt pour un nomadisme troublant l'ordre public. Ainsi, en 1982, le tribunal administratif du Bade-Wurtemberg refusant de reconnaître le droit d'asile à un Turc marxiste, bien que celui-ci ait été torturé, puisque la torture est habituelle en Turquie et qu'il ne peut donc prouver que c'est pour des motifs politiques qu'il a été torturé; le tribunal fédéral administratif ratifiera le raisonnement des premiers juges. Mais le renouvellement des générations se répercute sur la justice. On verra même des juges s'asseoir en groupe devant l'entrée d'un camp militaire américain pour en bloquer l'entrée.

Lorsque, le 11 novembre 1986, le tribunal constitutionnel fédéral doit décider de l'illégalité de telles *Sitzblockaden* et de la nature de la sanction que les tribunaux peuvent leur infliger sans violer le droit de manifester, il ne parvient pas à un choix clair (4 voix contre 4), en particulier parce qu'il ne sait pas trop comment apprécier un mémorandum de l'EKD, de l'Église évangélique. Il cite ce texte, *Église évangélique et Démocratie libérale*, sans commenter son origine intellectuelle et spirituelle. Or quand le droit à la désobéissance civile s'y trouve défini, c'est parce que la mémoire est sans cesse présente dans l'EKD. En 1945, l'Église protestante renaissante ou, plus exactement, transformée, s'est accusée de n'avoir pas su dire non à temps, de n'avoir pas assez résisté. Une partie de ses membres – tout particulièrement les jeunes héritiers de ceux qui avaient failli dans le témoignage de leur foi – vivront dans la crainte de faillir de nouveau de façon analogue et seront donc tentés de dire non très tôt, même trop tôt, grâce à la distinction établie dans un passage cité par le tribunal : « Par désobéissance civile on comprend – par différence au droit de résistance à un système d'injustice – le fait que le citoyen résiste à des décisions spécifiques importantes de l'État pour s'opposer à une décision tenue pour néfaste et moralement illégitime par une protestation démonstrative, constituant un signe et allant jusqu'à des violations spectaculaires de la règle. »

Placer la vérité au-dessus de la légalité définie par la majorité issue d'élections libres et légiférant sous le contrôle des juges constitutionnels : il n'y aurait guère de protestants allemands à adopter une telle attitude si, le 31 août 1945, la déclaration de Treysa n'avait vu l'EKD proclamer : « C'est un luthéranisme mal compris qui nous a fait croire que nous n'avions envers l'État qu'une responsabilité, celle de lui obéir, celle de prêcher à la chrétienté l'obéissance et de l'éduquer en vue de cette obéissance, et cela tant que l'État ne réclamait pas de nous un péché manifeste. » Une déclaration de culpabilité plus élaborée fut faite quelques semaines plus tard à Stuttgart, à l'occasion de la première rencontre avec les représentants du Conseil œcuménique des Églises au nom duquel le pasteur français Pierre Maury répondit avec compréhension, parlant de manquements communs et de responsabilité commune pour l'avenir [15]. Le « péché manifeste » n'avait assurément pas été, pour nombre de théologiens protestants de renom, l'antisémitisme en lui-même. L'un d'entre eux écrivait ainsi en 1933 : « Il ne s'agit pas de savoir si des Juifs individuels sont honnêtes ou malhonnêtes, ni si des Juifs individuels périssent *(zugrunde gehen)* injustement et si c'est à juste titre pour les individus. La question juive n'est absolument pas la question des Juifs individuels, mais la question du judaïsme, du peuple juif. Et c'est pourquoi quiconque veut aller au fond de la question ne doit pas commencer par demander ce qu'il doit advenir du Juif individuel, mais ce qu'il doit advenir du judaïsme (*Judentum*) [16]. » Et les innombrables sermons, discours, écrits louant l'ultranationalisme du Führer comme on avait loué celui de Guillaume II, comme on en avait déploré l'absence sous Weimar, ont à leur tour témoigné de l'adhésion d'une partie appréciable des protestants.

Les Églises évangéliques acceptèrent de se soumettre à Hitler et de reconnaître l'autorité d'un *Reichsbischof* parvenu à leur tête par la grâce de Hitler. Le groupe de l'Église confessante qui se développa à partir du synode de Barmen en 1934, prit des distances qui lui valurent maintes persécutions, sans pour autant renoncer à toute compromission, alors qu'en son sein un théologien comme Karl Barth lui réclamait davantage. Le regard en arrière jeté en 1945 pouvait alors se faire comparatif de deux façons différentes : l'Église protestante institutionnelle s'était plus directement soumise à Hitler que la catholique, mais elle avait tout de même connu un courant organisé d'opposition, le courant même qui allait l'animer dans l'immédiat après-guerre, alors que les refus catholiques avaient été beaucoup plus individuels.

Le 23 août 1945, l'assemblée de l'épiscopat, réunie à Fulda, publia une déclaration qui dressait un bilan de la vie du catholicisme allemand sous le régime hitlérien. Les dignitaires de l'Église rappelaient le temps où ils étaient intervenus pour les droits de la personne, où ils avaient repoussé les empiétements de l'État sur la vie de l'Église. Ils disaient aussi : « Beaucoup d'Allemands, même dans nos rangs, se sont laissé tromper par les doctrines fausses du national-socialisme, ont assisté indifférents aux crimes contre la liberté et la dignité humaines, beaucoup ont prêté assistance aux criminels par leur attitude, beaucoup sont devenus eux-mêmes des criminels. Une responsabilité lourde pèse sur ceux qui auraient pu empêcher de tels crimes par leur influence et qui non seulement ne l'ont pas fait, mais ont rendu possibles ces crimes et se sont déclarés par là solidaires des criminels. » La formulation recelait une forte dose d'hypocrisie ou de bonne conscience injustifiée : l'épiscopat n'avait-il pas une responsabilité propre, ne faisait-il pas partie de ceux qui auraient pu influencer et ne l'avaient point fait ?

En septembre 1945, l'archevêque de Fribourg, Mgr Conrad Gröber publia une longue lettre pastorale pour répondre aux accusations qui circulaient, notamment : « Pourquoi les évêques allemands ne se sont-ils pas plus fortement défendus contre la folie du IIIᵉ Reich [17] ? » A la lire, personne ne pouvait imaginer que le même prélat avait publié en 1937 un *Manuel des questions religieuses actuelles* où il était dit que le bolchevisme était « un despotisme d'État asiate, en réalité au service d'un groupe de terroristes menés par les Juifs » et que « le Führer avait décrit avec justesse la lutte qu'il fallait mener » ou encore, dans l'article consacré à l'art, que la politisation de celui-ci était due pour une grande part « au Juif déraciné et corrompu par l'athéisme ». Et, en 1941, dans une lettre pastorale, Mgr Gröber, reprochant aux Juifs la mort du Christ, avait ajouté : « Que sa mort retombe sur nous et nos enfants !... Cette malédiction que les Juifs ont lancée contre eux-mêmes s'est terriblement réalisée, jusqu'à l'époque actuelle, jusqu'aujourd'hui [18]. » Un autre prélat de poids, Mgr Hudal, à la tête de la communauté catholique allemande de Rome, avait déclaré que les lois de Nuremberg constituaient des mesures de défense légitimes et que, dans sa propre législation, l'Église avait elle aussi pris une position radicale sur la question juive « jusqu'à ce que les murs du ghetto aient été abattus au XIXᵉ siècle, non point par l'Église, mais par l'État libéral... Les principes de l'État moderne (avec l'égalité de tous devant la loi) sont une création de la Révolution française et ne sont pas ce qu'il y a de mieux du point de vue du christianisme et de la nation ».

Avant l'arrivée de Hitler au pouvoir, l'Église s'était opposée au national-socialisme. Si ensuite elle permit à ses fidèles d'entrer au Parti, si le Saint-Siège contribua à honorabiliser le régime en signant dès juillet 1933 un concordat avec lui, ce ne fut évidemment pas à cause de la tradition antisémite, mais pour protéger et préserver ses écoles et ses organisations, de même que la plupart des compromissions et des silences ultérieurs furent dus pour partie au souci de ne pas faire retomber les conséquences de condamnations ou de protestations éventuelles sur le catholicisme allemand et ses institutions, face à un pouvoir politique qui leur était effectivement hostile. Au début Pie XI a sans doute cru que Hitler n'était qu'un second Mussolini et, par un concordat destiné à créer une situation supportable, il a sacrifié le démocratique parti du centre comme il avait sacrifié le parti italien homologue par l'accord du Latran. Détrompé, il lança en 1937 l'encyclique *Mit brennender Sorge* qui condamnait le racisme. On ne saurait dire que les évêques autrichiens en tinrent compte lorsque, le cardinal Innitzer en tête, ils invitèrent leurs ouailles, le 18 mars 1938, au lendemain de l'Anschluss, à prononcer un oui massif à la question plébiscitaire posée par Hitler pour ratifier l'annexion. Leur « déclaration solennelle » disait notamment : « Par profonde conviction et par libre volonté... nous reconnaissons joyeusement que le mouvement national-socialiste a mis et met à son actif de grands accomplissements... Les évêques accompagnent cette action dans l'avenir avec leurs meilleures bénédictions et exhorteront également les croyants dans ce sens... Nous attendons de tous les chrétiens croyants qu'ils sachent quel est leur devoir à l'égard de leur peuple. »

Peut-être est-ce le souvenir refoulé des défaillances épiscopales qui a empêché l'Église allemande de parler franchement du passé. Une telle franchise lui eût par exemple permis en 1963 de mieux affronter le long et vif débat qu'a soulevé la pièce excessive de Rolf Hochhuth sur Pie XII, *le Vicaire*. Elle a préféré mettre en avant les prêtres courageux qui étaient devenus martyrs de leur foi, tout particulièrement le doyen Bernhard Lichtenberg qui, dans son église de Berlin, avait fait un sermon de protestation au lendemain de la Nuit de cristal. Son courage ultérieur lui a valu d'être arrêté en octobre 1941 et de mourir en novembre 1943 au cours de son transfert de la prison au camp de Dachau. Mais évoquer ce sermon, n'était-ce pas susciter immédiatement la question : « Pourquoi la voix de Lichtenberg fut-elle si solitaire ? Pourquoi le silence de l'Église institutionnelle ? » De même, le recours à la véhémente et spectaculaire protestation du cardinal von Galen, le 3 août 1941 contre le programme d'« euthanasie » était-il à double tranchant. Oui, le cardinal, provoquant la colère de Hitler, avait obtenu l'arrêt officiel des assassinats. Mais cela ne prouvait-il pas la possibilité de la protestation efficace, donc le caractère encore plus inacceptable du silence face au sort épouvantable des Juifs?

L'attitude de la plus haute instance de l'Église allemande, la *Deutsche Bischofskonferenz,* à l'égard du judaïsme a évolué fort lentement, à la fois pour la reconnaissance des fautes passées et pour les mises à jour et les mises au point théologiques. La longue déclaration publiée le 31 janvier 1979 par le secrétariat de la conférence des évêques à propos de la projection de la série *Holocauste* par la télévision reconnaissait qu'au lendemain du 9 novembre 1938 l'Église n'avait pas assez parlé, mais elle n'admettait aucune compromission, évoquant simplement l'existence d'« une tradition antisémite dans de larges couches de la population allemande et par conséquent chez des catholiques ». En 1980, lors d'un forum « Vivre avec la faute des pères », organisé au *Katholikentag* de Berlin, les prélats présents refusèrent d'accepter l'idée exprimée par l'orateur français, soutenu par le jeune public, selon laquelle nombre d'évêques avaient figuré parmi les « pères » coupables. La même année, une longue déclaration des évêques allemands *Sur le rapport de l'Église au judaïsme* contenait encore des passages pour le moins étranges, par exemple : « Bien que les autorités juives et ceux qui les suivaient aient réclamé la mort du Christ, on ne peut pas porter à charge les événements de sa souffrance à tous les Juifs sans distinction vivant alors, ni aux Juifs d'aujourd'hui. Assurément l'Église est le nouveau Peuple de Dieu; pourtant on n'a pas le droit de représenter les Juifs comme rejetés et maudits par Dieu, comme si cela pouvait être déduit des Saintes Écritures! »

Il a fallu attendre le texte commun des trois conférences épiscopales – allemande, berlinoise et autrichienne –, « *Accepter le poids* (Last) *de l'Histoire* ». (Message des évêques sur les relations entre chrétiens et juifs à l'occasion du cinquantième anniversaire des pogroms de novembre 1938) pour que fût dit : « On ne peut pas accepter sa propre histoire de façon sélective, en occultant ce qui est à charge. Nous devons accepter la charge de l'Histoire. Nous le devons aux victimes, dont les souffrances et la mort ne doivent pas être oubliés... Nous le devons aussi à l'Église et par là à nous-mêmes. L'Histoire, en effet, n'est pas quelque chose d'extérieur, elle est partie intégrante de l'identité de l'Église et peut nous rappeler que l'Église, que nous proclamons sainte et que nous vénérons comme mystère, est aussi une Église pécheresse, une Église qui a besoin de se convertir. » Bien qu'encore de style ancien dans quelques passages et bien qu'un parallèle établi à la fin avec l'avortement puisse être considéré comme fort mal venu, le texte est d'un ton plus décidé, moins contraint que les précédents, y compris dans le rappel de Vatican II et dans la citation laudative de l'homélie de Jean Paul II à la synagogue de Rome en 1986 [19].

Nombre de catholiques – théologiens, militants, associations et organisations – s'impatientaient depuis longtemps face aux timidités des évêques parlant en corps constitué. Et cette impatience n'a pas peu contribué à l'éclosion de courants et de mouvements critiques et parfois contestataires au sein du catholicisme allemand. Quand, de 1973 à 1975, les évêques ont exceptionnellement siégé avec des laïcs et d'autres prêtres réguliers ou séculiers, la déclaration finale a été d'un tout autre ton. En un alinéa de sa résolution, « Pour une nouvelle relation à l'histoire de la foi du peuple juif », le synode commun des diocèses en République fédérale d'Allemagne a dit en effet tout ce que l'Église catholique d'Allemagne aurait dû dire dès 1945 et qu'elle a mis si longtemps à exprimer avec clarté :

Nous sommes le pays dont l'histoire politique récente a été assombrie par la tentative d'exterminer systématiquement le peuple juif. Et, pris dans notre ensemble, nous formions en cette époque du national-socialisme, malgré le comportement exemplaire de personnes et de groupes isolés, une communauté ecclésiale qui a trop continué à vivre en tournant le dos au peuple juif persécuté. Une communauté dont le regard s'est trop laissé fixer sur les menaces pesant sur ses propres institutions et qui a fait silence sur les crimes commis contre Juifs et judaïsme [20].

L'épiscopat renforçant, améliorant sa mémoire du crime et de ses propres faiblesses sous la pression des nouvelles générations : n'est-ce pas une explication évidente de toute une évolution ? Les professeurs d'histoire dans l'enseignement secondaire qui avaient accepté d'enseigner le credo national-socialiste n'ont-ils pas disparu ? N'est-il pas plus facile de critiquer ses grands-parents que ses parents ? La mémoire n'est-elle pas devenue plus simple à évoquer, à creuser quand on peut le faire avec *Unbefangenheit*, en étant concerné sans être impliqué ? Voilà pourquoi le passé est plus présent dans les années 1980 que dans les années 1950.

L'ennui, c'est que le constat inverse se pratique également beaucoup et reçoit l'explication inverse. Qui veut encore savoir ? Qui se sent encore concerné ? A quoi servent les méritoires efforts accomplis pour perpétuer la mémoire ? Regardez ce ras-le-bol du souvenir, de l'évocation ! Rien de plus normal, puisque, à mesure qu'on s'éloigne de la période du crime, le renouvellement des générations apporte d'autres préoccupations.

La difficulté de l'analyse réside précisément dans la vérité constamment simultanée des deux constats et des deux interprétations. Vérité partielle cependant, puisque son contraire n'est assurément pas faux. Et s'il n'y avait que la réalité contradictoire d'une évolution continue vers le renforcement de la mémoire et d'une évolution non moins continue vers son affaiblissement ! Il existe aussi une troisième évolution, du type sinusoïdal. D'une part parce que tel ou tel événement culturel, notamment médiatique fait choc et produit une onde, une vague de mémoire. En général, on oublie alors que le précédent a eu lieu et on parle d'une résurgence depuis longtemps attendue en vain. Lors du vaste débat soulevé par le film *Holocauste* en 1979, l'énorme succès du *Journal d'Anne Frank* et, au cours de la même période 1956-1957, le choc produit par le passage à la télévision, un dimanche matin de Pâques, de la bouleversante évocation d'Alain Resnais, *Nuit et Brouillard,* avaient été oubliés. Quand vint la projection de *Shoah* de Claude Lanzmann, celle d'*Holocauste* ne pouvait être négligée, mais il suffisait alors de dire que la moindre qualité, le moindre sérieux du film américain n'avait pas permis un vrai débat, de vraies prises de conscience – ce qui était tout simplement faux [21]. D'autre part, la modification du contexte politique produit parfois des réorientations, des intensifications de la mémoire. Des modifications peuvent même se superposer : ainsi le mouvement intellectuel transnational qui s'est traduit, à la fin des années soixante, par les « événements » étudiants s'est-il juxtaposé, s'est-il mêlé en République fédérale aux prises de conscience entraînées par la *Ostpolitik* de Willy Brandt. Et le dégel Est-Ouest des années quatre-vingt a tenu sa place dans le nouveau débat sur la mémoire entraîné par l'idée de *Wende,* de tournant intellectuel et spirituel, exprimée par Helmut Kohl quand il est devenu chancelier en 1982. Il faut donc se préoccuper des discontinuités comme des continuités.

Des réalités simultanées contradictoires.

La continuité dans les refus de la mémoire est indéniable. Refus de se souvenir, refus d'apprendre, refus même des faits pour mieux pouvoir nourrir la mémoire de données, vraies ou fausses, de sens contraire. Déjà avant la naissance de la République fédérale, les partisans de la *Besinnung*, de la réflexion nourrie par la mémoire, multiplient mises en garde et constats amers. Les romanciers de la « littérature de ruine » font de l'indifférence de leurs compatriotes un thème central. L'écœurement devant une société de la jouissance matérielle où le passé ne trouve pas de place, où l'antisémitisme se maintient comme une habitude, est la cause décisive de départs d'Allemagne d'écrivains juifs à la fin des années soixante-dix [22]. Malgré un énorme effort de la presse et de la radiotélévision, le long procès contre 22 participants à la barbarie d'Auschwitz, qui s'achève à Francfort en août 1965, ne rencontre pas la résonance attendue. Qu'il y ait encore eu dégradation du climat, ne le constate-t-on pas à l'occasion d'un autre procès, quinze ans plus tard ? En juin 1981, lorsque, au bout de cinq années de procès, au fil de 470 audiences, est prononcé le verdict contre quelques-uns des gardiens et gérants du camp de Majdanek, le retentissement est en quelque sorte négatif : les commentateurs les plus attachés à la connaissance du passé s'indignent non seulement face à la clémence des juges, due en partie – mais en partie seulement – à la difficulté d'obtenir des preuves sûres après tant d'années, mais plus encore face à la conduite même du procès à l'atmosphère sans dignité, aux accusés désinvoltes, aux avocats cherchant à humilier les témoins survivants.

Une double littérature n'a cessé d'exister, parfois de prospérer, y compris dans les années quatre-vingt. Une littérature de la mise en cause de la dimension du crime (avec une littérature, très minoritaire en son sein, de la pure négation) et une littérature de la glorification non du crime, mais des vaillants guerriers démontrant leurs vertus héroïques et chevaleresques dans les steppes russes comme dans les sables de la Tripolitaine, sur terre, sur mer et dans les airs. Et il y a toujours eu une petite extrême-droite qui ne s'est nullement éteinte avec la mort de la génération hitlérienne, puisque tel groupuscule se réclamant expressément des aspects positifs du national-socialisme, interdit en 1983, avait à sa tête le jeune Michael Kühnen, né en 1955, de nouveau actif à sa sortie de prison en 1988. Déjà, cependant, il faut relever que le succès électoral du parti national-démocrate NPD en 1967-1969 – culminant au niveau fédéral à 4,6 % avant de s'effondrer totalement – n'a été possible que par le recours à une thématique « douce », la virulence étant réservée aux meetings locaux pour convaincus « durs ».

La plainte sur l'ignorance des écoliers et lycéens a été constamment présente. Comme l'ont été les efforts pour qu'il n'en soit pas ainsi. Les manuels d'histoire ont bénéficié des accords élaborés avec des professeurs d'histoire d'autres pays, grâce au travail incessant de l'Institut international du livre d'histoire de Braunschweig. L'accord franco-allemand de 1953 permit d'aboutir sans grande difficulté à des formulations communes, nuancées sur les origines de la guerre de 1914-1918, catégoriques sur 1939 et le régime hitlérien. Seules les origines de l'art baroque continuèrent de faire problème. En revanche, la négociation, puis le contenu de l'accord polono-allemand fut l'objet, à partir de la première rencontre préparatoire à Varsovie en février 1972, d'une double querelle politique, en Allemagne et en Pologne : pouvait-on parler des crimes allemands sans évoquer les expulsions ? Pouvait-on évoquer les expulsions sans parler des terres cédées à l'URSS et, d'une façon générale, des crimes soviétiques contre la Pologne ? Les recommandations adoptées en 1976 ne pouvaient en tout cas pas être critiquées pour insuffisance de la mémoire des crimes allemands.

Plus important a été le travail de l'organisme fédéral public de formation politique, la *Bundeszentrale für politische Bildung* auquel s'est constamment ajouté celui des organismes analogues fonctionnant dans les Länder, notamment dans le plus peuplé d'entre eux, la Rhénanie du Nord-Westphalie. Ses publications, diffusées en particulier chez les enseignants, dans les institutions d'éducation populaire, les mouvements de jeunesse, ont toujours su éviter l'endoctrinement et le démocratisme bêtifiant. A l'écoute des médias, la *Bundeszentrale* a été informée à temps du passage de *Holocauste* à la télévision pour approvisionner les nombreux enseignants, désireux de faire visionner la cassette en classe, en documents préparatoires, complémentaires, rectificatifs. Et s'il est vrai que nombre d'émissions de radiotélévision et d'hebdomadaires à sensation ont tendu à dédramatiser le régime, à parler davantage d'Eva Braun que des camps, des chiens de Hitler que des chiens des gardiens, la grande presse n'a cessé d'accorder, avec dignité, souvent avec véhémence, une place considérable à la mémoire du crime, depuis les quotidiens les plus sérieux jusqu'à la peu digne *Bild-Zeitung* et ses millions d'exemplaires quotidiens, dont le propriétaire, Axel Springer, était tout de même constamment désireux de respecter ce que représentait Israël. Et qu'a jamais pesé le seul hebdomadaire d'extrême droite à diffusion non confidentielle, le *National-Zeitung*, face aux hebdomadaires de qualité – de gauche, du centre ou de droite, comme le *Rheinischer Merkur*, face aussi au *Spiegel* et au *Stern* qui n'ont jamais cessé d'abreuver leurs millions de lecteurs en dénonciations des survivances et des survivants, même si le *Stern* lui aussi a cédé à l'appât du gain par banalisation sensationnaliste en commençant la publication d'un faux journal de Hitler?

Les discontinuités, les infléchissements ne sont pas aisément localisables. La comparaison de deux cas individuels montre la difficulté. Voici une Allemande travaillant à Paris auprès du représentant d'un grand organisme de radiodiffusion de la République fédérale. Elle se sent citoyenne normale d'un pays normal, mais passe pendant des années ses week-ends auprès d'une vieille dame impotente et parfaitement désagréable, l'assistant dans sa longue agonie, simplement parce que cette vieille dame est juive et a souffert à ce titre : être allemande, c'est être coresponsable de la vieillesse la moins malheureuse possible des survivants. Il y a là une certitude simple, nullement née de tempêtes intérieures dues à une conjoncture particulière. Voici une autre Allemande de Paris, née en 1938, un peu plus âgée que la précédente. Lorsqu'il s'agit, en 1988, de présenter au public français un livre autobiographique, elle écrit : « Pour moi, fille d'aristocrate, non juive, et issue d'une lignée dont l'histoire se confond avec celle d'une nation, l'Allemagne est devenue une patrie singulière. Avant-guerre ce fut la patrie de mes pères réactionnaires; entre 1933 et 1945, ce fut la patrie de mes pères lâches et coupables. Quant à l'Allemagne nouvelle, celle des ventres repus et des doigts boudinés tendus vers le ciel du " miracle " économique, je m'y sens en terre étrangère... Après toutes ces années d'amnésie, je me suis vue enfermée dans une réalité pleine de mots et de cauchemars et j'ai lutté contre eux. » Lutté au sein d'un gauchisme dénonciateur des sociétés capitalistes en général et de leurs turpitudes. Quelle part de vision gauchiste dans la vision des générations allemandes présentes et passées? Quelle part de dégoût dans l'entrée au gauchisme pour les ascendants et pour l'environnement insensible au crime [23] ?

C'est à la fin des années soixante et au début des années soixante-dix que la révolte contre une société supposée vivre dans un oubli repu se fait la plus vive, parfois la plus violente, puisqu'on ne saurait comprendre le passage d'une Ulrike Meinhof au terrorisme sans la double dimension du crime contre lequel elle voulait lutter : crime américain au Viêt-nam et soutien accordé à ce crime par un État et une société allemande ayant chassé de sa mémoire le souvenir du crime allemand. Toute une génération d'intellectuels, notamment les créateurs d'un « jeune cinéma allemand » se mettent à dire leur répulsion pour la société environnante et à se proclamer seuls porteurs de mémoire en ces « années de plomb ». Lorsque Margarete von Trotta intitule ainsi un film sur les terroristes, elle y montre deux sortes de cadavres – ceux des camps de concentration et ceux des terroristes victimes d'une société sans mémoire, mais aucun mort victime des terroristes n'est montré.

L'ambiguïté n'est assurément pas toujours absente de la dénonciation ! Pas seulement lorsqu'un terroriste s'aperçoit que, passé à la violence parce qu'il croit la République fédérale en voie de retour au fascisme, il reçoit l'ordre, au nom de la cause palestinienne, d'abattre un Juif en tant que Juif [24]. Encore plus lorsque Rainer Werner Fassbinder, le plus célèbre des auteurs du jeune cinéma, jette sur le papier, par « souci d'un nouveau fascisme », comme il le dit dans la postface, une pièce carrément antisémite qu'il lui est interdit de représenter lui-même en 1975 dans le théâtre qu'il dirige à Francfort et dont la communauté juive de la ville empêchera la représentation dans le théâtre municipal dix années plus tard, trois ans après la mort de l'auteur. Dans *L'Ordure, la Ville et la Mort*, les personnages ont des noms, mais le riche Juif est simplement « le Juif riche ». Il dit : « Je ne suis pas juif comme les Juifs sont juifs », et « Suis-je un Juif qui doit tirer vengeance des petites gens ? » Et la protestation largement justifiée contre l'interdit qui empêche de dire qu'un escroc juif est un escroc devait-elle conduire à faire parler ainsi l'un des personnages : « Il nous suce le sang, le Juif... Et il est coupable, parce qu'il nous rend coupables, car il est là. S'il était resté d'où il venait ou s'ils l'avaient gazé, je pourrais mieux dormir aujourd'hui. Ils ont oublié de le gazer. Ce n'est pas une blague. Cela pense ainsi en moi. Et je me frotte les mains en m'imaginant que l'air lui manque dans la chambre à gaz. »

La dénonciation de la société comme intrinsèquement mauvaise et comme fascistoïde avait commencé pendant les années de la Grande Coalition. Elle continua après l'arrivée de Willy Brandt à la chancellerie, en perdant un peu plus de sa crédibilité. La mémoire du crime allemand se trouva plus fortement que jamais proclamée, visualisée dans et par la *Ostpolitik*, avec, en même temps, une sourdine officielle et médiatique mise à l'évocation du passé de l'Est. Au nom de l'ouverture nécessaire, on assista même à la naissance d'une volonté, plus forte ensuite dans les années quatre-vingt, à passer sous silence le passé le plus négatif et même les ressemblances présentes non avec le crime d'extermination des hommes, mais avec celui de meurtre des libertés.

Die Wende, le tournant : combien de fois le mot n'a-t-il été prononcé lors de l'arrivée au pouvoir de Helmut Kohl, à commencer par le nouveau chancelier lui-même ! Les libéraux ayant une nouvelle fois changé de camp, Helmut Schmidt et, avec lui, le SPD, ont été écartés du pouvoir le 1er octobre 1982. La réorientation intellectuelle et morale allait-elle affecter la relation au passé, à la mémoire ? Quelques indices semblaient le montrer. Le poids d'hommes comme Alfred Dregger, président du groupe parlementaire chrétien-démocrate, appartenant à l'ancienne génération et manifestement désireux de jeter un voile d'honorabilité rétrospective sur les Allemands non directement criminels, notamment sur l'ensemble de l'armée pendant la guerre ; un député de base et le maire d'une petite ville prononçant des phrases nettement antisémites, obligés cependant de faire marche arrière devant le nombre et la vigueur des réactions ; quelques mouvements de rejet face à une pratique intensive à la mémoire : le nouveau courant n'était décidément pas très puissant. Et le sens de tel événement négatif n'était pas toujours évident. Ainsi quand, à Francfort, des fouilles préalables à une construction municipale dégagèrent les ruines de l'ancien ghetto, tous les partis, sauf la CDU au pouvoir à la mairie, toutes les Églises et nombre d'autres mouvements et associations demandèrent l'arrêt des travaux et la transformation de tout l'espace en lieu de commémoration. La solution imposée en 1987 montrait un certain manque de sensibilité de la municipalité. Elle ne prouvait nullement le refus de la mémoire [25].

En fait, deux attitudes s'additionnèrent pour produire plutôt un tournant vers l'intensification de la pratique de la mémoire. La majorité tenait à démontrer que le reproche de l'oubli était injustifié, l'opposition multipliait attaques et exigences pour démontrer qu'un tournant négatif avait bel et bien été pris. Tout le monde semblait considérer qu'il était politiquement important et utile d'être intransigeant sur le passé, y compris le parti en principe le plus orienté vers l'avenir, à savoir les Verts. Le texte le plus vigoureux, le plus solidement fondé sur des citations terribles, protestant contre la remise du prix Goethe 1982 à Ernst Jünger, était dû à la plus intraitable, la plus dogmatique des dirigeants « verts », Jutta Ditfurth [26].

La même année 1982, une fondation privée lança, avec l'appui du président de la République, un concours pour les lycées et collèges. A partir de documents généraux étudiés en commun avec des « tuteurs », en général professeurs d'histoire, il s'agissait de partir à la recherche du passé de sa ville : comment s'y était déroulée la vie quotidienne de 1933 à 1945, quelles compromissions, quels actes de barbarie ou de courage étaient à découvrir, puisque le nazisme criminel ne s'était pas implanté « n'importe où, mais chez nous » [27]. Le concours rencontra bien des réticences et des résistances locales ; les jeunes participants n'en parvinrent pas moins à des rapports et même à des livres remarquables par la nouveauté de l'information recueillie et la qualité tant de l'analyse que de l'inspiration morale.

Les anniversaires des années quatre-vingt furent marqués par des efforts particulièrement intenses pour évoquer le passé dans ses aspects les plus négatifs. En 1983, pour le cinquantenaire de l'arrivée de Hitler au pouvoir, publications, expositions, manifestations se multiplièrent à travers la République fédérale, avec la participation ou le soutien déclaré des partis, des associations confessionnelles, des syndicats. Il en fut de même en 1985, encore que bien des voix se fussent élevées pour protester contre la célébration du 8 Mai comme une libération. La série noire et blanche des livres de poche des éditions Fischer, entièrement consacrée à la réalité criminelle du nazisme, à sa mémoire, à la défense contre les atteintes à cette mémoire, créée en 1978, en était à 47 volumes pour son dixième anniversaire. Et la commémoration du cinquantième anniversaire de la nuit de novembre 1938 fut particulièrement ample. Pas seulement par la multiplication des cérémonies officielles, comprenant un discours net et solide du chancelier Kohl à la synagogue de Francfort, plus encore par les actions en direction des jeunes ou effectuées par des jeunes. La revue *Pädagogik*, destinée aux enseignants et faite par des enseignants consacra son numéro d'octobre au thème *Jugend und « Kristallnacht »*. Le numéro de novembre du mensuel de la *Junge Union*, de la jeunesse CDU, avait pour sujet central ce que le titre de la couverture montrait sur fond de synagogue en flammes : *Pogrom vom 9. November 1938*.

Mais le discours du président du Bundestag ? Mais, dans les années immédiatement antérieures, *Historikerstreit*, la querelle entre historiens ? Philipp Jenninger a fait scandale et a dû démissionner pour avoir lu sans changer de ton le passage de son texte où il rapportait en style indirect ce que disaient, ce que pensaient en 1938 les très nombreux Allemands qui s'étaient ralliés à Hitler : succès extérieurs, fin du chômage, confirmation des thèmes antisémites traditionnels. Mais tout le reste du discours – passé sous silence par la majeure partie de la presse d'opposition et de la presse étrangère – étaient d'une précision et d'une fermeté remarquables. A commencer par la critique initiale indirecte contre le chancelier auquel la communauté juive de Francfort avait reproché d'avoir parlé seulement à la synagogue : « Si nous nous sommes retrouvés aujourd'hui au Bundestag pour commémorer ici, au Parlement, les pogroms des 9 et 10 novembre 1938, c'est parce que ce ne sont pas les victimes, mais *nous*, au milieu desquels les crimes ont eu lieu, qui devons nous souvenir et rendre des comptes. » Un long passage est consacré à la lâcheté de la passivité de la population, avec la notation finale de l'homme politique chrétien-démocrate : « Les Églises elles aussi se sont tues. » De multiples paragraphes évoquent les exécutions massives, l'ascension de l'horreur : « Les camions à gaz devinrent chambres à gaz, pendant que les fusillades continuaient. » Dans la partie de conclusion enfin, une citation d'une survivante d'Auschwitz : « On ne peut pas se choisir son peuple... Les jeunes Allemands doivent accepter le fait qu'ils sont des Allemands et ils ne peuvent pas se dérober à ce destin. » L'interprétation fausse qui fut donnée du discours a eu pour origine en partie la maladresse de l'orateur, en partie l'hypersensibilité au passé qui a marqué les années 1980 et à laquelle la « querelle des historiens » a paradoxalement contribué.

Elle avait été lancée par une dénonciation globale d'un « tournant » dans l'historiographie allemande que le sociologue Jürgen Habermas voulait avoir constatée. Elle prit d'autant plus d'ampleur – avec multiplication d'articles, puis de livres – que Habermas avait eu largement recours à l'amalgame. Oui, Ernst Nolte, en inventant la notion de *Prius* (antériorité causale sans être causale tout en étant causale) avait bien voulu faire d'Auschwitz une réponse cohérente au bolchevisme, puisque Nolte allait écrire dans son gros livre *La Guerre civile européenne* : « Comme anéantissement tendanciellement intégral d'un peuple mondial *(Welt-Volk)*, elle (la Solution finale) se distingue fondamentalement de tous les autres génocides et constitue la contre-image exacte de l'anéantissement tendanciellement intégral d'une classe mondiale *(Welt-Klasse)* par le bolchevisme et dans cette mesure elle est la copie biologistiquement transformée de l'original social [28]. » Oui, tel historien avait, malgré bien des écrits différents, semblé mettre sur le même plan les souffrances des soldats allemands et celles des victimes du nazisme. Oui encore, on pouvait déceler un renforcement de la tendance à l'insertion purement narrative de la période 1933-1945 dans la continuité de l'histoire nationale.

Mais le *Historikerstreit* a plus obscurci qu'éclairé deux autres débats qui étaient déjà engagés quand il s'est trouvé lancé. Le premier concernait les historiens et tournait autour de la notion fort obscure d' « historisation » du nazisme [29]. Parlait-on d'un risque de réduction à un froid récit historique, ou de la volonté d'avoir recours – comme on le faisait d'ailleurs depuis longtemps – à toutes les méthodes de l'enquête d'histoire sociale aussi bien que d'histoire intellectuelle pour mieux comprendre le comment et le pourquoi des acceptations, des ignorances, des silences, des complicités ? Le second débat était beaucoup plus vaste puisque, par-delà les historiens, il concernait les dirigeants et les citoyens de la République fédérale : quelle relation avoir avec l'Histoire ?

Pendant longtemps, la République fédérale avait renoncé à trop regarder en arrière, en partie pour ne pas être accusée de glorifier le passé allemand – ce passé si souvent présenté comme une simple marche fatale vers 1933. Peu à peu, l'histoire de l'Allemagne a retrouvé sa place. La Prusse et Frédéric II pouvaient être étudiés et commémorés puisqu'on n'était plus automatiquement accusé de chercher à réhabiliter un chaînon de la lignée Luther-Prusse-Bismarck-Hitler. Peu à peu, on remit en cause la notion de *Sonderweg*, de chemin allemand particulier. On s'occupa davantage de la tradition libérale : la commémoration, en 1982, du cent cinquantenaire de la fête de Hambach, symbole de l'unité entre aspiration libérale et aspiration nationale, prit une ampleur particulière. Et si cette union s'était rompue par l'échec de la révolution de 1848, la comparaison avec la France ne montrait-elle pas que la réussite de ses révolutions à elle n'avaient empêché ni Napoléon Ier, ni Napoléon III [30] ?

En 1967, le couple de psychanalystes Alexander et Margarete Mitscherlich publiaient un livre dont le retentisse ment fut et demeura grand, à cause du titre plus que du contenu : *Die Unfähigkeit zu trauern* (L'incapacité de porter, de ressentir le deuil) [31]. A côté de critiques en partie excessives des comportements allemands depuis 1945, il étudiait de façon comparative plus la création du moi chez l'enfant que la situation historique particulière du peuple allemand. Mais en République fédérale comme hors d'Allemagne, l'incapacité évoquée dans le titre est devenue une sorte de référence obligée dès lors qu'on veut évoquer la mémoire du crime chez les Allemands. Or, on est en droit d'aller exactement en sens inverse.

Nulle part ailleurs sans doute une collectivité n'a autant accepté, n'a autant voulu que le passé noir fût maintenu au cœur du présent. Avec des conséquences multiples : l'une des causes de la faible natalité allemande, c'est la politique ultranataliste hitlérienne qu'il s'agit de rejeter en s'abstenant de faire du natalisme. Si, en 1988, la majorité des Allemands ont refusé la participation allemande aux Casques bleus de l'ONU qui allaient pourtant recevoir le prix Nobel de la Paix, c'est que l'idée de la présence de soldats allemands sur d'autres continents est rejetée au nom du passé. Le regard vers le passé n'implique pas seulement une analyse nationalement fort culpabilisante de la période du IIIe Reich. Il suppose aussi que le regard sur le présent et sur l'avenir ne soit pas séparé d'une exigence morale.

Assurément, les plaintes sur le désintérêt des jeunes pour la politique, pour tout engagement social sont aussi nombreuses et aussi largement justifiées en République fédérale qu'ailleurs. Mais on ne saurait comprendre les mouvements contestataires allemands, dans leur critique sociale, dans leurs attaques contre l'atome et pour l'environnement, sans le développement d'une exigence morale fondée sur un sens de la coresponsabilité. Une exigence qui n'est décidément pas sans relation avec la mémoire des abdications morales de naguère! Lorsque, à la fin de son discours, Philipp Jenninger se réfère à « l'éthique de la responsabilité pour le futur » (*Ethik der Zukunftsverantwortung*) en citant le philosophe juif Hans

Jonas, qui avait reçu l'année précédente le prix de la Paix des éditeurs allemands, c'est de cela qu'il parle à juste titre. Et ce n'est pas par hasard que le thème du concours d'histoire 1987 pour les lycées et collèges, récompensé par des prix du président de la République, a été *Chercher des traces : Notre patrie locale* (Heimat) *pour des étrangers ?* Il fallait découvrir tous les apports positifs de tous ceux que, à travers les siècles, les autochtones de la cité avaient considérés comme étrangers, jusqu'aux Turcs d'aujourd'hui. Il ne s'agissait pas de contredire le thème précédent, mais, au contraire, de montrer d'autres racines possibles pour des attitudes et des comportements créateurs pour demain. La mémoire du crime comme inspiratrice d'une morale universaliste présente : il n'est pas évident qu'une telle utilisation soit beaucoup faite ailleurs. Notamment en France.

Notes du chapitre 3

1. Voir surtout Jochen von LANG, *Der Krieg der Bomber*. Dokument einer deutschen Katastrophe, Berlin, Ullstein, 1986, 272 p.

2. Voir le livre terrible de David S. WYMAN, *L'Abandon des Juifs*. Les Américains et la « Solution finale », Flammarion, 1987, 460 p.

3. Sur les crimes, cf. lord RUSSELL of LIVERPOOL, *The knights of Bushido*. A short history of japanese war crimes, London, Cassell, 1958, 335 p. Sur les procès, Philip PICCIGALLO, *The Japanese on trial. 1945-1951*, Austin, Univ. of Texas Press, 1979, 292 p. et *The Tokyo war crimes trial*, C. HOSOYA et al., New York, Kodanska, 1986, 226 p.

4. Karl JASPERS, *Die Schuldfrage*. Trad. au titre trompeur *La Culpabilité allemande*, Minuit, 1948, 230 p.

5. Analyse sévère dans *Verdrängte Schuld, Verfehlte Sühne*. Entnazifizierung in Österreich 1945-1955, hg. v.S. MEISSL et al., München, Oldenbourg, 1986, 366 p.

6. Texte complet p. 99-107 de Theodor HEUSS, *Die grossen Reden, Tübingen*, R. Wunderlich, 1965, 232 p.

7. Texte – avec d'autres de même inspiration – dans W. SCHEEL, *Vom Recht des anderen*, Düsseldorf, Econ, 1977, 188 p.

8. Voir notamment *Eine Rede und ihre Wirkung*, hgg. v. U. GILL u. W. STEFFANI, Berlin, Röll, 1986, 192 p.

9. Pour la relation au passé des six chanceliers, v. mon essai A. GROSSER, K. MÜLLER, *Die Kanzler*, Bergisch Gladbach, 1989.

10. Texte dans H. SCHMIDT, *Die Abschiedsreden des Bundeskanzlers a. D.*, Berlin, Röll, 1987, 72 p.

11. Bilan officiel : *Die Wiedergutmachung nationalsozialistisches Unrecht durch die Bundesrepublik Deutschland*. Hgg. v. vom Bundesminister der Finanzen, München, Beck, 6 vol. 1974-1987. Pour la réalité : Christian PROSS, *Wiedergutmachung. Der Kleinkrieg gegen die Opfer*. Frankfurt, Athenäum, 1988, 384 p. et *Wiedergutmachung*, Hgg. V.L. HERBEST u. C. GOSCHLER, München, Oldenbourg, 1988, 400 p.

12. Voir surtout Adalbert RÜCKERL, *NS-Verbrechen vor Gericht*, Heidelberg, C.F. Müller, 1984, 343 p. et Albrecht GÖTZ, *Bilanz der Verfolgungen von NS-Straftaten*, Bonn, Bundesanzeiger, 1986, 165 p.

13. Terribles analyses et documents : Barbara JUST-DAHLMANN. u. Helmut JUST, *Die Gehilfen*. NS-Verbrechen und die Justiz nach 1945, Frankfurt, Athenäum, 1988, 326 p.; Jürgen FRIEDRICH, *Freispruch für die NS-Justiz*. Die Urteile gegen NS-Richter seit 1948, Hamburg, Rowohlt, 1983, 500 p.

14. Id. *Die Kalte Amnestie*, Frankfurt, Fischer, 1984, 431 p.

15. Cf. *Die Schuld der Kirche*, Dokumente und Reflexionen zur Stuttgarter Schulderklärung vom 18-19/Oktober 1945, hgg. v. Martin GRESCHAT, Stuttgart, Ch. Kaiser, 1982, 317 p.

16. Gerhard KITTEL, « Tübinger Vorlesung : die Judenfrage », cité p. 84 de Robert P. ERICKSEN, *Theologen unter Hitler*, München, Hanser, 1986, 343 p.

17. Texte dans *Hirtenbriefe und Ansprachen zur Gesellschaft und Politik*, Hgg. v. W. LÖHR, Würzburg, Echter, 1986, 367 p.

18. Guenter LEWY, *L'Église catholique et l'Allemagne nazie*, cité, p. 241 et 254, Stock, 1965, 358 p. Citation Hudal p. 244.

19. Textes complets dans les brochures du secrétariat de la Deutsche Bischofskonferenz à Bonn. N° 26 et N° 43 pour ceux des 23 avril 1980 et 20 octobre 1988.

20. Gemeinsame Synode der Bistümer in der Bundesrepublik Deutschland. *Beschlüsse der Vollversammlung*, Freiburg, Herder, 1976, p. 108-109.

21. Voir notamment *Holocaust. Eine Nation ist betroffen*, Hgg. v. P. MARTESHEIMER, Frankfurt, Fischer, 1979, 300 p. et les analyses ultérieures du mensuel *Medium*, janv. 1981 et déc. 1982.

22. Voir Henryk BRODER u. Michael LANG, *Fremd im eigenen Land*. Juden in der Bundesrepublik, Frankfurt, Fischer, 1980 373 p.; Lea FLEISCHMANN, *Das ist nicht mehr mein Land*. Eine Jüdin verlässt die Bundesrepublik, Hamburg, Hoffman u. Campe, 1980, 271 p. (Broder quitte l'Allemange aussi. Également Inge DEUTSCHKRON, l'auteur de *Je veux vivre*. Juive à Berlin 1933-1945, Centurion, 1984, 240 p., postface de A. GROSSER.)

23. Katharina von BÜLOW, *L'Allemagne entre père et fils*, Grasset, 1988, 261 p., à compléter par Gerhard KIERSCH, *Les hériters de Goethe et d'Auschwitz*, préf. de A. GROSSER, Flammarion, 1986, 285 p.

24. Hans-Joachim KLEIN, *La mort mercenaire*, Seuil, 1980, 301 p.

25. Présentation très critique *Der Frankfurter Börneplatz*. Zur Archäologie eines politischen Konflikts, Hg. v. Michael BEST, Frankfurt, Fischer, 1988, 267 p.

26. Reproduit p. 286-303 de Jutta DITFURTH, *Träumen, kämpfen, verwirklichen*, Köln, Kiepenheuer, 1988, 335 p.

27. *Nicht irgendwo, sondern bei uns*. Materialien für Tutoren des Schülerwettbewerbs « Alltag im Nationalsozialismus », Hamburg, Körber-Stiftung, 1982, 157 p.

28. *Der Europäische Bürgerkrieg, op. cit.* p. 517. Éléments du débat dans *Devant l'Histoire*. Les documents de la controverse sur la singularité de l'extermination des Juifs par le régime nazi (trad. de l'allemand). Préface de Luc Ferry, introduction de Joseph Rovan; Cerf, 1988, 318 p.

29. Bilan provisoire dans la correspondance entre Martin BROSZAT et Saul FRIEDLÄNDER « Um die " Historisierung des Nationalsozialismus " », *Vierteljahrshefte für Zeitgeschichte*, 1988, II, p. 339-372.

30. Cf. surtout Helga GREBING, *Der « deutsche Sonderweg » in Europa 1806-1945*, Stuttgart, Kohlhammer, 1986, 233 p.

31. Trad. *Le Deuil impossible*. Les fondements du comportement collectif, Payot, 1972, 318 p.

4

LIEUX ET NON-LIEUX
DE LA MÉMOIRE FRANÇAISE

La passion de l'histoire – sans trop d'ombres!

En Allemagne, on dit souvent, avec un soupir d'envie, que les Français auraient un rapport inaltéré *(ungebrochenes Verhältnis)* à leur histoire. Et il est vrai que la façon dont le passé est constamment évoqué, commémoré, glorifié en France peut donner l'impression d'une histoire nationale unanimement assumée, les siècles passés et l'espace, social comme géographique, se trouvant jalonnés de « lieux de la mémoire [1] ». Mais, en même temps, que d'affrontements, de déchirements constants où la mémoire s'oppose à une « contre-mémoire » surtout quand il est question de crimes commis par une partie des Français contre une autre! La Vendée et la Commune n'évoquent assurément pas, à première vue, une mémoire unifiée, pacifiée.

Au moins autant qu'en Allemagne il faudrait aussi poser constamment la question des porteurs de mémoire : les écoliers d'hier se voyaient transmettre des récits, des figures-symboles. L'ancrage était si fort que même l'enseignement plus raisonné des lycées puis des facultés ne dissolvait pas l'imprégnation première. Il n'en est plus de même pour les écoliers d'aujourd'hui. Les références glorificatrices ou excommunicatrices ont longtemps foisonné dans la vie politique, au point que toute vision d'avenir devait se justifier par le passé. Au milieu des années cinquante encore, Pierre Mendès France lançait : « Nous sommes en 1788 ! » et Pierre Poujade réclamait la convocation d'États généraux, ce qui montrait à leurs partisans respectifs qu'ils voulaient préparer la France à un avenir transformé. Nombre de références ne sont plus comprises ni par les téléspectateurs ni même par les étudiants. Parfois il semblerait que la plupart des « lieux de la mémoire » ne soient fréquentés, dans une société éprise des techniques du présent et de l'avenir, que par une mince couche de gens porteurs d'une culture qu'eux seuls proclament encore nécessaire.

Pourtant, il n'existe sans doute pas d'autres pays où l'Histoire alimente autant la vie culturelle. Pas seulement parce que l'Histoire, comme discipline des sciences humaines, est particulièrement vivante et créatrice en France. Pas seulement parce que nos historiens ont appris à communiquer, à faire passer dans des livres accessibles, dans des articles, dans des émissions les résultats de leurs recherches. Il semble qu'il y ait un constant appétit historique chez un public assez large, qui dispose de toute une gamme de publications à succès, depuis les récits d'*Historia* jusqu'aux analyses rigoureuses, mais agréablement écrites et illustrées, de *L'Histoire*. Et quel est l'homme d'État, quel est le maire français qui ne souhaite pas prononcer un discours commémoratif, quitte à forcer un peu l'importance de l'événement national ou local à commémorer ?

Des passions subsistent. Des clivages subsistent. Affaiblis et diminués par l'effacement successif de deux failles dont la présence avait empêché l'unification, l'aplanissement du terrain de la mémoire : la faille catholique et la faille communiste. L'Histoire peut d'autant mieux alors se concevoir comme une constante célébration de la Nation. Dans un même élan, le même président de la République évoque le millième anniversaire du couronnement de Hugues Capet et le bicentenaire de la Révolution qui coupa la tête non à Louis XVI, mais à Louis Capet, non à Marie-Antoinette, mais à la veuve Capet. Le passé est glorifié parce qu'il est national, sans doute aussi parce que la célébration de la grandeur passée, des fastes passés, console des limitations et des impuissances du présent. Souvent même, cette grandeur est conçue et présentée comme la justification d'une revendication constamment maintenue, celle d'un rang privilégié auquel seule la France aurait droit, l'Autriche, l'Espagne ou les Pays-Bas n'étant pas qualifiés, eux, pour invoquer ce qu'ils furent en d'autres siècles. Il est vrai qu'ailleurs on n'a pas lié depuis deux cents ans l'idée de Nation et l'idée de vertu, comme le faisait la Révolution et comme le fait encore la Constitution de la Ve République dont le Préambule commence par la formule : « Le peuple français proclame solennellement son attachement aux droits de l'homme et aux principes de la souveraineté nationale. » Le préambule de 1946, dont celui de 1958 confirme la validité, ne disait-il pas, comme allant de soi, ce que les révolutionnaires avaient déjà exprimé « la République française... n'entreprendra aucune guerre dans des vues de conquête et n'emploiera jamais ses forces contre la liberté d'aucun peuple » ?

Si l'histoire de la Nation française doit comporter l'apologie de l'unité ou du moins permettre l'unification du passé, si elle doit aussi inspirer, justifier le rayonnement présent par les vertus du passé dont se trouve chargé un message national permanent sinon éternel, reste-t-il une place pour la mémoire de crimes commis entre Français ou commis au nom de la France? Le souci de l'unité, de la cohésion nationale s'est souvent manifesté dans la volonté d'effacer par l'amnistie jusqu'au souvenir du sang versé. Certes, toutes les amnisties n'ont pas été de même nature : les différences sont plus grandes que les similitudes quand on compare l'amnistie accordée aux communards et celles qui ont progressivement effacé les condamnations des collaborateurs. Mais il est significatif que le rapporteur d'un projet de loi d'amnistie concernant la guerre d'Algérie, ait cité à l'Assemblée nationale, le 23 juillet 1968, l'édit de Nantes. Le roi Henri IV y disait en 1598 :

> Que la mémoire de toutes choses passées depuis mars 1585 ainsi que de tous les troubles précédents demeure éteinte et assoupie comme une chose non advenue, qu'il ne soit loisible

ni permis à nos procureurs généraux, ni à toute personne publique ou privée, en quelque temps ni pour quelque occasion que ce soit d'en faire mention, poursuite ou procès devant quelque cour ou juridiction.

Pareillement nous défendons à nos sujets de quelque état et qualité qu'ils soient d'en renouveler la mémoire, de s'attaquer, de s'injurier, de se provoquer l'un l'autre à propos de ce qui s'est passé, pour quelque cause que ce soit, d'en disputer, contester ou quereller, mais de se contenir et de vivre ensemble comme frères, amis et concitoyens.

Qui ne trouvera belle la visée pacificatrice d'un tel appel à la réconciliation ? Cependant quand il s'agit de traduire cette visée en règles de droit, ne rencontre-t-on pas des obstacles juridiques à la fidélité à l'Histoire, au maintien de la mémoire légitime, ne serait-ce que face à des crimes au moins moralement inexpiables [2] ? Et la volonté d'effacer doit-elle aller jusqu'à l'esprit de censure, jusqu'au refus de la comparaison avec des situations analogues dans d'autres pays ? Le film de Stanley Kubrick *Les Sentiers de la gloire,* réalisé en 1957, s'est trouvé interdit d'écran en France parce qu'il évoquait la criminelle offensive de 1917 et la répression des mutineries qu'elle avait provoquées. Il a fallu de gros efforts pour obtenir que la télévision diffuse – et encore un soir d'été, à une heure tardive – le très beau film de Michel Mitrani *Les Guichets du Louvre* montrant, parce que véridique, la part prise par la police parisienne à la grande rafle des Juifs en 1941. Une pugnace journaliste québécoise a pu achever son livre – fort critique – sur la télévision française par une anecdote amusée. Elle était parvenue à forcer la porte de l'hôpital militaire du Val-de-Grâce où était confiné le général de Bollardière au retour d'une expédition antinucléaire devant Mururoa. Le lendemain soir, la télévision canadienne présenta cette interview de dix minutes. Le général, connu antérieurement pour sa protestation, durement sanctionnée, contre la pratique de la torture en Algérie – y disait pourquoi, selon lui, « les expériences nucléaires de son pays étaient un crime contre l'humanité ». Pendant ce temps, le téléspectateur français regardait, sur la deuxième chaîne, une émission sur les contestataires américains au cours de laquelle le père Philip Berrigam, adversaire de la guerre au Viêtnam, dénonçait les crimes de son pays dans le Sud-Est asiatique. Le commentateur français le présenta comme « un des plus grands héros de la résistance américaine ». Le général de Bollardière, lui, fut interdit d'antenne à la télévision de son pays [3].

Du Lubéron en 1540 au Chemin des Dames en 1917.

Il est des crimes dont la mémoire peut être ravivée sans qu'une division passée resurgisse dans le présent. Il en est ainsi pour les atrocités subies par les protestants français. Mémoire ravivée ou plutôt recréée : la dimension des crimes, déjà de toute façon absente dans les livres scolaires, donc dans la « conscience historique » de la grande majorité des adultes, n'a été mise en lumière que récemment, à partir de rapprochements explicites ou implicites avec des atrocités contemporaines. Quand un historien non spécialisé raconte le massacre de Mérindol et les autres massacres commis dans la région du Lubéron, il souligne qu'en 1540 « pour la première fois dans l'histoire de la guerre des Religions, on entreprenait l' " extirpation " de l'hérésie dans le sens le plus fort : l'élimination de tous les hérétiques ». En avril 1545, lorsque le village de Cabrières se rend, les hommes sont arquebusés. « Les femmes combattantes sont enfermées dans un grenier à foin. Des soldats y mettent le feu. Elles périssent brûlées. Celles qui tentent de s'enfuir sont massacrées... On élève une colonne sur la place centrale au nom de Jean Meynier, seigneur d'Oppède, premier président du parlement de Provence... A-t-il été dépassé par la rage des exécuteurs ? La volonté d'exterminer les Vaudois est affirmée par des textes officiels publiés par le parlement d'Aix et par le légat du pape. Allait-elle jusqu'au génocide [4] ? »

Mérindol et Cabrières ne figurent guère dans les manuels et récits. La Saint-Barthélemy, elle, a toujours été présente, mais longtemps sous forme d'imagerie contrastée avec, comme coupable principal, sur lequel on peut se mettre d'accord puisqu'il s'agit d'une étrangère, la reine Catherine de Médicis. Combien de temps faudra-t-il pour que les bilans établis aujourd'hui par les meilleurs historiens deviennent éléments de connaissance mémorisée et de réflexion sur la nature et le mécanisme du crime ?

On dresse la liste de ceux qui vont mourir, on décide d'épargner les princes du sang : Navarre, Condé. Les dirigeants municipaux de Paris, mandés au palais, sont chargés de fermer les portes de la ville, d'amarrer les barques sur la rive droite, de faire armer la milice bourgeoise.
... La Saint-Barthélemy aurait pu n'être qu'un crime politique : elle aurait alors fait quelque cent victimes. Mais, au petit matin, le peuple de Paris prend le relais des pouvoirs officiels et se jette sur les protestants de la ville. Trois jours de massacre où la ville, toutes portes fermées, est comme folle...
La Saint-Barthélemy n'est pas seulement un drame parisien. Il y a, comme le dit Michelet, « une saison » des Saint-Barthélemy. A mesure que les nouvelles arrivent de la capitale, les populations catholiques de Rouen, Meaux, Orléans, Troyes, Bourges, Saumur, Lyon... se jettent sur les réformés et les exterminent. Plus tard, en octobre, quelques villes du Midi – Gaillac, Bordeaux, Toulouse – connaissent à leur tour ces violences. Mais là, le comportement des tueurs est différent; ce ne sont plus les tueurs hystériques des Saint-Barthélemy du Nord, ce sont plutôt des règlements de comptes assez triviaux entre équipes dirigeantes de ces cités.
Les journées de 1572 ont un tel caractère dramatique qu'il y faut trouver des responsables. En premier les dirigeants de la politique royale, les Guise, Nevers, Birague, Retz, Catherine de Médicis et, à un moindre degré, Charles IX. En conseil restreint ils ont préparé un assassinat politique; lorsque celui-ci a échoué, la peur les a conduits à la proscription. Mais c'est le peuple, celui de Paris ou de Meaux, de Lyon, de Bourges, qui a accompli l'essentiel des massacres. Il a égorgé les protestants, les a traînés dans les rues, les a jetés à l'eau, a mutilé leurs cadavres comme si la mort n'était pas un châtiment suffisant... Le lundi 25 août, vers midi, alors que les tueries durent depuis trente-six heures, dans le cimetière des Innocents, au cœur des quartiers pogromisés de Paris, une aubépine se met à fleurir devant une image de la Vierge! La plante, sèche depuis plusieurs années, s'épanouit en une saison qui n'est pas la sienne. Aussitôt, le clergé catholique organise la mise en scène du miracle... Dieu, longtemps irrité

par la présence des protestants en France, approuve les actes sanglants et promet au royaume un reverdissement analogue à celui de l'aubépine dès que l'hérésie sera totalement extirpée. Fanatisés, les massacreurs reprennent leur œuvre de sang jusqu'au mardi 26 août ! Dans les âmes simples qu'excite la parole des curés et des prêcheurs, le protestant est depuis plus de dix ans l'hérétique, le bouc émissaire de tous les malheurs du temps. Pendant presque dix ans, on a jugé le roi coupable par sa tolérance et son attentisme... A Paris, en cette fin d'août 1572, ils ont cru que leur roi, en tuant les chefs huguenots, prenait enfin conscience de son devoir sacré ; ce geste tant attendu enfin arrivé, le peuple s'est transformé en purificateur du royaume, soutenu en sa tâche par les signes de l'approbation divine [5].

Il faudrait s'interroger sur la nature des « colères populaires » à travers le temps et l'espace. Mais les exclusions et sévices qui frappent le protestantisme français au siècle suivant, dès avant la révocation de l'édit de Nantes, relèvent en tout cas directement du pouvoir royal. « Du 6 juillet 1682 au 17 octobre 1685, pas moins de 83 déclarations, arrêts, règlements, voire édits, achèvent de ronger le protestantisme. Au cours de ces quarante mois, ce sont les mesures d'exclusion qui l'emportent par le nombre sur celles qui limitent la liberté du culte. » Dès le mois de juillet 1681, les huguenots procureurs, notaires, huissiers, sergents, ont été contraints de se défaire de leurs charges en faveur des catholiques... Les métiers de santé, déjà atteints avant juillet 1682 se ferment complètement... L'arrêt du Conseil pris le 9 juillet 1685 porte " expresses défenses " aux libraires et imprimeurs de la religion d'exercer leur fonction.

Quand la soumission n'est pas totale, la répression frappe. « La grande dragonnade des années 1685 et 1686... n'a d'explication que dans la volonté d'écraser pour dominer par la force brutale. Elle marque une étape décisive dans la politique royale à l'égard des huguenots : le passage de la persécution juridique à la proscription. Le but n'est cependant pas le massacre, mais la disparition du groupe exclu en tant que groupe, c'est-à-dire la conversion. Logés chez l'habitant pour terroriser, les dragons du roi pillent, détruisent, expulsent, molestent, violent, tuent, affament, avec d'excellents résultats religieux! » Ce sont bien les dragons qui font se convertir les huguenots. Tous ceux du Béarn, soit 22 000, tous ceux de Montauban, peut-être 9 600, tous ceux de Nîmes, soit peut-être 12 000... Dans le diocèse de Rieux, alors qu'en cinquante-quatre ans, entre 1630 et 1684, on compte 92 abjurations, il y en a 3 302 en un an... Les listes triomphales signées par les évêques, par les intendants, par les gouverneurs et par ceux du bas de l'échelle, les curés, les juges royaux, les notaires, arrivent à Versailles... « Jamais le roi n'a fait et ne fera rien de plus mémorable », écrit la marquise de Sévigné [6].

Les révoltes sont écrasées. La plus sanglante, la plus acharnée, la plus longue se produit une génération plus tard, en 1702-1703. En 1970, le beau film de René Allio, *Les Camisards,* en évoquera le souvenir. Avec cependant une atténuation délibérée des tueries commises par les insurgés. Jean Cavalier, le plus célèbre d'entre eux, a pourtant beaucoup tué, systématiquement tué. Un autre, André Castanet, a exterminé toute la population d'un village « papiste », Frayssinet-de-Fourques.

Ainsi les présentations de la répression française en Algérie, de 1954 à 1962, oublieront, omettront souvent de parler de l'étendue des crimes commis par le FLN. Il est vrai que les troupes royales ont recours aux pires moyens. Le maréchal de Montrevel décide de déporter des villages entiers, pour faire le vide devant les rebelles.

On les conduit en prison. Quand ils ne meurent pas de faim et de fatigue sur le trajet, ils périssent dans les cellules où ils sont entassés, ou sur les « tartanes » qui les portent, en mer, jusqu'au Roussillon. Près de Nîmes, un artisan devenu prophète prêchait dans un moulin. Le maréchal ordonne qu'on y mette le feu. Tous les assistants sont massacrés : soixante-dix morts. De la cathédrale, où Fléchier officiait, on pouvait entendre les cris des victimes... Une centaine de hameaux sont détruits par « brûlement » avec l'accord de Versailles. Les habitants sont regroupés dans des « bourgs murés » dont ils n'ont pas le droit de sortir. Parfois pourtant ils s'échappent, retournent dans leurs granges calcinées. Les soldats les poursuivent pour les fusiller. Les dragons du brigadier Planque exécutent ainsi d'un coup trente personnes en janvier 1704. Les victimes sont jetées dans le Gardon [7].

Pourtant, lorsque, en 1985, est venu le tricentenaire de la révocation de l'édit de Nantes, cérémonies et discours ont davantage rappelé la foi des réformés et la perte pour la France, l'enrichissement matériel et intellectuel pour la Hollande et la Prusse, que l'émigration de tant d'entre eux avaient représentés, que l'horreur des dragonnades, des conversions forcées et des massacres. C'est qu'au moins deux réorientations sont intervenues dans la pratique de la mémoire. Du côté catholique, malgré un reste de réticences et un renouveau de timidités, en particulier pour la Saint-Barthélemy [8], l'analyse sans complaisance, parfois fortement auto-accusatrice, s'est substituée à la dénégation et au camouflage [9], si bien qu'il n'y a plus tellement lieu, pour les descendants des huguenots ou pour les anticléricaux, de chercher à réchauffer spectaculairement la mémoire catholique. Il ne s'agit pas seulement d'une mémoire de savants. Le mensuel catholique illustré *Notre Histoire* s'est fait particulièrement net sur les croisades et les guerres de Religion et même les publications pour adolescents du groupe catholique Bayard-Presse, notamment *Okapi,* ont cherché à éclairer leurs jeunes lecteurs sur les souffrances infligées aux protestants.

Du côté protestant, le culte du souvenir des martyrs a perdu de son intensité, même si on se réunit encore dans les Cévennes pour commémorer les « assemblées du désert ». La mémoire est affaiblie, dédramatisée parce que le groupe s'est affaibli en tant que tel. La République laïque avait déjà permis une intégration sociale si accomplie que l'autodéfinition comme groupe discriminé devenait superflue. La volonté d'œcuménisme manifestée par l'Église catholique, marquée par le concile Vatican II, a simultanément rendu offensants, incongrus, les rappels trop sanglants, et affaibli plus profondément l'auto-affirmation du protestantisme et par là même la densité, l'identité de sa mémoire. Peut-être la survie du protestantisme français s'en trouve-t-elle menacée [10]. En tout cas, son évolution est encore venue renforcer la tendance générale à ne pas trop s'appesantir sur les pages les plus noires de l'histoire nationale.

Une telle tendance est-elle décelable au moment de la massive célébration du second bicentenaire de la Révolution française ? La réponse n'est pas aisée parce que plusieurs phénomènes, plusieurs évolutions s'entrecroisent. Depuis le début du XIXe siècle, les interprétations de la Révolution n'ont cessé de s'opposer et de se modifier, avec d'inévitables variations dans la présentation et l'appréciation des épisodes les plus sanglants [11]. Du côté des enthousiastes de la période « montagnarde », du Comité de salut public et de la gloire de Robespierre, il y a eu, jusque voici peu de temps, la tentation permanente de minimiser les massacres autres que les exécutions sur la guillotine, en même temps que la Terreur, dont la guillotine était le symbole, se trouvait expliquée, excusée et même glorifiée. Qu'est-ce qu'une révolution qui ne serait pas sanglante ? Les modérés ne sont pas obligatoirement des contre-révolutionnaires, mais ils le sont au moins potentiellement. Certes, toute violence n'est pas bonne et il vaut mieux ne pas reprendre la description horrifiée, documents à l'appui, que l'historien académicien et bourgeois Louis Madelin a donné des massacres systématiquement accomplis par Collot d'Herbois et Fouché à Lyon, avec les exécutions au canon de gens attachés deux par deux, les morts et les mourants tombant dans les fosses préparées derrière eux, avec la mise à mort à coups de pioche et de hache de ceux, au sein d'un groupe de deux cents exécutés, que la fusillade n'avait pas tués [12]. Mais le sang est signe de grandeur. Dans son roman satirique *Travelingue,* où le Front populaire se trouvait caricaturé, Marcel Aymé faisait dire à l'un de ses personnages ridicules : « Moi, je considère que la révolution est faite (en 1936). Je pense que d'ici quinze jours nous aurons les quatre ou cinq cent mille cadavres qui sont indispensables pour souligner l'importance de l'œuvre accomplie. » Le roman a paru en 1941 ; ce n'est pas une raison suffisante pour ne pas réfléchir sur une telle formule. Ne renvoie-t-elle pas en particulier au double mépris pour les Girondins d'une part, pour les mencheviks de l'autre ? La vraie

Révolution a eu lieu en 1793 plutôt qu'en 1789, en octobre 1917 plutôt que quelques mois avant, quand le régime tsariste a effectivement été renversé.

Il faudrait analyser de près les interactions qui se sont établies pendant un demi-siècle entre la Révolution française et la Révolution soviétique. Lénine était trouvé grand parce que successeur de Robespierre. Robespierre était grand parce que prédécesseur de Lénine. L'orientation des travaux d'un maître-en-histoire de la Révolution française comme Albert Soboul n'est pleinement compréhensible qu'à partir de cette interinfluence. Et si, pour le bicentenaire, la commémoration parle beaucoup des Droits de l'homme et peu de la guillotine c'est que l'air du temps a changé : la grandeur de Robespierre a été atteinte par l'après-1968 et la chute du prestige de l'URSS, du léninisme et de l'ensemble du révolutionarisme sanglant. Il est improbable qu'au cours des années quatre-vingt-dix une promotion de l'École nationale d'administration regrette que le nom de Saint-Just ait déjà été pris par celle de 1961. S'il y avait une nouvelle clandestinité, un nouvel André Malraux prendrait-il encore comme nom de plume Saint-Just ? Que les biographies à succès aient pour héros Condorcet et Sieyès va dans le même sens.

Le duel larvé pour la maîtrise du bicentenaire, pour la gloire d'incarner l'histoire de la Révolution, s'est joué en partie là-dessus. Dans *La Mentalité révolutionnaire,* paru en 1985, Michel Vovelle a écrit : « La légende noire des atrocités révolutionnaires a été l'un des thèmes favoris d'une historiographie conservatrice qui n'a pas dit son dernier mot aujourd'hui... La Terreur, c'est la peur contrôlée, maîtrisée, fixée dans les limites d'une justice populaire, non plus passive, mais active. Ce n'est plus celle que l'on ressent, panique et irrationnelle, mais celle que l'on inspire à bon escient aux ennemis de la Liberté [13]. » François Furet avait mieux compris la cassure qui était intervenue. Dans la ligne de son évolution personnelle qui l'éloignait des interprétations « infrastructurelles » et le conduisait à privilégier les données psychologiques et politiques, il avait écrit, dans *Penser la Révolu-*

tion : « En 1920, Mathiez justifiait la violence bolchevique par le précédent français. Aujourd'hui, le Goulag conduit à repenser la Terreur en vertu d'une identité dans le projet. Les deux révolutions restent liées ; mais il y a un demi-siècle, elles étaient systématiquement absoutes dans l'excuse tirée des " circonstances ", c'est-à-dire de phénomènes extérieurs et étrangers à leur nature. Aujourd'hui, elles sont accusées au contraire d'être consubstantiellement des systèmes de contrainte méticuleuse sur les corps et sur les esprits [14]. » L'analyse est un peu dépassée en 1988-1989 : la substance de la Révolution telle qu'on la célèbre, ce sont les libertés et les droits. Et comme c'est à ce titre qu'elle avait effectivement rayonné sur l'Europe, on peut la concevoir comme initiatrice, comme fondatrice de principes qui avaient tout de même trouvé déjà quelque incarnation politique aux États-Unis. C'est dans ce sens que le bicentenaire se trouve magnifié dans la République fédérale d'Allemagne. Pendant plusieurs décennies, il a été possible de faire sourire d'un paradoxe : en Allemagne, on se rattachait à la démocratie exprimée dans la Déclaration d'indépendance américaine en passant par le Français Alexis de Tocqueville, tandis qu'en France la Révolution française se trouvait transfigurée grâce à l'Allemand Karl Marx. En 1989, Karl Marx est vaincu et ce sont les apports déjà vantés par Tocqueville que l'on célèbre dans les deux pays – ce qui exclut toute apologie de la Terreur et, de façon plus générale, de la violence révolutionnaire sanglante.

La façon dont la revue *Commentaire*, expression d'un libéralisme politique marqué d'antisocialisme en matière économique, parle de la Révolution dans son numéro de veille-de-bicentenaire, est ainsi pleinement légitimé. D'une part, en exergue, un beau texte de Tocqueville sur 1789 :

> ... Je ne crois pas qu'à aucun moment de l'histoire, on ait vu, sur aucun point de la terre, un pareil nombre d'hommes, si sincèrement passionnés pour le bien public, si réellement oublieux de leurs intérêts, si absorbés dans la contemplation d'un grand dessein, si résolus à y hasarder tout ce que les hommes ont de plus cher dans leur vie, faire effort sur eux-

mêmes pour s'élever au-dessus des petites passions de leur cœur...

De l'autre, dans le sottisier de la revue, une citation terrible, tirée d'un livre sur *la République jacobine* paru en 1972. Parlant des massacres de septembre 1792, l'auteur écrivait :

> Partout le même processus, le même entraînement, la même violence. Elle ne fut cependant ni aveugle, ni inspirée par des mots d'ordre, comme on l'a prétendu. Si les auteurs ignoraient parfois l'identité de leurs victimes, la voix publique les leur avait désignées... La fureur populaire s'acharna sur des aristocrates et des réfractaires, des négociants et des riches, jaloux de leur autorité et de leur fortune ; ils s'étaient eux-mêmes condamnés par leur égoïsme, leur incivisme et leur arrogance [15].

Qui écrirait encore ainsi aujourd'hui ? La réplique semble aller de soi : « Le système est raciste. On tue pour crime de naissance. » Seulement cette formulation se trouve sous la plume d'un historien pour lequel rien n'était bon en 1789 et tout était coupable en 1793. Au moment en effet où le tri est fait entre l'ivraie des crimes et le bon grain de l'inspiration de 1789 et de l'œuvre positive des années ultérieures, un nouveau déchaînement antirévolutionnaire s'est produit qui réduit la Révolution au crime ou, plus exactement prend prétexte du crime pour nier tout apport créateur. Avec des rapprochements qui montrent l'intensité de la passion. Dans sa préface à un livre sur *la Justice révolutionnaire* – dont les conclusions ne justifient d'ailleurs nullement les généralisations du préfacier – Pierre Chaunu écrit en effet, à côté de la formule citée [16] :

> ... Devant les fours crématoires éteints d'Auschwitz ou les barbelés glacés de l'Archipel du Goulag, le meilleur hommage à la mémoire farouchement préservée est le silence. Il suffit de garder l'image, de remâcher les chiffres... Dans le domaine de l'horreur, avant 1917 et 1933, il est rare que nous ayons été dépassés... On tue peu encore, quand l'invasion menace. On tue surtout quand on est sûr de la victoire. La

République n'a pas besoin de savants [17]. Mais elle affectionne les ivrognes... Ce qui vous étonnera, ce n'est pas cette mécanique de la folie, de la bêtise, cette montée en puissance substitutive des *tarés* et des *médiocres,* comme dans une nouvelle d'Edgar Poe, ou comme dans la saisie du pouvoir d'État *bolchevik,* communiste tiers-mondiste, et *nazi...* L'incompréhensible du génocide nazi, l'incompréhensible du génocide jacobin, c'est qu'ils jaillissent de l'Allemagne intelligente de Weimar et de la France si brillante des Lumières... Jamais au cours de notre histoire, un *tyran plus haïssable* n'a parodié, profané, dénaturé les principes dits abusivement de 1789.

La guillotine n'est pas, si l'on peut dire, l'arme absolue dans la lutte contre une Révolution intrinsèquement perverse, ancêtre et inspiratrice de la barbarie hitlérienne. C'est le « génocide franco-français » de Vendée qui doit être utilisé pour détruire toute image positive de la Révolution [18]. Il est vraiment dommage que la polémique tumultueuse cache aux yeux du public la publication d'ouvrages à la fois nets et sereins, de méthode originale et sûre en même temps que d'inspiration vraiment humaine, qu'il s'agisse de parfaire l'étude des causalités et des enchaînements en nuançant encore les apports antérieurs [19], ou d'offrir une somme, un bilan de la révolte et de la répression, mais aussi du souvenir [20]. Il y aurait là assez de matière, d'information et de réflexion comparative pour la mise en perspective de la barbarie exterminatrice des Bleus et des crimes des Blancs. Ainsi les ordres de massacrer venus de Paris et la fureur meurtrière du général Turreau devraient-ils faire penser plus aux guerres de Religion qu'à Hitler et à Himmler. Ainsi encore est-il permis de penser à la guerre d'Algérie créant par son existence même la nation algérienne, lorsqu'on voit comment la Vendée, comme entité et comme souvenir, est née de la répression.

Mais l'utilisation dénonciatrice des massacres ne permet pas un apaisement semblable à celui qui est intervenu entre « parpaillots » et « papistes ». D'autant plus que, de toute façon, la tragédie de 1793-1796 aura été, par le jeu de la mémoire, « une guerre interminable », pour reprendre le titre d'une très riche analyse du phénomène [21]. Il y a d'une part le souvenir transmis, d'autre part une « prolifération légendaire » qui conduit à une question essentielle : « Quelle place faut-il accorder aux légendes fondatrices des groupes humains et quel rôle joue, face à cela, l'histoire ? » Un historien montre, à partir d'une documentation serrée, qu'un certain Jacques Mauplier, héroïque garde du château du Puy-du-Fou, a été confondu avec un personnage réel qui a vécu ailleurs et n'a jamais pris part à la guerre de Vendée. Mais cela « n'a pas empêché que toute la trame du spectacle (*Son et Lumière,* créé par Philippe de Villiers) ne repose quand même sur Jacques Mauplier garde du château, soldat, vendéen, paysan représentatif de toute la paysannerie vendéenne... Que pèsent quarante lignes érudites publiées dans un bulletin tiré à deux mille exemplaires contre une chanson enfoncée à coups de décibels dans les oreilles de plus de cent mille personnes chaque été ! ». Il est vrai que les manuels d'histoire « républicains » ont pendant un siècle demandé aux écoliers de l'école laïque de s'identifier au jeune Joseph Bara, qui serait mort vaillamment, tué par les révoltés vendéens. Encore en 1979, lorsqu'il s'agit de démontrer l'inspiration commune de l'Union de la gauche retrouvée, la municipalité de Palaiseau organise un festival « Sur les traces de Joseph Bara », avec une exposition dont le catalogue utilise – en sens inverse – la tonalité habituelle du « souvenir » en pays vendéen : « Retrouvez l'ambiance de la Révolution française. La guerre de Vendée qui débuta par le massacre de républicains à Machecoul en pays de Retz est particulièrement mise en évidence puisque c'est dans ces lieux que périt le petit Bara... Il fut un héros parmi d'autres que l'histoire a désormais consacré et qui peut être considéré comme représentatif de la combativité républicaine face à l'Ancien Régime féodal agonisant. »

Un aspect curieux de la mémoire du crime révolutionnaire, c'est la capacité d'oubli des régimes successeurs, la résurrection du souvenir autre que local étant souvent tardive et incomplète. Louis XVIII n'a pas accepté longtemps les services de Joseph Fouché, puissant ministre de la Police de la Révolution, puis de l'Empereur, mais c'est plutôt le régicide que le massacreur de Lyon écarta, et les horreurs de Lyon n'ont pas tellement pesé sur le souvenir de l'homme devenu simplement, à côté de Talleyrand, le symbole des allégeances renégates à des régimes successifs. Plus impressionnant est le cas du général Turreau. Ses « colonnes infernales » ont commis les pires méfaits. Lui-même a écrit à ses supérieurs : « En allant demain à Bressuire, je commencerai *les feux de joie* en brûlant et passant par le fil de la baïonnette tout ce qui pourra se trouver sur le chemin de ma colonne... Nous en tuons plus de cent par jour; enfin tous ceux que nous croyons nos ennemis... Au moment où je t'écris, je fais fusiller quatorze femmes qui m'ont été dénoncées. » Dans un charnier de village, on trouve les restes de cent dix enfants de sept ans et au-dessous. Or quand il meurt sous Louis XVIII, dans sa propriété normande de Conches, *le Moniteur universel,* journal officiel, lui consacre, le 21 décembre 1816, la notice nécrologique suivante [22] :

> Monsieur le baron Turreau de Linière, lieutenant général des armées du Roi, chevalier de Saint Louis, Grand Officier de l'ordre royal de la Légion d'honneur, est mort le 15 de ce mois... Dès 1793, il avait commandé l'armée des Pyrénées-Orientales; bientôt après, il fut appelé au commandement en chef de l'armée de l'Ouest... Ses *Mémoires sur la guerre de Vendée* ont été traduits dans plusieurs langues; il les fit réimprimer l'année dernière... Le nom du général Turreau est honorablement placé dans l'histoire des armées françaises. D'excellents officiers ont été formés à son école.

La mémoire de la Vendée a longtemps servi de point de référence et même d'ancrage dans le conflit opposant d'abord les catholiques à la République, puis les tenants de l'école privée catholique face à l'école laïque. Ce conflit s'est trouvé progressivement apaisé, même s'il existe des résurgences soudaines, comme autour de la réforme Savary en 1984. Pourtant, la volonté de Jean-Paul II de stimuler la flamme de la foi par le souvenir d'héroïsmes passés comporte des risques de réanimation d'antagonismes anciens. Le 19 février 1984, le Vatican a béatifié 99 martyrs angevins, fusillés près d'Angers durant l'hiver 1793-1794 « en haine de leur foi ». Le procès en béatification avait été entamé en 1905, lors de l'affrontement sur la séparation de l'Église et de l'État. Fallait-il le conclure à un moment où les célébrations du bicentenaire s'annonçaient déjà ? L'année 1988 a vu une certaine ambiguïté se perpétuer dans l'attitude de l'Église (Vatican et épiscopat français) quant à la commémoration de la Révolution. Il fallait assurément à la fois évoquer les persécutions et les crimes, et vanter la naissance des Droits de l'homme, quitte à les revendiquer comme d'origine chrétienne. Tout était question de priorités et d'accents. La bonne solution n'aurait-elle pas consisté à gommer les trop strictes lignes de partage, notamment en montrant, grâce aux données et aux réflexions dégagées par un prêtre historien et théologien [23], que les prêtres et évêques « jureurs » n'avaient pas nécessairement été de simples traîtres, donc complices des crimes, mais, pour un bon nombre d'entre eux, des porteurs d'une éthique et d'une théologie dont l'Église postconciliaire d'aujourd'hui est sur bien des points plus proche qu'elle ne l'est d'évêques martyrs prédécesseurs de Pie IX et de l'intégrisme actuel ?

Au-dehors, la Révolution n'a pas seulement exporté les Droits de l'homme. La guerre, elle l'a choisie. « Elle », ici, contrairement à une nouvelle légende, ce furent les Girondins et non les Montagnards. Dans la mémoire des peuples libérés-occupés (comme elle sera encore présente, cette ambiguïté, quand, après 1945, les armées soviétiques seront dépeintes comme dispensatrices d'un socialisme libérateur !), la Révolution aura été beaucoup moins cruelle, moins criminelle, que la royauté et que l'empire. En Allemagne, c'est le souvenir de la guerre de Trente Ans, du Palatinat ravagé et massacré par Turenne, qui demeurera. Et les relations franco-espagnoles demeureront obérées par la répression napoléonienne, fort peu présente dans la mémoire française. On frissonnera certes devant les tableaux et dessins de Goya, mais sans se sentir concerné et un manuel sur *La Guerre d'Indépendance espagnole* pourra même froidement écrire : « Goya force la note pathétique en évoquant la cruauté des envahisseurs qui pillent, volent, mutilent [24]. » Ne vaudrait-il pas mieux – ne serait-ce que pour permettre des comparaisons avec la guerre d'Algérie – traiter de la guerre d'Espagne comme l'a fait Jacques Laurent quand il se faisait historien sous le pseudonyme d'Albéric Varenne, c'est-à-dire montrer à la fois la cruauté des résistants espagnols, la barbarie de la répression française et l'intelligence bienveillante d'un général, démontrant comment on pouvait être « efficace » tout en demeurant humain, ou plutôt parce qu'on demeurait humain [25] ?

Les fusillades d'Espagne oubliées parce que commises au nom de la nation, la Commune présente avec ses fusillades parce qu'elle oppose deux mémoires françaises conflictuelles ? Il ne faut pas simplifier, car le cas de la Commune est bien plus complexe que celui de la Vendée. D'abord parce qu'il y a toujours eu, depuis 1871, juxtaposition d'interprétations différentes, souvent mythologiques, non des massacres, mais de la nature et de l'action de la Commune de Paris avant sa défaite [26]. Parce que, même chez les défenseurs de la mémoire des communards, notamment chez les auteurs de manuels scolaires, on évite de décrire de près ce qu'a été l'effroyable répression. Enfin parce que, ici encore, la mémoire catholique est impliquée. Même si l'église du Sacré-Cœur n'a pas été initialement projetée comme signe d'expiation pour les crimes des communards, c'est longtemps à ce titre qu'elle a dominé Paris du haut de Montmartre. Et le problème de la béatification de l'archevêque de Paris et des autres prêtres massacrés comme otages n'a assurément pas été pleinement lié à une condamnation rétrospective suffisante des « Versaillais », du gouvernement auquel ils obéissaient, des milieux sociaux auxquels leur victoire meurtrière apportait un soulagement plein de fureur.

Les meurtres ont commencé le 18 mars 1871, quand les insurgés ont fusillé les généraux Lecomte et Thomas. Puis, le 3 avril les Versaillais ont entamé le processus d'exécution des prisonniers. Après le 23 mai, quand l'armée de Mac-Mahon a commencé la reconquête de Paris, il y eut la terrible mise à mort d'une centaine d'otages, dont Mgr Darboy. Comme plus tard à Sétif en

1945, ou à Madagascar en 1947, la nature et la dimension de la répression sont sans commune mesure avec les crimes des insurgés. Le général Galliffet ne se contente pas de faire fusiller sur-le-champ. Il y eut de véritables abattoirs annexés aux cours martiales qui s'étaient arrogé le droit de condamner et de faire exécuter sans instruction préalable, sans débat, sans appel. Au Père-Lachaise, on exécute par groupes de cent ou deux cents. « On leur ordonne de s'aligner sur deux ou trois rangs devant une fosse longue et profonde, déjà pleine de cadavres. Une batterie de mitrailleuses ouvre le feu. Morts ou seulement blessés, tous roulent dans la fosse, où les marins achèvent à coups de mousquet les agonisants. Puis on les enterre pêle-mêle, dans la chaux vive. » La tuerie a fait sans doute au minimum 17 000 victimes.

Il reste au moins 43 000 prisonniers destinés à être jugés. Comme les prisons de Versailles sont vite pleines, on les installe dans des locaux variés ; ils sont brutalisés, affamés, avec des blessures gangrenées. « Au-dehors, les dandys et les élégants, les députés bien pensants et les hommes de lettres distingués, les dames du monde et du demi-monde viennent contempler de près cette faune étrange. » Les textes abondent qui montrent la haine inhumaine que des écrivains de grand renom expriment à l'égard d'hommes et de femmes qu'ils considèrent comme la lie de la terre et qui sont pour la plupart des artisans, des ouvriers, des employés, véritable échantillon du peuple travailleur de Paris. Plus de quinze cents magistrats militaires vont juger pendant quatre ans et souvent condamner, notamment à la déportation. L'amnistie pleine et entière ne sera accordée que par la loi du 11 juillet 1880. La mémoire ne devrait pas seulement porter sur l'horreur des massacres, les souffrances des déportés, mais aussi sur le style d'une époque où la presse pratiquait un langage qui ne sera même pas utilisé pour les SS et la Gestapo après 1945 : « Pas un des malfaiteurs, écrit *le Moniteur universel,* dans les mains desquels s'est trouvé Paris pendant deux mois ne sera considéré comme un homme politique. On les traitera comme les brigands qu'ils sont, comme les plus épouvantables monstres qui se soient vus dans l'histoire de l'humanité. » *La Patrie* s'exclame : « Les femmes hideuses qui fouillaient à coups de couteau la poitrine des officiers agonisants, elles sont prises et on leur devrait la clémence! » *Le Figaro* montre que la haine est plus ancienne que 1870 : « Jamais pareille occasion ne se présentera pour guérir Paris de la gangrène morale qui la ronge depuis vingt ans. Qu'est-ce qu'un républicain ? Une bête féroce [27]. »

En revanche, ce genre de vocabulaire a fleuri pendant la Première Guerre mondiale, quand, dans un double déchaînement de « bourrage de crâne », presse française et presse allemande s'acharnèrent à attiser la haine pour les barbares criminels d'en face. De ces accusations n'a survécu plus tard que la conviction française, ancrée dans le traité de Versailles et maintenue malgré tous les résultats nuancés et équilibrés de la recherche historique, de la culpabilité unilatérale allemande dans le déclenchement d'un conflit dont l'image a changé. La guerre criminelle en elle-même ; le massacre de millions de soldats dont les noms forment d'interminables listes sur les monuments aux morts : que de livres et de films dans l'entre-deux-guerres pour dénoncer la vanité du crime collectif! Comment se fait-il, alors que dans le second après-guerre, alors que le 11 Novembre était maintenu comme date centrale de la commémoration de deuil, alors que se diffusait l'idée que la guerre de 14-18 avait eu pour conséquence principale le déclin de l'Europe, la dénonciation de Verdun et même du Chemin aux Dames comme crimes ait pratiquement disparu ? Sans doute parce que la lutte contre Hitler et la glorification quasiment unanime de la Résistance ont déconsidéré en France le pacifisme militant. La comparaison entre *le Canard enchaîné* d'avant la guerre et celui d'après 1945 est fort éclairante à cet égard. Ironiser sur l'armée, sur la gloire militaire, sans doute ; mais pas de mise en question de la légitimité de la lutte contre Hitler. La dénonciation de la guerre comme crime en soi s'en est trouvé entravée, y compris celle que dénonçaient Barbusse, Erich-Maria Remarque ou Jean Renoir.

De l'armistice de 1940 au procès Barbie.

Mais la Seconde Guerre mondiale n'a assurément pas vu la nation unanime! Les clivages qui se sont produits à l'occasion et à partir de la défaite de mai-juin 1940, puis de l'installation du régime de Vichy ont laissé des traces durables et changeantes dans les mémoires, tout particulièrement dès qu'il s'agit de crimes tolérés, acceptés, favorisés, perpétrés par des Français, en liaison avec des crimes allemands ou même indépendamment d'eux. Depuis les années 1950, chaque fois que des Allemands se plaignaient de voir leur pays présent à la télévision française uniquement en tant que IIIe Reich et puissance d'occupation, il fallait signaler que c'était moins l'image française de l'Allemagne qui était en cause que la difficulté française d'assumer le passé français des années 1940-1944. La *Vergangenheitsbewältigung,* sans cesse débattue en République fédérale d'Allemagne, n'est que progressivement devenue un problème conscient en France. Et le débat français n'est pas non plus parvenu à la sérénité, puisque même le livre qui, plus et mieux qu'aucun autre, traite de l'histoire de plus de quatre décennies de mémorisations ou d'antimémoires, n'est pas dépourvu de partis pris simplificateurs et réducteurs [28].

Quel est le crime initial? Pour le général de Gaulle, la réponse était évidente : il s'est produit avant la réunion de l'Assemblée nationale à Vichy en juillet; il a été commis par le dernier gouvernement de la IIIe République, présidé par le maréchal Pétain. Le crime, c'était l'armistice par lequel la France cessait le combat, alors que, l'armée nationale écrasée, la légitimité néerlandaise, norvégienne, belge s'était transportée à Londres. Mais pas plus le général de Gaulle que la France de l'après-guerre n'ont attaché de l'importance au seul article pleinement déshonorant et directement criminel de l'armistice du 22 juin 1940. L'article 19 prescrit en effet la livraison des ressortissants allemands désignés par le gouvernement du Reich qui se trouveraient en territoire français. Le fait que, conformément à cet article, le gouvernement de Vichy ait livré ensuite à la mort entre autres deux des principaux chefs du parti social-démocrate allemand, Rudolf Breitscheid et Rudolf Hilferding, n'est pas entré dans la mémoire française.

Pas plus que la circonstance qui permit à la police hitlérienne de transférer vers l'est et vers la mort des milliers d'anciens ressortissants allemands, à savoir l'existence en France de camps d'internement absurdes dans leur principe, puisqu'on y avait enfermé dès 1939 des réfugiés politiques comme ennemis, et affreux par les conditions de détention. Certes, on n'y faisait pas souffrir et mourir comme dans les camps allemands. Mais dès avant la transformation, à partir de 1942, des camps français en antichambres de lieux d'extermination, que de misère, matérielle et morale, que de saleté et de faim à Gurs, au Vernet, aux Milles, à Rivesaltes, localités qui n'évoquent encore aujourd'hui aucun lieu de détention pour l'immense majorité des Français! Et cela bien que des études sérieuses aient fini par paraître, et bien qu'en 1983 une exposition itinérante ait été organisée conjointement par les instituts Goethe et le ministère français des Relations extérieures comportant comme aspect ultime des émigrations françaises en Allemagne et des émigrations allemandes en France depuis 1685, une excellente section sur les enfermements par la IIIe République mourante et la complicité de Vichy dans les déportations [29]. Tout au plus a-t-on lu le roman d'Arthur Koestler *La Lie de la terre*, sans trop se rendre compte que les camps créés pour accueillir – fort mal! – les réfugiés espagnols fuyant Franco avaient continué à servir.

Le désir de ne pas prendre connaissance, de ne pas laisser prendre connaissance d'une telle réalité s'est encore affirmé en 1987. Seul le théâtre des Amandiers à Nanterre a présenté l'ensemble de la trilogie cinématographique de Georg Stefan Troller et d'Axel Corti sur le destin des émigrés autrichiens. Les cinémas ont montré, les critiques ont commenté, *l'Avant-Scène* a publié le troisième film seulement. *Welcome to Vienna* laissait en paix la conscience historique du spectateur français puisqu'on y montrait la honte de l'oubli (et l'oubli de la honte) chez les Autrichiens. Le premier film, *An uns glaubt Gott nicht, mehr* (« Dieu ne croit plus en nous ») évoquait de façon vivante et véridique les aspects négatifs de l'accueil par la bureaucratie française, puis l'enfermement dans les camps et la livraison aux occupants...

Le refus de connaître ou de faire connaître peut se prévaloir de nobles motifs. Ainsi dans la lettre que René Pleven, ministre de la Justice, aux côtés du général de Gaulle dès juin 1940, adresse le 10 février 1972 à l'auteur d'un livre qui doit traiter des affaires dont a eu à connaître, en 1941, la Section spéciale de la cour d'appel de Paris : « La communication des dossiers des procédures pénales est réservée pendant un délai de cent ans... toute dérogation ne pouvant être accordée qu'avec l'autorisation du directeur des archives de France, sur avis favorable du ministre de la Justice. » L'avis est défavorable parce qu'« il importe d'éviter au plus haut point de porter préjudice à des intérêts privés et de réveiller des passions dans l'opinion publique ». C'est donc dans les archives allemandes qu'il faut chercher les documents qui montrent le comportement honteux de magistrats acceptant de condamner à mort, après une parodie de procès, des détenus uniquement choisis parce que communistes, donc plus faciles à sacrifier, pour éviter d'autres représailles allemandes. Le film qui a été tiré du livre n'évoquait pas un texte allemand terrible figurant en annexe. Le major Beumelburg, officier de liaison auprès du gouvernement de Vichy y rapporte, le 22 août 1941, que l'ambassadeur de Brinon et le conseiller d'État Ingrand lui ont fait part de la procédure adoptée, prévoyant la condamnation à mort et l'exécution publique des accusés et ajoute, avec la satisfaction d'un connaisseur légèrement ironique, que le gouvernement français, sans doute sous l'influence du nouveau ministre de l'Intérieur, Pierre Pucheu, est en progrès : il abandonne enfin les principes de Montesquieu et de la Révolution française sur la séparation des pouvoirs et la non-rétroactivité des peines et se met donc à édifier vraiment un ordre étatique nouveau [30].

Il est vrai que le crime judiciaire n'a pas été l'apanage

de cette époque. Des jurés qui crient en pleine audience à l'accusé qu'on aura sa peau, une sentence effectivement connue d'avance, puis un condamné auquel on fait un lavage d'estomac pour ne pas le laisser mourir de son suicide et pouvoir l'exécuter – il ne s'agit pas de scènes de la justice révolutionnaire, mais de la condamnation et de la mort indignes de Pierre Laval. Indignes pour les juges et non pour l'accusé, fût-il mille fois coupable. Lorsque, quelques années plus tard, l'ancien président turc Menderes fut exécuté dans des conditions semblables la presse française s'indigna – sans rappeler, peut-être sans se rappeler le peloton d'exécution de Laval. Pas plus qu'on n'avait voulu se rappeler, lors du procès Pétain, que le président Mongibeaux et le procureur général Mornet ne s'étaient pas précisément révoltés contre l'usurpateur en lui prêtant le fameux serment de fidélité personnelle [31]. Les magistrats constituent la catégorie sociale la moins frappée par les épurations, en France comme en Allemagne. Le chancelier Pasquier avait dit en 1850 : « Je suis l'homme de France qui a le plus connu les divers gouvernements qui se sont succédé ; je leur ai fait à tous leur procès [32] ».

Comme en Allemagne, il a fallu une relève des générations pour qu'on parle plus franchement de ces défaillances au sein de la magistrature. Afin que la police accepte aussi sa mise en cause pour son comportement sous l'occupation. Dans les années soixante-dix, on choquait, mais dans les années quatre-vingt on obtient l'approbation quand on dit à des hauts fonctionnaires de police, réunis en stage de formation continue, que la fourragère rouge remise à la police parisienne à la Libération, devrait scandaliser, puisque la même police avait rendu possible et mis en œuvre la grande rafle du 16 juillet 1942 [33]. Le rappel d'une autre nuit, celle du 17 octobre 1961, suscite cependant encore des réactions vigoureuses. Et il n'existe pas d'étude d'ensemble qui expliquerait pourquoi, le 12 novembre 1942, le maréchal von Rundstedt, chargé de l'invasion de la zone non occupée, a pu décrire, dans un message à Berlin, la police française comme « empressée » (*entgegenkommend*) et « pleine de bonne volonté » *(bereitwillig)*; ni pourquoi la même police, dans le sud de la France, a pu être contenue par les autorités italiennes, protectrices des Juifs contre Hitler, puis a participé efficacement aux rafles ordonnées par les Allemands [34].

Dès avant la Libération s'est posé le problème de la punition des Français criminels ou complices. Malheureusement il y eut, dans une première phase, nombre de crimes commis au nom de cette punition, les meurtres et exécutions sommaires étant souvent le fait de vengeurs qui n'avaient rien à venger, mais qui cherchaient à prouver tardivement leur patriotisme. A des dénonciations dans un sens succédèrent – bien que beaucoup moins nombreuses –, les dénonciations en sens inverse. La mémoire – nourrie de chiffres considérablement gonflés – des « crimes résistantialistes » allait peser sur le débat concernant l'épuration – sur le moment puis rétrospectivement, d'autant plus que la première loi d'amnistie, celle du 5 janvier 1951, n'avait que des effets limités pour les « collaborateurs » condamnés à la prison ou frappés d'« indignité nationale », alors que l'article 30 disait : « Amnistie pleine et entière est accordée à tous faits accomplis postérieurement au 10 juin 1940 et antérieurement au 1er janvier 1946 (!) dans l'intention de servir la cause de la libération du territoire ou de contribuer à la libération définitive de la France. »

L'épuration rencontra les mêmes difficultés que dans les autres pays libérés et qu'en Allemagne. Quels degrés dans la culpabilité, dans la complicité ? Quels juges équitables pour une justice qui ne serait pas une simple organisation de vengeance ? Quelles peines infliger pour écarter durablement les coupables des positions sociales d'influence, à supposer qu'une telle durée servît vraiment à une transformation de la morale collective et au maintien d'une mémoire éprise de pureté ? Le cas français était cependant spécifique dans la mesure où le devoir de désobéissance au gouvernement de Vichy, né d'un vote du parlement de la IIIe République, n'allait pas de soi : l'illégitimité, surtout jusqu'en novembre 1942, venait-elle d'une naissance inconstitutionnelle, d'une trahison nationale, d'un abandon des principes des Droits de l'homme? En 1945, dans quelle mesure fallait-il punir, dans quelle mesure réconcilier? Rétrospectivement, l'exigence initiale de dureté et d'intransigeance formulée par Albert Camus paraît à la fois plus naïve quant à la possibilité de procédures claires, et moins porteuse d'avenir – future morale rétrospective comprise – que les plaidoyers de François Mauriac pour plus de sérénité dans les procédures et plus de compréhension dans les jugements (judiciaires et moraux). Camus lui-même finit en 1949 par donner raison à Mauriac, tant les iniquités des punitions et des oublis étaient devenues éclatantes.

Quelles catégories sociales devaient être concernées par les exclusions durables? Et qui au sein de ces catégories? Des écrivains et journalistes, il y avait les textes. Des entreprises de bâtiment, il y avait tout au plus les livres de compte. Gagner de l'argent en aidant l'armée allemande avait été moins visible que d'écrire pour les Hitleriens ou comme eux. C'est sans doute la condamnation à mort et l'exécution de Robert Brasillach qui, à l'époque et jusqu'à aujourd'hui, a constitué et constitue le cas le plus ardemment discuté. Fallait-il gracier le condamné à mort parce qu'il avait seulement écrit? De Gaulle a estimé que l'intellectuel n'était pas à traiter en irresponsable. Fallait-il considérer qu'il n'avait rien écrit de pendable? C'est ce que n'ont pas cessé de proclamer ses partisans en utilisant deux procédés différents : ne pas citer les textes les plus terribles; dire qu'après tout ils ne disaient que de façon outrancière des choses pas tellement fausses. La plus récente biographie hagiographique recourt même aux deux procédés à la fois [35]. Il y aurait encore eu une autre raison de faire grâce. Elle se trouvait dans une très belle lettre d'Albert Camus, inédite jusqu'en 1988, envoyée le 27 janvier 1945 à Marcel Aymé qui lui avait demandé de signer une pétition en faveur de la grâce :

> Vous m'avez fait passer une mauvaise nuit. Pour finir, j'ai envoyé aujourd'hui même la signature que vous m'avez demandée... Je signe cette demande de grâce pour des raisons qui n'ont rien à voir avec celles que vous me donnez... J'ai toujours eu horreur de la condamnation à mort et j'ai jugé

qu'en tant qu'individu du moins, je ne pouvais y participer, même par abstention... Vous dites qu'il entre du hasard dans les opinions politiques et je n'en sais rien. Mais je sais qu'il n'y a pas de hasard à choisir ce qui vous déshonore. Et ce n'est pas par hasard que ma signature va se trouver parmi les vôtres, tandis que celle de Brasillach n'a jamais joué en faveur de Politzer ou de Jacques Decour.

Brasillach a été fusillé. Il avait réclamé qu'on fusillât tous les réfractaires pris les armes à la main, qu'on fût plus sévère avec les Juifs, qu'on ne se contentât pas d'un antisémitisme consistant à laisser se promener tranquillement les porteurs d'une étoile jaune. Mais les dirigeants de *Je suis partout* – journal qu'il avait fini par quitter pour ses excès – ont été jugés avec plus d'indulgence parce qu'ils ont été jugés plus tard. La mémoire des complicités s'était affaiblie dès 1948 – ou le désir de sérénité s'était accentué. Peut-être aussi avait-on mieux pris conscience de l'injustice qu'il y avait à sanctionner les journalistes et à absoudre les fonctionnaires.

Le phénomène est complexe. Déjà pour les écrivains : en 1988, c'était encore attenter au souvenir des victimes que de trouver beaux des textes de Brasillach, notamment ses écrits de prison! Pourtant, Louis-Ferdinand Céline recevait une gloire posthume, en entrant dans la collection de La Pléiade, bien qu'il eût, dès avant la guerre, lancé de délirants appels au pogrom. Et les années soixante-dix et quatre-vingt ont vu resurgir des cas de hauts fonctionnaires complices, alors que la loi d'amnistie de 1953 avait été promulguée dans une certaine indifférence et que la mémoire semblait devenir de plus en plus effacée. Comment en est-on venu à une réactivation, une réintensification qui a atteint une sorte de sommet avec le procès Barbie ?

Une première raison est documentaire. Les archives – surtout allemandes – ont livré très peu de documents absolutoires et beaucoup de textes accablants. Encore fallait-il qu'il y eût des chercheurs animés par la passion de la mémoire pour les y découvrir. Et leurs trouvailles n'ont certes pas toujours abouti à des procès, ni même à un blâme public rétrospectif. Ainsi dans le cas de René Bousquet, secrétaire général à la police, qui avait joué un rôle décisif dans l'arrestation des Juifs par la police française dans les deux zones et dans leur livraison à la Gestapo et qui fut, en juin 1949, condamné à cinq ans de dégradation nationale par la Haute Cour de justice, peine dont il fut immédiatement relevé « en raison des actes accomplis en faveur de la Résistance ». A l'époque, il est vrai, les juges ne voulaient pas trop savoir ce qu'avait été la politique de Vichy au service de l'action antijuive allemande. Après 1950, René Bousquet devint l'un des principaux dirigeants de la banque d'Indochine jusqu'à ce que les révélations de Serge Klarsfeld en 1979 le contraignent à la démission. Jean Leguay, délégué à Paris du secrétaire général à la police a joué un tel rôle personnel dans les arrestations et déportations qu'il est difficile de comprendre pourquoi la plainte portée contre lui pour crimes contre l'humanité n'a pas au moins abouti à un procès, même si lui aussi a pu se faire, après la guerre, une belle carrière, dans l'industrie de la parfumerie. Et si les charges contre Maurice Papon, ancien secrétaire général de la préfecture de la Gironde, ultérieurement préfet de police à Paris de 1958 à 1967 et ministre du Budget de 1978 à 1981, sont moins lourdes, il n'en a pas moins signé nombre de documents aboutissant à la déportation et à la mort non seulement de « Non-Aryens », mais de gens que les autorités allemandes elles-mêmes avaient considérés initialement comme « aryens ». Dans ces trois cas, la mémoire collective française s'est montrée moins exigeante que s'il s'était agi de notables allemands ou d'un chef d'État autrichien [36].

L'une des raisons du calme relatif des années soixante a sans doute été un double phénomène de bonne conscience collective : la France avait été majoritairement, presque unanimement résistante ou du moins hostile à Vichy et Vichy n'avait pas pris une part active à l'horreur – dont la dimension n'est d'ailleurs entrée que progressivement dans les esprits. Au cours des années soixante-dix, peut-être à cause de la relève des générations, une nouvelle vision trop systématique apparut : les Français dans leur immense majorité, avaient été veules et consentants. On peut considérer l'affaire du film de Marcel Ophüls *Le Chagrin et la Pitié* comme un point d'articulation. Fait pour la télévision, il dut sortir en salle en avril 1971 parce que la télévision de service public refusait la projection. Elle ne s'inclina qu'à contrecœur, alors qu'elle aurait dû à la fois programmer cet ensemble de témoignages et l'accompagner d'autres films de même type, car *Le Chagrin et la Pitié*, grâce au débat sur sa prohibition, est passé pour une œuvre de vérité historique, alors que le film abondait en silences et partis pris : pas une question à Jacques Duclos sur les années 1939-1941 où le parti communiste avait suivi la ligne indiquée par le pacte Staline-Hitler; une présentation de Clermont-Ferrand comme si la Résistance y avait été le fait des ouvriers, alors qu'il fallait avoir l'oreille attentive pour apprendre que la déportation avait frappé la famille Michelin; la mise en accusation de professeurs de lycée coupables d'avoir laissé disparaître leurs élèves juifs, alors que la présence de l'université de Strasbourg repliée à Clermont était ignorée, alors surtout que le film, raillant les professeurs et les vedettes de la chanson en tournée en Allemagne, ignorait délibérément les compromissions d'intellectuels de gauche, par exemple Simone de Beauvoir expliquant dans ses Mémoires qu'on pouvait rester enseigner en lycée et signer la déclaration de non-appartenance au judaïsme sans avoir de problème de conscience.

La présentation de la période 1940-1944 se fit dépréciative, dans l'oubli trop fréquent des difficultés très réelles, des souffrances fréquentes imposées à tous les Français de l'époque. Les faiblesses françaises (résistants compris) prenaient peut-être plus d'importance que le sort des victimes, notamment des Juifs. Il n'est que de comparer la tonalité de deux films de Louis Malle, *Lacombe Lucien* en 1974, grinçant sinon méprisant, et *Au revoir les enfants* en 1987, montrant lui aussi des victimes, des indifférents et des bourreaux, mais dans une émotion née de la qualité humaine du récit et du message.

De façon paradoxale, il semble bien que le mérite de la réorientation revienne pour une part à Robert Faurisson et à son « révisionnisme ». Non pas, évidemment, parce que la belle logique qui permettrait aussi bien de démontrer que la bataille de Verdun n'a jamais pu avoir lieu, a abouti à des phénomènes aussi sinistres que la distribution de tracts par un Collectif lycéen Lyon-Nancy-Strasbourg disant en 1987 : « L'Allemagne en guerre a traité les Juifs en ennemi qu'ils étaient, les a chassés et internés. JAMAIS EXTERMINÉS !... Le drame principal des camps, c'était les épidémies... C'est pour lutter contre elles que les Allemands utilisaient de petites chambres à gaz pour désinfecter les vêtements... Les Juifs exterminés ? Mais les Juifs sont là et bien là !... La devise d'Israël : Plus je pleure, plus je palpe et plus je palpe, plus je pleure... » Mais parce que le « révisionnisme » a servi de stimulant pour mieux faire connaître à tous ce qu'avait été l'effroyable réalité. Au point d'aller trop loin. Ainsi pour l'énorme dramatisation, en 1987, du procès de Klaus Barbie. A lire la presse, à regarder la télévision, on aurait pu croire qu'on allait juger un des grands criminels de notre temps. L'absence de mémoire sur un point essentiel fut stupéfiant. Deux hommes bien plus coupables que lui avaient été condamnés à mort par le tribunal militaire de Paris le 9 octobre 1954. L'un était le général SS Carl-Albrecht Oberg, chef de l'ensemble des forces de police et de SS en France de mai 1942 à l'été de 1944, après avoir participé en 1941 à la chasse aux Juifs en Pologne. Retrouvé par la police militaire américaine en 1945, il avait été condamné à mort puis, en octobre 1946, livré aux autorités françaises. L'autre était Helmut Knochen, chef de la « police de sécurité » en France, subordonné de Oberg et de Heydrich.

Remis à la France avec son chef, il fut condamné avec lui. Le 10 avril 1958, le président Coty commua la peine en travaux forcés à perpétuité. Le général de Gaulle accorda une nouvelle remise – vingt ans de détention – le 31 décembre 1959, mais dès décembre 1962, Helmut Knochen était libéré et pouvait regagner l'Allemagne. Karl Oberg fut pleinement gracié en 1965 et renvoyé en Allemagne où il mourut quelques semaines plus tard, alors que Knochen s'était fait agent d'assurances. Il est improbable qu'un président de la République puisse gracier Barbie dans un avenir prévisible : les passions sont trop vives à la fin des années quatre-vingt. A cause de la nouvelle, de la pleine mémoire d'Auschwitz. A cause aussi d'une volonté compréhensible, mais pas nécessairement justifiée des survivants de la Résistance de voir leurs souffrances, leur sacrifice définitivement reconnus par la mémoire nationale, en obtenant qu'avant le procès la Cour de cassation casse un arrêt de la cour d'appel de Lyon, fondé pourtant sur une remarquable analyse du procureur Truche. La Cour de cassation, pour aboutir au jugement de Barbie pour la torture de résistants, a élargi la définition des crimes contre l'humanité, déclarés antérieurement imprescriptibles, pour y inclure ce que la cour de Lyon avait considéré comme des crimes de guerre, eux prescrits. De façon surprenante, Me Jacques Vergès ne se servit que de façon limitée de la perche qui lui était ainsi tendue pour demander pourquoi il y avait imprescriptibilité de la torture pour Barbie et amnistie pour la pratique de la torture en Algérie. L'idée de base de la Cour de cassation était que la nature du régime et de l'idéologie au nom desquels le crime était commis devait faire considérer comme crime contre l'humanité le sort infligé à quiconque luttait contre un tel régime, une telle idéologie.

Le problème de la définition du crime a cependant peu pesé dans la dramatisation du procès. Par-delà la surestimation du rôle de Barbie, deux données d'opinion apparurent clairement, toutes deux positives. Il n'y a pas eu assimilation de Barbie aux Allemands en général, et la mémoire d'Auschwitz a atteint son point culminant, mémoire développée en particulier grâce au travail accompli au sein de l'Église catholique. Un travail qui, par-delà un remarquable effort d'autocritique – de l'historien Pierre Pierrard au journaliste-écrivain Jacques Duquesne, plus sévère pour l'Église catholique sous l'occupation que n'allait l'être le chercheur juif Serge Klarsfeld –[37], trouva son sommet dans la réponse du cardinal Decourtray à Anne Sinclair, lors de l'émission *Questions à domicile* du 25 septembre 1986. Interrogé pour savoir si, lui qui combattait si vaillamment le racisme antiarabe, considérait l'antisémitisme comme un racisme à part, Albert Decourtray répondit en substance : « Bien sûr, puisque je suis chrétien. Comme chrétien, je suis fils d'Abraham. Je crois que Dieu s'est fait homme en un Juif. Et je suis conscient que les camps ont été installés en terre chrétienne et que la plupart des bourreaux avaient été baptisés chrétiens. » La judaïté affirmée, revendiquée de Jean-Marie Lustiger, cardinal-archevêque de Paris, constitue un autre appel constant à la mémoire, bien différent des appels de l'épiscopat allemand, même si Mgr Lustiger, sans doute parce que entré dans l'Église par conversion, a tendance à sous-estimer les crimes de son histoire et attribue à l'époque des Lumières la faute originelle de la fureur hitlérienne [38].

Les négateurs communistes et leurs mémoires.

La France patriotiquement unie dans la Résistance, face à l'occupant fasciste et à ses complices de Vichy et de Paris : cette vision de la réalité avait permis au parti communiste de faire et d'imposer le silence sur son attitude de 1939 à 1941 et aussi sur son « défaitisme révolutionnaire » qu'il n'avait abandonné qu'en 1935 au lendemain de l'accord Staline-Laval. L'oubli était facilité par le courage exemplaire des résistants communistes, par la répression particulière qui les frappait, par l'effet contreproductif de la propagande antibolchevique, particulièrement intense au moment où l'immense majorité des Français se réjouissait de la défaite allemande devant Stalingrad. Facilité aussi par la camaraderie des camps, à Dachau ou à Buchenwald, créant des liens humains durables même entre futurs adversaires politiques, encore que, du côté communiste, le recours à l'injure et au mensonge allât être bientôt pratiqué si un ancien codétenu se mettait à toucher un point sensible du passé ou du présent. Et il n'était même pas besoin d'oubli pour ceux que l'appel à la jeunesse lancé par le PC touchait avant ou après la Libération : ils n'avaient jamais su et ne voulaient pas savoir.

Pas plus que tant de leurs anciens de l'entre-deux-guerres, communistes ou sympathisants de l'URSS ou de leur PC national. L'aveuglement n'avait rien eu de spécifiquement français. De grands noms de l'intelligentzia britannique et américaine figurent sur la liste des visiteurs de l'Union soviétique rentrés enthousiastes, portant témoignage de l'humanité du régime, de l'ampleur de ses succès, dus à l'enthousiasme et à la clairvoyance révolutionnaire. Bertrand Russel, Julian Huxley – futur premier directeur général de l'UNESCO –, Owen Lattimore, et jusqu'au vice-président des États-Unis Henry Wallace, que de textes rétrospectivement ridicules ou déshonorants n'ont-ils pas écrits! Moins odieux cependant, en général, que l'extravagante visite d'Édouard Herriot en Ukraine au pire moment de la famine imposée : dupe facile d'une mise en scène – cadavres enlevés, pseudo-habitants prospères amenés, excellents repas absorbés – il a servi de grand témoin de la bonne alimentation des Ukrainiens. Il est vrai que sa complaisance était moins délibérée que ne l'avait été celle d'un Maxime Gorki dans les dernières années avant sa mort en 1936, quand, adulé et comblé d'honneurs, il s'était fait le chantre des grands travaux du Nord – ceux qui tuaient les déportés par centaines de milliers [39]. Il faut croire que son enthousiasme était durablement communicatif, puisqu'un demi-siècle plus tard, les candidats au baccalauréat dans une région académique française étaient invités, à propos d'une effusion lyrique de Gorki sur la construction du canal de la mer Blanche à la mer Baltique, à répondre à la question : « Quelles sont les caractéristiques du premier plan quinquennal mises en évidence par le texte ? » Les candidats pouvaient prendre à la place deux autres sujets au choix, ou bien « Résistants et collaborateurs dans la France des années 1940-1944 », ou bien « La " prospérité " des années 1920 aux États-Unis », avec une chronologie où on lisait notamment : « 1921 : premières lois limitant l'immigration... 1927 : exécution de Sacco et Vanzetti. » Le document de Gorki était intitulé « 1932 : les grandes réalisations du plan quinquennal ». L'appréciation des régimes des années trente pouvait donc encore inciter les lycéens français des années quatre-vingt à se donner une mémoire pour le moins partiale!

Le débat français sur les réalités de l'URSS a déjà été fort animé dans l'avant-guerre. La réprobation la plus agressive frappait tout intellectuel émettant des critiques; ainsi André Gide donnant une image contrastée de l'Union soviétique, alors qu'il s'était d'abord montré enthousiaste. Mais était-il possible de connaître la nature et l'étendue des crimes, que ce fût à propos des procès de Moscou ou du système concentrationnaire? Beaucoup, en tout cas, étaient faits pour empêcher de savoir. Boris Souvarine a raconté les obstacles qu'il rencontra pour faire publier son *Staline* en 1935 – ouvrage remarquablement informé qui aurait dû ouvrir bien des yeux, si ces yeux ne s'étaient pas refusé à se poser sur lui : pour l'avant 1940 comme pour l'après 1945, il faudrait inlassablement poser la question constamment présente à propos de l'extermination des Juifs : « Qui savait quoi ? » [40], en y ajoutant une autre : pourquoi ne voulait-on pas savoir ce que l'on aurait pu savoir ?

Je sais qu'il n'existe pas de camps de concentration en Union soviétique et je considère le système pénitentiaire soviétique comme indiscutablement le plus souhaitable dans le monde entier. Je crois que c'est le seul pays où les condamnés, quels qu'ils soient, que ce soient des condamnés de droit commun ou que ce soient des condamnés politiques, touchent un salaire égal à ce qu'ils toucheraient s'ils étaient à l'extérieur, peuvent acheter ce qu'ils achèteraient à l'extérieur, sauf des boissons alcooliques, ce qui est évidemment désagréable pour ceux qui aiment boire, et peuvent se payer, avec leur salaire, une chambre individuelle s'ils en ont le désir et la possibilité, qui ont la possibilité de lire, d'écrire, de voir des films, de faire de la musique.

Ainsi parla Marie-Claude Vaillant-Couturier, députée communiste, ancienne déportée à Ravensbrück, à l'audience du 22 décembre 1950 du procès en diffamation contre l'hebdomadaire *les Lettres françaises* gagné par David Rousset, ancien déporté à Buchenwald, auteur d'un appel à tous les anciens des camps allemands pour que la vérité fût faite sur les camps soviétiques [41]. Elle ne pouvait être ignorante de la réalité puisque, à Ravensbrück, elle avait connu Margarete Buber-Neumann, détenue de Hitler après l'avoir été de Staline. Seulement, au début de 1949, celle-ci avait déposé au procès Kravchenko et s'était entendu dire par M° Joe Nordmann, avocat des mêmes *Lettres françaises*, qu'elle « était même méprisée à Ravensbrück »; il s'agissait de disqualifier par tous les moyens, même les plus déshonorants, la probable veuve (en fait veuve, mais le sort de son mari disparu n'était pas encore connu) de Heinz Neumann, secrétaire du parti communiste allemand, membre influent du Komintern, « purgé » par Staline à Moscou en 1937. Déportée en Sibérie en 1938, elle est livrée à Hitler en 1940. Même sans avoir lu son livre ni l'hommage que Germaine Tillion lui a rendu dans le sien, on pourra être frappé par la ressemblance entre le style de M° Nordmann et celui des avocats allemands du procès de Majdanek ou encore celui de M° Jacques Vergès [42]. Et quand on a devant les yeux tant de livres, d'articles, de textes de discours injuriant, diffamant, caricaturant quiconque voulait faire passer la vérité, vécue ou apprise, sur la souffrance et la mort en Union soviétique, comment ne pas penser à la façon dont un Robert Faurisson parle des témoignages des survivants des camps d'extermination ? Vers 1980, quand des étudiants et des professeurs de l'université de Lyon voulaient empêcher par la force celui qui niait l'extermination des Juifs, d'exercer son métier d'enseignant, n'était-il pas légitime de rappeler que personne n'avait jamais cherché à chasser de l'enseignement les professeurs qui s'étaient fait délibérément les négateurs de Kolyma ?

Il est vrai que, dans les déchaînements de la Guerre froide, la diffamation fleurissait un peu partout et le souci de nombre d'anciens résistants de gauche de ne pas voir la dénonciation du communisme disqualifier leurs efforts pour plus de justice sociale et plus de justice outre-mer était très compréhensible. Mais que de timidités tout de même pour publier des témoignages et pour soutenir les témoins! Que de complaisance aussi pour les naïvetés, les abdications, les avilissements des intellectuels soumis à la vérité proclamée par le Parti! Il n'y a pas seulement eu la ridicule adoration pour Staline auquel des poètes comme Paul Eluard et Louis Aragon et des non-poètes dédiaient des poèmes sous forme de litanies grandiloquentes. Pas seulement la flagornerie reportée sur Maurice Thorez conduisant par exemple des « historiens de métier » – dont Bruhat, Soboul, Agulhon – à publier dans les *Cahiers du communisme* d'avril 1950 une étude sur « l'apport de Maurice Thorez à l'histoire » où il était dit : « Maurice Thorez est historien parce qu'il est un homme politique de la classe ouvrière. En tant qu'homme politique de la classe ouvrière il indique la voie à suivre parce qu'il est historien... Nous pouvons, grâce à Maurice Thorez, opposer à l'histoire bourgeoise la conception scientifique de l'histoire qui est la nôtre. » Il y a eu aussi l'approbation des procès dans les démocraties populaires, l'insulte aux condamnés et exécutés, l'approbation de toute déclaration de culpabilité, des médecins français attestant l'agissement criminel de collègues soviétiques contre Staline, puisque Moscou l'avait dit, quitte à être pris de court lorsque, Staline mort, leur innocence fut proclamée. Approbation aussi de l'ordre donné aux femmes de « coupables » d'abandonner leur mari. « Il n'est pas étonnant, écrit Annie Besse (plus tard Annie Kriegel) en avril 1953 dans *la Nouvelle Critique*, que la bourgeoisie crie au scandale et à la dislocation de la famille quand une femme se refuse à suivre son mari dans l'abjection [43]. »

Lorsque, plus tard, les engagés souvent enragés se souviendront, leur mémoire prendra des formes diverses et fort inégalement autocritiques. Dans l'un des meilleurs récits autobiographiques, Emmanuel Le Roy Ladurie raconte comment vers 1950 son image de l'Union soviétique avait été influencée par les ouvrages fort favorables de Georges Friedmann : « Bien des années plus tard, j'ai rencontré Friedmann. Je hasardai alors une critique amicale vis-à-vis de ses thèses anciennes. A lui comme à moi, elles paraissaient dorénavant désuètes. Il me rétorqua en toute simplicité : " A l'époque, lorsque j'écrivais ces livres, j'étais *andouille* au sujet de l'URSS [44]. " » L'expression est faible et le problème de la complicité, de la culpabilité morale, de la culpabilité métaphysique, selon la terminologie de Karl Jaspers, ne se trouve même pas posé. Dans une note en bas de page, Le Roy Ladurie s'interroge :

« Étions-nous des fascistes ? » Même dans son ouvrage, la réflexion comparative n'est pas poussée fort loin. Pourtant, la négation des crimes et l'insulte aux victimes avaient constitué comme une autorisation permanente donnée aux systèmes d'Europe de l'Est de faire des victimes nouvelles.

L'argument fréquent – dès l'époque et dans les rétrospectives – « nous ne pouvions tout de même pas dire la même chose que les ennemis de la gauche », ne vaut pas grand-chose puisqu'on disait soi-même – à très juste titre – : « Ce n'est pas parce que, sur l'Indochine ou sur le Guatemala, nous disons la même chose que les communistes que nous avons tort. » L'autocritique peut même garder des traces de la pensée ancienne pour se faire semi-justification [45]. Notamment, en continuant à juger l'URSS sur sa visée proclamée, les crimes constituant de simples fautes n'altérant pas la grandeur du projet, tandis que les pays occidentaux commettent évidemment des crimes dans la logique du système capitaliste et impérialiste. Il faudra longtemps pour qu'enfin le combat mené par Raymond Aron, tout particulièrement sur ce point, soit rétrospectivement reconnu comme juste par la plupart et qu'on n'ait plus recours aux raisonnements qu'Aron reprochait à ses adversaires intellectuels de tenir, à commencer par le Maurice Merleau-Ponty d'*Humanisme et Terreur*.

Le point tournant passe pour avoir été la révolte hongroise de 1956. Mais il n'en est pas entièrement ainsi. D'abord parce que des membres éminents du parti ont soit longtemps maintenu qu'il s'agissait d'un soulèvement fasciste, même quand ensuite ils ont emprunté d'autres itinéraires – c'est le cas de Roger Garaudy –, soit simplement effacé de leur image, sinon de leur mémoire, ce qu'ils écrivaient à l'époque. C'est le cas du membre de l'académie Goncourt qu'est devenu en 1977 André Stil, rédacteur-en chef de *l'Humanité* de 1950 à 1959. Le 17 décembre 1956, il avait prononcé une conférence intitulée *Je reviens de Budapest*, publiée en brochure par le Parti. On y lit notamment :

Mais qui se bat? D'abord les fascistes, les contre-révolutionnaires, préparés, équipés et organisés pour cela. Ensuite, ce lumpen-prolétariat particulier, qui reste la plaie des capitales des pays de démocratie populaire et dont une partie forme avec les précédents la lie des classes déchues, les trafiquants et oisifs... A cela il faut ajouter des milliers de condamnés de droit commun, dont la libération sans distinction a été une des premières tâches de la contre-révolution... Et il est vrai que tout ce beau monde combattait, pour parler comme *Franc-Tireur*, pour la liberté, la sienne! Un groupe armé du boulevard Ferenc, dans le IXe arrondissement, était commandé par une ancienne prostituée qui n'a pas dessoûlé pendant les jours de l'insurrection et qui entraînait de tout jeunes gens dans la bataille, dans l'atmosphère morale qu'on imagine.

... L'armée soviétique s'est comportée non en ennemie, mais, comme toujours, en soutien et défenseur du peuple.

Jean-Paul Sartre, lui, réprouva l'action soviétique, mais, dans son texte de condamnation, donné à *l'Express*, du 9 novembre 1956, reprit l'idée méprisante des années antérieures qu'il ne fallait pas « désespérer Billancourt », ne pas affaiblir le parti communiste en ébranlant l'image que les ouvriers pouvaient avoir de l'Union soviétique : « La faute la plus énorme a probablement été le rapport Krouchtchev, car, à mon avis, la dénonciation publique et solennelle, l'exposition détaillée de tous les crimes d'un personnage sacré qui a représenté si longtemps le régime est une folie quand une telle franchise n'est pas rendue possible par une élévation préalable et considérable du niveau de vie de la population. » Les attitudes de Sartre ont été telles qu'elles justifient les faux Mémoires dans lesquels un de ses anciens disciples lui fait dire notamment : « Souvenez-vous de cette phrase que j'avais écrite dans *Qu'est-ce que la littérature?* : " Je tiens Flaubert et Goncourt pour responsables de la répression qui suivit la Commune parce qu'ils n'ont pas écrit une ligne pour l'empêcher. " Je rappelle l'interrogation navrée de Mauriac : où est l'article que j'ai publié sur Slansky? Et sur Kostov? Et sur Rajk? Et sur Arthur London? Sur les suppliciés qui creusaient le canal de la Baltique? Sur les peuples déportés d'Asie centrale?... [46] » C'est seulement tout à la fin de sa vie qu'il se convertit à l'exigence de cohérence dans le jugement moral et dans l'évocation du crime.

Il n'est nullement sûr qu'une telle cohérence se soit imposée en France dans les années soixante-dix et quatre-vingt dès que l'Union soviétique fut en cause. Les commentaires qui ont suivi la publication de *L'Archipel du Goulag* ont été marqués par bien des réticences, des soupçons suggérés, de tentatives d'affadissement, en particulier dans *le Monde*. Et lorsque, en 1979, une exposition *Paris-Moscou 1900-1930* succéda au centre Pompidou à une exposition *Paris-Berlin*, les responsables acceptèrent ce qu'on n'eût jamais imaginé pour cette dernière, à savoir une falsification de la réalité historique : euphémisations, appropriations abusives, suppression du nom et des œuvres d'artistes en disgrâce rétrospective en URSS [47]. Il faudra revenir sur un phénomène plus fondamental : quand, en novembre 1982, Youri Andropov est devenu le successeur de Leonid Brejnev, qui a donc fait l'inventaire de ses responsabilités personnelles comme surveillant des États socialistes, puis, surtout, pendant quinze ans, comme chef du KGB ? La comparaison avec le cas de Kurt Waldheim ne s'impose-t-elle pas ? Encore la passion aveugle pour l'Union soviétique, puis les silences de la mémoire sur les crimes ne constituent-ils pas un cas pleinement exceptionnel : les silences enthousiastes sur la Chine ont perduré plus longtemps, assez longtemps pour accompagner de nouvelles dérobades sur le Cambodge.

De l'Indochine à l'Algérie.

Pendant longtemps, l'image de la colonisation a été idyllique. Le crime en était absent. Au début de notre siècle, tel tableau mural d'histoire et d'instruction civique utilisé à l'école primaire présentait la période postérieure à 1871 en deux parties : « La République relève la France » et « Le peuple est enfin maître de ses destinées », ce dernier titre étant immédiatement suivi par la formule explicative, « Conquêtes : Tunisie 1881, Tonkin 1885,

Dahomey 1893 et Madagascar 1895 ». L'idéologie anti-colonialiste des dernières décennies a voulu faire croire qu'il n'y avait eu que crime. Mais elle n'a pas trop débordé sur les manuels ni sur la perception des adultes dès lors que des actes précis sont, pourraient ou devraient être en cause. L'« enfumade » des grottes du Dahra, en 1845, où l'on retrouva ensuite des centaines de cadavres d'hommes, de femmes et d'enfants kabyles, n'est guère entrée dans la mémoire nationale, pas plus que les massacres délibérés commis en 1899 au Tchad et au Niger, notamment par la colonne Voulet-Chanoine [48], bien que la barbarie de celle-ci ait fait l'objet à l'époque d'un débat public fort vif.

L'accaparement des terres fertiles expliquait pour une large part les souffrances de tribus algériennes chassées vers la famine. Les besoins de l'exploitation économique expliquaient le terrible travail forcé imposé en Afrique noire. Mais les tueries n'ont jamais eu pour cause immédiate, permettant une mise en accusation systématique, le pervers capitalisme impérialiste. Dans le second après-guerre, les enchaînements causaux peuvent même le laisser complètement de côté, en particulier pour le bombardement de Haiphong, le 23 novembre 1946, qui marqua le vrai début de la guerre d'Indochine : les morts par milliers qu'il fit délibérément n'ont pas été dus aux détenteurs d'intérêts économiques, tout disposés à s'entendre avec Hô Chi Minh, mais à l'idée d'une domination à rétablir au nom de la grandeur de la France [49]. Ce qui est constamment présent, en revanche, c'est le mépris pour les peuples d'autres continents à l'égard desquels il est loisible de recourir à des méthodes de répression massive qu'on n'appliquerait assurément pas à des compatriotes – quitte à considérer Africains et Algériens musulmans comme des compatriotes quand il s'agit de les faire combattre, en 1914 et en 1939, contre l'ennemi européen.

La guerre d'Indochine a constitué un cas à part dans la mesure où sa motivation – affirmée ou réelle – a oscillé entre la défense de l'Empire et la lutte contre le communisme, Hô Chi Minh ayant en effet été le seul leader nationaliste à avoir été en même temps un vieux et fidèle militant du Komintern et le seul chef communiste d'Afrique et d'Asie à être devenu le héros de l'Indépendance nationale. Mais il n'y a aucune ambiguïté de ce genre à Sétif, en 1945, lorsque la répression fait des victimes par milliers, peut-être par dizaines de mille. Pas davantage à Madagascar en 1947-1948 où l'ampleur et la férocité de la répression sont telles que le chiffre de 80 000 victimes n'est pas d'emblée inacceptable. Et s'il est impossible d'être précis dans la présentation des événements et des nombres, c'est que, depuis quarante ans, la recherche universitaire n'a pas montré un intérêt débordant pour l'étude méthodique des crimes commis au nom de la France, laissant ainsi le champ libre aussi bien à la dénégation qu'à l'outrance [50].

La partie française de la guerre d'Indochine s'est terminée avec les accords de Genève, le 20 juillet 1954. La guerre d'Algérie a commencé le 1er novembre, trois mois après. Plus que dans tout autre conflit sanglant hors de la métropole, elle a été accompagnée d'un débat constant sur la nature, la réalité, les responsabilités des crimes commis non dans les affrontements entre combattants, mais en dehors des combats. Les crimes du FLN ont trop souvent été passés sous silence par une partie de ceux qui dénonçaient les crimes français. Pourtant, pourquoi ne croirait-on pas le général Salan, lorsque, à son procès d'ancien chef de l'OAS, il raconte ceci?

> Je citerai... le cas de la famille Garcia, famille de colons, à peine de quoi vivre, cinq enfants. Nous avons retrouvé les corps, la femme dépecée – nous n'avons jamais retrouvé la tête – l'homme égorgé, le fils de quatorze ans égorgé et passé au pétrole; la fille de treize ans, après avoir subi les sévices que vous devinez, également décapitée... Le FLN, pour nous tous, c'était cela.

Mais en résultait-il la justification des représailles collectives, de la torture pratiquée systématiquement, des massacres de prisonniers – combattants ou otages? Ni des camps de regroupement sur lesquels un jeune inspecteur des finances, Michel Rocard, remit en 1958 le rapport qui lui avait été demandé [51]. Les autorités pouvaient y lire que le nombre de « regroupés » dépassait le million. Que tel « regroupement particulièrement misérable comprend 900 enfants sur 1 200 personnes au total ». Que « la disparition quasi totale de l'élevage est une caractéristique commune des regroupements, elle implique que le lait, les œufs, la viande sont pratiquement exclus du régime alimentaire des regroupés », exposés en fait à la faim et que, « atteints dans leurs revenus, les fellahs (paysans) le sont aussi dans leur dignité » puisque placés vis-à-vis de l'autorité militaire française, « dans un état de dépendance totale ».

Les témoignages sur les crimes commis au nom de la France ont été d'emblée nombreux, les gouvernements successifs punissant ceux qui les dénonçaient plutôt que ceux qui les commettaient. Lequel des ministres responsables, sous deux Républiques, n'a-t-il pas tenu le beau raisonnement suivant : « Il n'y a pas de torture. Elle est d'ailleurs indispensable. Elle est le fait de quelques militaires agissant malgré les ordres. L'autorité politique doit tolérer ce que font les militaires, la victoire et la protection des civils non musulmans justifiant le recours que seules les " belles âmes " trouvent répréhensibles » ?

Parmi ces « belles âmes », nombre de catholiques militants. A commencer par l'archevêque d'Alger, Léon-Étienne Duval, qui admit ce que l'Église avait souvent refusé de déduire des Évangiles : le prochain, c'est le persécuté, les persécuteurs fussent-ils catholiques, et non le persécuteur, fût-il non-catholique. Dès novembre 1954, il éleva des protestations publiques. Puis il adressa – en dehors même de ses homélies qui lui valurent l'inimitié de nombre de ses ouailles – lettre sur lettre aux autorités [52].

Traitements odieux infligés à des suspects; exécutions sommaires de prisonniers; usage de la torture dans des interrogatoires; répressions collectives (20. 9. 55). La torture continue à être pratiquée; des villages sont détruits, des exécutions sommaires ont lieu; des personnes disparaissent sans qu'on sache ce qu'elles sont devenues. La jeunesse de France risque de se pourrir lorsqu'on la fait participer à des actions que réprouve la morale (25. 11. 58). Il est de mon devoir, monsieur le Délégué général, de protester, une fois de plus, contre les méthodes condamnables qui, malgré de solennelles déclarations venues de très haut, continuent à être employées en Algérie; exécutions faites sans jugement, emploi de la torture, destructions de villages... (10. 8. 59).

Témoignage chrétien donne nombre de cas précis. *La Croix* voit notamment son jeune reporter en Algérie, Jacques Duquesne, publier en 1958, un livre dont le chapitre « La guerre atroce » donne des précisions. Comme, dès 1957, le chapitre « Un crime : la " pacification " en Algérie » du livre *Le Socialisme trahi* dû au leader socialiste protestant André Philip [53], il y écrit notamment : « Nos jeunes sont témoins de ces atrocités; on les leur présente comme inévitables; on risque ainsi de pourrir toute une génération. » En 1962, un capitaine dépose devant la Cour de justice militaire chargée de juger des officiers « putschistes » :

> Je déclare sur la foi du serment que Godot, comme une centaine d'autres officiers, a reçu l'ordre à cette époque de torturer pour recueillir des renseignements... Ne me demandez pas qui a donné l'ordre. Mais je sais le viol qu'a subi l'exécutant. Pour un jeune saint-cyrien, tous les mythes et toutes les illusions s'écroulent dès ce moment... Pourquoi n'auraient-ils pas exécuté l'ordre puisqu'on leur donnait un but qui avait une finalité transcendante et qu'on leur présentait cela comme une croisade ? On leur disait que la fin justifiait les moyens et que la victoire de la France en dépendait. Mais cette justification s'écroule lorsque la fin n'est pas atteinte. On a le sentiment d'une souillure passée et cette souillure remonte... [54] »

En dehors même du fait que la torture se pratiquait aussi par sadisme et sans souci de protéger des vies, les dernières phrases du capitaine Estoup sont terribles : qu'aurait-on dit si un officier allemand avait affirmé que seule la défaite créait l'illégitimité rétrospective d'un acte criminel ? Ou, plus tard, un officier argentin ayant pratiqué la torture sur les opposants du régime en place ? Et, quand, en France, on a tendance à ne pas vouloir comprendre comment des hommes et des femmes – Allemands en 1934 ou 1935, compatriotes sous Vichy, soldats et fonctionnaires en Algérie – ont pu détourner les yeux plutôt que de protester, que d'intervenir contre les violations de la légalité, il convient de rappeler les témoignages sur ce qui s'est passé en plein Paris en octobre 1961. Certes, dans ses Mémoires, le préfet de police Maurice Papon parle simplement d'une manifestation de 20 000 Algériens bloquée par les forces de l'ordre avec 11 730 arrestations [55]. Mais il est permis de ne pas ajouter foi à son récit, surtout en voyant qu'il traite de « plumes serviles » ceux qui ont parlé des matraquages, des morts et des vivants jetés à la Seine, et en constatant qu'il se garde d'évoquer l'intervention à l'Assemblée nationale, d'un député aussi modéré – mais pas modérément épris du respect des droits – que Eugène Claudius-Petit :

> Palais des sports. On y amène des groupes d'hommes pris dans les rafles. Étant donné leur état, on fait appel à des médecins militaires. Ce sont des appelés... Je ne raconterai que ce qu'a vu la troisième équipe, celle qui a pris son service entre mercredi 18 heures et jeudi 9 heures. Elle a examiné 210 blessés à elle seule... La plupart des blessés avait le cuir chevelu fendu, les mains brisées... Bousculés dans les escaliers, les hommes sont tombés en masse. Certains sont passés deux fois devant le médecin, car ils furent frappés après avoir été soignés et leurs plaies refermées par des points de suture...

Le lendemain, 31 octobre, c'est Gaston Defferre qui dit :

> Il est assez paradoxal, à moins que ce ne soit révélateur, que ce soient des hommes qui, il y a quelques mois encore, se prononçaient pour l'intégration de l'Algérie, qui nous parlaient de fraternisation entre les musulmans et les Français, de Français à part entière, président à ce qu'on appelle les « ratonnades »... Les faits sont là qui prouvent que non seulement à chaud, pendant la manifestation... mais à froid, le lendemain et les jours – je ne dis pas le jour – qui ont suivi la manifestation, les traitements infligés aux musulmans qui habitent Paris ont été plus qu'inhumains... Ces faits sont réprouvés par la majorité de la police de ce pays. J'ai eu la

curiosité, pour m'informer, de prendre contact avec les syndicats de la police. J'ai trouvé en face de moi, ces jours derniers encore, des hommes atterrés... qui condamnent les actes que nous venons de rappeler... Si, après les 17 et 18 octobre, on a pu assister à ces matraquages et à ces assassinats, c'est soit parce que des ordres n'avaient pas été donnés, soit – ce qui est pis encore – parce qu'on avait laissé entendre à ces policiers qui déshonorent notre administration qu'ils pouvaient se livrer à ce genre de méfaits.

Les manifestants n'avaient pas d'armes. Avant, pendant, après la manifestation, les morts se sont multipliés. Les témoignages surabondent, notamment dans le livre publié en 1985 par Michel Lévine qui rappelle des faits tels que : « Sept corps arrivent au cimetière parisien de Thiais, le 31 octobre, en provenance de l'Institut médicolégal. Les cadavres, ne possédant aucune identité, sont enregistrés sous la mention " Inconnu musulman d'Algérie " et enterrés dans la fosse commune 97. » Il y aurait eu deux cents tués. L'accès à la vérité s'est trouvé d'emblée entravé par une mécanique hélas nullement inhabituelle : le gouvernement rejette la proposition de créer une commission d'enquête parlementaire, puisque des procédures judiciaires ont été engagées – qui aboutissent ensuite toutes à un non-lieu, aucune plainte ne débouchant sur la moindre inculpation.

Quelques mois plus tard, l'amnistie intervenait de toute façon. Deux décrets ont été pris le 22 mars 1962. Le premier se trouvait inclus dans les accords d'Évian : « En vue de permettre la mise en œuvre de l'autodétermination des populations algériennes... sont amnistiées toutes infractions commises avant le 20 mars 1962 en vue de participer ou d'apporter une aide directe ou indirecte à l'insurrection algérienne. » L'article premier de l'autre disait : « Sont amnistiées les infractions commises dans le cadre des opérations de maintien de l'ordre dirigées contre l'insurrection algérienne avant le 20 mars 1962. » Quatre ans plus tard, la loi du 17 juin 1966 « portant amnistie d'infractions contre la sûreté de l'État ou commises en relation avec les événements d'Algérie » évoquait non plus le FLN, mais l'insurrection contre le gouvernement légal, l'OAS et la lutte contre elle. La loi du 31 juillet 1968 a amnistié de plein droit toutes les infractions commises en relation avec les événements d'Algérie, y compris celles « commises par des militaires servant en Algérie pendant la période ».

« Ainsi, par extensions successives depuis vingt ans... tout a été oublié, je dis bien tout : délits, crimes de sang, tentatives d'assassinat, assassinats, atteinte à la sûreté de l'État, rébellion, et j'en passe. » Ainsi parla, le 21 octobre 1982, le député socialiste Gérard Gouze, rapporteur du « projet de loi relatif au règlement de certaines conséquences des événements d'Afrique du Nord ». Il s'agissait de reconstitution de carrière et de réintégration dans le cadre de réserve des officiers et généraux condamnés ou sanctionnés pour avoir participé à la subversion. Le problème divisa profondément le parti socialiste. La question des crimes commis contre les Algériens musulmans fut peu soulevée, sauf par les orateurs communistes. Mais le député gaulliste Jean Foyer, ancien ministre de la Justice, rappela un aspect de ces crimes dans son intervention contre le projet. Celui-ci rétablissait les anciens condamnés dans leurs droits à une pension complète, avec bénéfice étendu aux familles en cas de décès.

> Vous parlez de leurs familles ? Moi, je pense aux familles de ceux qu'ils ont tués. Il ne faut tout de même pas oublier dans quelles conditions fut assassiné, avec un raffinement rare dans la préméditation, le commissaire Gavoury à Alger; il ne faut oublier ni les innombrables victimes des commandos Delta, ni les effroyables assassinats commis par ces bandes qui, le soir, dans la campagne algéroise, s'en allaient en voiture découverte, armées de pistolets mitrailleurs, tuer les enfants musulmans qui jouaient au bord des routes.

Pour présenter le projet, le Premier ministre, Pierre Mauroy avait dit : « Un peuple est toujours plus fort lorsqu'il parvient à surmonter ses divisions et à réintégrer ses citoyens égarés... Le pardon n'est pas l'oubli. Il n'implique aucune approbation des faits qui, hier, ont provoqué les condamnations. » Certes, mais que de crimes à jamais impunis! Que de sanctions aussi nullement effacées prises contre ceux qui avaient voulu les dénoncer et en éviter de nouveaux! Il ne s'agit pas de dire que nombre d'officiers rebelles n'avaient pas d'excellentes raisons de se révolter en se sentant trompés, en se voyant contraints d'abandonner les hommes et les femmes, musulmans ou non, qu'ils avaient promis de protéger. Que de noblesse chez un Hélie de Saint Marc, résistant, déporté à Buchenwald, participant au putsch d'Alger à la tête du Iᵉʳ régiment étranger de parachutistes, puis condamné à dix ans de prison, libéré en 1966 [56]!

Mais qui a vraiment rendu justice au général de Bollardière, frappé de soixante jours de forteresse, arrêté dans sa carrière, en 1957, pour le motif suivant, donné par le Conseil des ministres : « A approuvé, par une lettre publiée dans la presse avec son assentiment, une campagne portant atteinte à l'honneur des troupes qu'il avait eues sous ses ordres » ? La lettre, adressée au directeur de *l'Express,* Jean-Jacques Servan-Schreiber, qui venait, dans son livre *Lieutenant en Algérie,* d'évoquer quelques volets des méthodes de la répression, disait [57] :

Mon cher Servan-Schreiber,
... Je pense qu'il était hautement souhaitable qu'après avoir vécu notre action et partagé nos efforts, vous fassiez votre métier de journaliste en soulignant à l'opinion publique les aspects dramatiques de la guerre révolutionnaire à laquelle nous faisons face et l'effroyable danger qu'il y aurait pour nous à perdre de vue, sous le prétexte de l'efficacité immédiate, les valeurs morales qui, seules, ont fait jusqu'à maintenant la grandeur de notre civilisation et de notre armée...
Général Pâris de Bollardière
Grand Officier de la Légion d'honneur
Compagnon de la Libération

L'oubli imposé par l'amnistie n'a constitué que l'un des ingrédients d'un oubli plus généralisé. Tout au plus peut-on trouver trace d'actions négatives passées dans l'esquisse du devoir de désobéissance figurant dans la nouvelle législation applicable à l'armée. En effet, l'article 15 de la loi du 13 juillet 1972, modifiée par la loi du 30 octobre 1975, portant statut général des militaires, dit :

Les militaires doivent obéissance aux ordres de leurs supérieurs et sont responsables de l'exécution des missions qui leur sont confiées.

Toutefois, il ne peut leur être ordonné et ils ne peuvent accomplir des actes qui sont contraires aux lois et aux coutumes de la guerre et aux conventions internationales ou qui constituent des crimes et des délits, notamment contre la sûreté et l'intégrité de l'État...

Dans le même sens, le décret du 18 mars 1986 « portant code de déontologie de la police nationale », dit :

Art. 7 Le fonctionnaire de police... a le respect absolu des personnes, quelles que soient leur nationalité ou leur origine, leur condition sociale ou leurs convictions politiques, religieuses ou philosophiques.

Art. 10 Toute personne appréhendée est placée sous la responsabilité et la protection de la police ; elle ne doit subir, de la part des fonctionnaires de police ou de tiers, aucune violence ni aucun traitement inhumain ou dégradant.

Mais ce texte est né de faits plus récents que ceux liés à la guerre d'Algérie. Déjà traitée à l'époque par la presse et surtout par la radiotélévision publique avec une retenue fort différente de l'engagement des médias américains pour la guerre du Viêt-nam, celle d'Algérie est tombée en quelque sorte dans un double trou de mémoire. L'un, surprenant, a été le silence des rappelés après leur retour : on ne saurait dire qu'il y ait eu abondance de récits! L'autre, plus habituel, est celui du cinéma et des autres médias. Silence dû en partie à la crainte des réactions dans l'opinion, spontanées ou non. Que de censures, en 1970, contre le film *La Bataille d'Alger!* [58] Que de réactions violentes aux films pourtant peu agressifs de Pierre Schoendoerffer! Et lorsque, en février 1989, l'un de ceux-ci, *L'Honneur d'un capitaine* – vraiment peu disert sur la répression dans son étendue – passe aux « Dossiers de l'écran », c'est après le refus des chaînes françaises de passer les cinq films documentaires d'une heure qu'une production anglo-belge, Channel 4-RTBT, a consacrés à l'Algérie de 1830 à 1962. Diffusée dans nombre d'autres pays, l'œuvre était faite d'interviews et de documents d'archives, surtout étrangers : les émissions de la télévision française n'en contenaient guère.

Il n'est même pas besoin de décrire trois œuvres cinématographiques majeures – *Missing, Under Fire, The Killing Fields* (« La déchirure ») – dans et par lesquelles des Américains ont critiqué avec vigueur et talent, parfois jusqu'à l'excès, le comportement de leur pays en Amérique du Sud, en Amérique centrale et au Cambodge, pour trouver nombreux et vastes les non-lieux de la mémoire française et pour s'étonner un peu de voir un excellent historien français ironiser sur la façon dont on raconte l'histoire aux enfants à travers le monde, en oubliant d'esquisser un inventaire des lacunes françaises [59]. Des non-lieux sélectifs. Il y a les domaines à protéger avec une piété pouvant aller jusqu'à l'intolérance. Ainsi la loi du 20 juillet 1988 portant amnistie, adoptée au lendemain de la réélection de François Mitterrand, comporte un chapitre V : « Exclusions de l'amnistie. » Parmi les 17 exclusions prévues, on trouve au paragraphe 13 : « les délits d'apologie des crimes de guerre, des crimes contre l'humanité et des crimes et délits de collaboration avec l'ennemi ». En revanche, une information donnée en avril 1982 par la presse algérienne ne souleva pas les passions en France. Un charnier contenant les ossements de 834 cadavres aurait été découvert à Khenchela, dans l'Aurès, sur l'emplacement d'un ancien centre de regroupement de la Légion étrangère. Les squelettes, dont certains porteraient des traces de brûlures et dont d'autres auraient le crâne fracassé, seraient entassés les uns sur les autres dans tous les sens. Peut-être était-ce un charnier dû au FLN. Peut-être aussi la nouvelle était-elle exacte et vérifiable. Les autorités françaises n'ont pas trouvé utile d'aller vérifier. Khenchela n'a pas à devenir un lieu de la mémoire française.

A quoi servirait-il qu'il le devînt ? A éviter que les non-dits, les non-lieux de la mémoire continuent à permettre une constante autoglorification, terriblement irritante pour les autres, tout disposés pourtant à admirer les pages brillantes de notre histoire, à condition que nous ne gommions pas les moins glorieuses. A s'interroger sur les silences, les aveuglements, les complicités sans lesquels tel ou tel crime n'aurait pu être commis au nom de la France ; cette interrogation devrait aboutir au ferme propos de ne plus se laisser aveugler, fût-ce par les obscurités de fusillades meurtrières dans la lointaine Nouvelle-Calédonie. A relativiser enfin la mémoire, pour que son évocation nostalgique ou même béate n'entrave plus la marche vers les réalités de demain, au sein desquelles la France a un rôle d'autant plus important à jouer qu'elle n'exigerait plus des privilèges simplement fondés sur l'Histoire.

Notes du chapitre 4

1. *Les Lieux de la mémoire*, dir. par Pierre NORA, Gallimard, 1984-1986, 4 vol. 674, 658, 662, 669 p. (dont « contre-mémoire » sur seulement la Vendée et le Mur des Fédérés, t.I, p. 595-649). A compléter absolument par Suzanne CITRON, *Le mythe national. L'histoire de France en question*, éd. Ouvrières, 1987, 320 p.

2. Réflexions éclairantes de Jean-Denis BREDIN « Le Droit. Le Juge et l'Historien » et de Georges KIEJMAN, « L'histoire devant ses juges » dans *Le Débat*, nov. 1984, p. 95-125.

3. Denise BOMBARDIER, *La Voix de la France*, R. Laffont, 1975, p. 295.

4. Pierre MIQUEL, *Les Guerres de religion*, Fayard, 1980, 598 p., p. 124 et 131.

5. Janine GARRISSON, *Les Protestants au XVe siècle*, p. 236-237 et p. 282-284, Fayard, 1988, 413 p.

6. J. GARRISSON, *L'Édit de Nantes et sa révocation. Histoire d'une intolérance*, Seuil, « Points », 1985, 312 p.

7. P. MIQUEL p. 502-503. Texte du film dans *L'Avant-Scène-Cinéma*, févr. 1972. Textes particulièrement éclairants chez Philippe JOUTARD, *Les Camisards*, Gallimard « Archives », 1976, 250 p.

8. Appréciation globale p. 204 de J. GARRISSON, *La Saint-Barthélemy*, Complexe, 1987, 220 p.

9. Sur la pratique ancienne, v. p. ex. Jacqueline FREYSSINET-DOMINJON, *Les Manuels d'histoire de l'école libre*, 1882-1959, Colin, 1969, 294 p.

10. Voir Jean BAUBÉROT, *Le Protestantisme doit-il mourir ?* Seuil, 1988, 285 p.

11. Il est dommage qu'Alice GÉRARD n'ait pas donné un prolongement à *La Révolution française*. Mythes et interprétations, 1789-1970, Flammarion, 1970, 140 p. Voir cependant les bilans de Jacques SOLÉ, *La Révolution en questions*, Seuil « Points » 1988, 418 p. et Gérard BELLOIN, *Entendez-vous dans vos mémoires ?* Les Français et leur révolution, La Découverte, 1988, 270 p.

12. Louis MADELIN, *Fouché*, Plon, 1923, tome I, chap. 5.

13. M. VOVELLE, *La Mentalité révolutionnaire*, éd. sociales, 1985, p. 58 et 62.

14. F. FURET, *Penser la Révolution*, Gallimard, nlle. éd. 1983, p. 26.

15. Marc BOULOISEAU, *La République jacobine*, Seuil, 1972, p. 18 cité dans *Commentaire*, n° 44, Hiver 88-89.

16. Jean-François FAYARD, *La Justice révolutionnaire*, Chronique de la Terreur, R. Laffont, 1987, 305 p. (préface p. 11-15).

17. Par contraste : Janis LANGINS, *La République avait besoin de savants*. Les débuts de l'École polytechnique, Belin, 1987, 287 p.

18. R. SECHER, *op. cit.*

19. Roger DUPUY, *De la Révolution à la chouannerie*, Flammarion, 1988, 365 p.

20. Jean-Clément MARTIN, *La Vendée et la France*, *op. cit.*

21. *Id : Une guerre interminable*. La Vendée 200 ans après. Nantes, 1985, 158 p. (cit. p. 93, 98-99, 111-112).

22. Élie FOURNIER P. 218-219, *Turreau et les colonnes infernales*, A. Michel, 1985, 271 p. (cit. précédentes p. 50-51 et 77).

23. Bernard PLONGERON, *Théologie et politique au siècle des Lumières 1770-1820*, Droz, 1973, 408 p. (chap. 3 « Combats révolutionnaires pour une théologie de la sécularisation »).

24. Jean-René AYMES P. 49, *La Guerre d'indépendance espagnole*, 1808-1814, Bordas, 1973, 158 p.

25. *Quand la France occupait l'Europe*, Le Portulan, 1948, 549 p. (chap. 13 « Les horreurs espagnoles »).

26. V. le pugnace dernier chap. « Les transfigurations idéologiques de la Commune de Paris » de William SERMAN, *La Commune de Paris*, Fayard 1986, 622 p. (cit. p. 523 et 526).

27. Cit. dans André Zellier, *Les Hommes de la Commune*, Perrin, 1969, 470 p. (p. 395).

28. Henry Rousso, *Le Syndrome de Vichy. 1944-198.*, Seuil, 1987, 382 p.

29. Parmi les livres récents, *Les Camps en Provence*. Exil, internement, déportation 1933-1944, dir. par J. Grandjonc, Aix-en-Provence, Alinéa, 1984, 235 p.; Claude Laharie, *Le Camp de Gurs 1939-1945*, Biarritz-Pau, 1985, 397 p. Dans le catalogue de l'exposition, l'introd. de Barbara Vormeier dans la dernière partie est particulièrement éclairante.

30. Hervé Villeré, *L'Affaire de la Section spéciale*, Fayard, 1973, 398 p..

31. V. le roman-témoignage plein de dignité de Jacques Weygand, *Le Serment*, Flammarion, 1960, 249 p.

32. Cité p. 429 du livre fondamental d'Otto Kirchheimer, *Political Justice*, Princeton U.P., 1961, 452 p.

33. Claude Levy, Paul Tillard, *La Grande rafle du Vel' d'Hiv'*, Laffont, 1967, 269 p.

34. Point très bien dégagé par Serge Klarsfeld dans *Vichy-Auschwitz,* Fayard, 1983-1985, 2 vol. 544, 410 p.

35. Anne Brassié, *Robert Brasillach*, Laffont, 1987, 480 p. Texte de la lettre de Camus dans J. Baldran, C. Bochurberg, *Brasillach ou la célébration du mépris*. A J. Presse, 1988, 160 p.

36. Documents les plus récemment publiés dans Michel Slitinsky, *Le Pouvoir préfectoral lavalliste à Bordeaux,* Bordeaux, Wallada, 1988, s.p.

37. Pierre Pierrard, *Juifs et catholiques français, op. cit.,* Jacques Duquesne, *Les Catholiques français sous l'Occupation*, Grasset, 1966, éd. augm. 1986, 477 p. (Voir l'essai bibliographique ci-après.)

38. J.-M. Lustiger, *Le Choix de Dieu,* Entretiens avec J.L. Missika et D. Wolton, de Fallois, 1986, (p. 292).

39. V. Henri Troyat, *Gorki*, Flammarion, 1986, 262 p.

40. V. notamment le recueil sobre de Stéphane Courtois et Adam Rayski, *Qui savait quoi ?* La Découverte, 1987, 236 p. Le livre de Souvarine a été réédité en 1985 (Lebovici, 639 p.) avec la préface-récit écrite par l'auteur en 1977.

41. *Pour la vérité sur les camps concentrationnaires,* Éd. du Pavois, 1951, p. 194.

42. Texte complet du passage de M. Buber-Neumann à la barre des témoins, p. 261-282 du *Procès Kravchenko*, A. Michel, 1949, 2 vol. 676, 648 p. Contexte dans Guillaume Mallaurie, *L'Affaire Kravchenko*, R. Laffont 1982, 477 p. Germaine Tillion, *Ravensbrück*, Seuil, rééd. augm. 1988, 477 p. complète

M. Buber-Neumann. *Déportée en Sibérie*, Seuil, 1949, 256 p.; *Déportée à Ravensbrück*, Seuil, 1988, 329 p.

43. Cité p. 121 du livre solide et terrible de Jeannine VERDÈS-LEROUX, *Au service du Parti*. Le parti communiste, les intellectuels et la culture 1944-1956, Fayard, 1983, 585 p.

44. P. 41 de Emmanuel LE ROY LADURIE, *Paris-Montpellier*, PC-PSU, 1945-1963, Gallimard, 1982, 262 p.

45. V. la pénétrante analyse de l'autocritique de Claude Roy par J. VERDÈS-LEROUX, p. 456-458.

46. P. 79-80 de Michel-Antoine BURNIER, *Le Testament de Sartre*, O. Orban, 1982, 205 p.

47. V. J. VERDÈS-LEROUX, « La mémoire indestructible », *Le Genre humain*, 1983, n° 9. Pour les silences sur la Chine communiste. Cf. chap. 5.

48. V. maintenant p. 163-188 de Gilbert COMTE, *L'Empire triomphant*, 1871-1936, tome I. L'Afrique occidentale et équatoriale, Denoël, 1988, 390 p.

49. V. les documents réunis par Philippe DEVILLERS, *Paris-Saigon-Hanoi*, Gallimard « Archives », 1988, 397 p.

50. La thèse du 3e cycle de Jacques TRONCHON, *L'insurrection malgache de 1947*, Maspero, 1974, 399 p., reste isolée.

51. Texte p. 139-152 de *Les Crimes de l'armée française*, dossier réuni par Pierre VIDAL-NAQUET, Maspero, 1975, 172 p.

52. Textes dans L.-E. DUVAL, *Au nom de la Vérité*, Algérie 1954-1962, Cana, 1982, 185 p.

53. J. DUQUESNE, *L'Algérie ou la guerre des mythes*, Desclée de Brouwer, 1958, 202 p. A. PHILIP, *Le Socialisme trahi*, Plon, 1957, 241 p.

54. Cité par A. GROSSER, « La torture, l'oubli et l'histoire allemande », *La Croix*, 8-8-1962.

55. M. PAPON, *Les Chevaux du Pouvoir*, Plon, 1988, p. 207-221 ne tient aucun compte des témoignagnes rassemblés par Michel LÉVINE, *Les ratonnades d'octobre*. Un meurtre collectif à Paris en 1961. Ramsay, 1985, 312 p.

56. V. Laurent BECCARIA, *Hélie de Saint-Marc*, Perrin, 1988, 317 p.

57. Texte dans Jean TOULAT. *Un combat pour l'honneur. Le général de Bollardière*, Le Centurion, 1987, 213 p.

58. V. A. GROSSER, « Des censeurs par millions », *Le Monde* du 14-6-1970 et « L'esprit de censure », *L'Expansion* du 21-6-1985.

59. Marc FERRO, *Comment on raconte l'Histoire aux enfants à travers le monde entier*, Payot, 1981, 317 p.

5

DANS LE MONDE D'AUJOURD'HUI...

Passés sanglants et suites.

A quoi bon évoquer le passé, solliciter la mémoire ou encore s'interroger sur les mémoires alors que tant de crimes sont commis dans le présent ? Ne devrait-on pas provoquer chez chacun le désir prioritaire de trouver le moyen, si petit soit-il, qui puisse contribuer à les faire cesser ? Ainsi pour les méthodes de guerre : le long affrontement sanglant entre l'Iran et l'Irak a vu le gaz s'ajouter aux balles et aux bombes et aussi la mort en masse d'adolescents fanatisés, pendant qu'au Liban on continue à s'entre-tuer, entre chrétiens et musulmans, entre musulmans, entre chrétiens. Ainsi pour la torture : lorsque, au début de 1989, Amnesty International décrit la pratique, en Irak, de méthodes particulièrement horribles infligées à des enfants, bébés compris, pour faire parler la mère ou par pur goût de faire souffrir, l'organisation ajoute simplement une touche nouvelle au sombre tableau qu'elle présente chaque année, après avoir écrit dans un bilan de 1984 :

> La triste vérité, c'est que la torture demeure un mal présent dans les années quatre-vingt. Les méthodes sont variées, depuis l'ancienne *falanga* (bastonnade sur la plante des pieds), jusqu'à la cagoule faite d'une chambre à air dans laquelle on verse de la chaux vive au Guatemala, en passant par l' « esclave noir » en Syrie, un appareil électrique qui

introduit dans l'anus de la victime ligotée une branche métallique chauffée, ou par les « cachots noirs » du Rwanda, dans lesquels des prisonniers ont été maintenus dans l'obscurité absolue pendant une année ou plus. Avec certaines méthodes, l'administration forcée de drogues douloureuses dans les hôpitaux psychiatriques soviétiques, les techniques de privation sensorielle ou l'emploi des électrodes devenus désormais un outil quasiment universel, il devient plus difficile de prouver des faits de torture et de mauvais traitements.

Dans de nombreux pays, la torture frappe pratiquement toutes les classes sociales, tous les âges, toutes les professions. ... Dans les années soixante-dix, un certain nombre de gouvernements qui autorisaient la pratique de la torture sont tombés... Ces changements de gouvernement, les découvertes qui ont suivi, ainsi que les procès, ont permis d'avoir confirmation que, dans chacun de ces pays, la torture avait effectivement existé à grande échelle... Malheureusement, les gouvernements qui ont été mis en place dans ces États n'ont pas toujours empêché la réapparition de la torture [1]...

Pourtant, presque partout et presque constamment, la mémoire est présente. Pour justifier ou du moins expliquer. Pour comparer avec le passé, fût-il récent. Pour rendre compte des évolutions du présent. Pour juger le présent en fonction du passé – celui des siens, celui de l'adversaire, celui des bourreaux ou celui des victimes. Hitler, la guerre d'Espagne, les Kurdes victimes de génération en génération, la mémoire arménienne au cœur de nouveaux drames, le « stalinisme » au cœur de l'évolution de l'URSS et des pays qu'elle domine, la Chine sous le signe du jugement à porter sur Mao, le pouvoir au Cambodge comme enjeu d'une lutte à laquelle participent les Khmers rouges impunis, les États-Unis, sujets et objets d'un débat multiforme sur la guerre du Viêt-nam et accusés en permanence d'avoir soutenu, de soutenir, de provoquer le crime partout où pèserait leur présence impériale ; les tueries entre pays pauvres attribuées à des crimes passés des riches ; l'enchevêtrement des mémoires et des actions présentes dans les possibles Balkans de la troisième guerre mondiale, c'est-à-dire le Proche-Orient – où donc les souffrances de notre temps sont-elles vraiment indépendantes des mémoires des criminels, des victimes, des témoins ?

En France, il est vrai, les espoirs et les craintes face à l'Europe communautaire, les débats sur les mécanismes économiques et sur les fragilités sociales ont relégué à l'arrière-plan les références historiques. Même en année de commémoration, la Vendée pèse peu par rapport au statut des fonctionnaires. Et la discussion passionnée entre historiens sur l'épaisseur des racines françaises du fascisme, sur la nature fasciste de tel courant à tel moment donné, n'a guère de répercussion sur les mentalités, sur la réalité politique, sur l'Histoire en train de se faire. La mémoire est plus vivante, plus liée aux choix du présent quand il s'agit de juger ce qui se passe ailleurs, du côté d'Israël ou du côté de Moscou, dans l'Afrique lointaine ou dans l'Allemagne proche.

Là, au contraire, la présence de Hitler dans le passé constitue une donnée constante de la politique extérieure et intérieure, et aussi d'attitudes sociales de tous ordres. Peu avant l'annonce, en octobre 1988, que le prix Nobel de la Paix, était attribué aux Casques bleus de l'ONU, la majorité des Allemands, du moins à travers les articles et discours de ceux qui sont supposés les exprimer, a rejeté l'idée de la présence de soldats allemands au sein de ces unités pourtant dépourvues de toute agressivité : la mémoire de Hitler s'oppose à l'envoi hors d'Europe du moindre militaire allemand. Dans les rapports avec la France, elle constitue, avec la présence de celle-ci parmi les Quatre conservant des éléments de la souveraineté allemande et sa possession de l'arme atomique, l'un des trois éléments de la faiblesse allemande compensant la supériorité économique de la République fédérale. L'absence d'une politique d'encouragement à la natalité, face à la menace de dépeuplement, vient pour une part du souvenir du natalisme hitlérien définitivement disqualifié. Dans les discussions sur l'évolution des régimes communistes et avec des représentants de ces régimes, que de scrupules pour évoquer les crimes « staliniens » ! Les crimes allemands commis contre l'URSS n'interdisent-ils pas à tout Allemand d'évoquer des faits qu'un Français aurait le droit de brandir ? Et si la livraison d'éléments d'usines permettant de fabriquer des armes chimiques en Libye a provoqué une telle émotion – en Allemagne et hors d'Allemagne – c'est parce que le mot gaz a évidemment une connotation allemande spécifique.

Si le passé hitlérien constitue une donnée constante de la politique allemande, l'autre grand vaincu de 1945, devenu lui aussi grande puissance économique, n'est pas du tout dans la même situation. D'emblée, le vainqueur américain, seul occupant maître du Japon dans la défaite, avait choisi une conception de l' « année zéro » fort différente de celle qui était appliquée à l'Allemagne. Certes, le général MacArthur assumait un pouvoir illimité, mais l'empereur Hirohito, tout en renonçant à sa nature divine, restait sur le trône. Les criminels de guerre jugés et condamnés n'étaient pas supposés liés au souverain par une obéissance, une fidélité impliquant une responsabilité ultime dans leurs crimes. Quarante ans plus tard, l'effacement du passé est devenu une sorte de tâche d'État. Un comité d'orientation nommé par le gouvernement et siégeant dans l'anonymat et le secret, impose un processus de réécriture aux manuels d'histoire. Même la naissance de la Constitution sous contrôle américain est devenue un sujet banni [2]. En même temps, tel film à grand spectacle et à grande diffusion montre l'empire du Japon sous les traits les plus positifs, y compris pour la Seconde Guerre mondiale, le général Tojo, ultérieurement exécuté par les Alliés, se voyant attribuer toutes les vertus.

La mort puis les funérailles de l'empereur, le 7 janvier et le 24 février 1989, ont ainsi été inévitablement marquées par l'ambiguïté sinon l'hypocrisie. Alors que le ministre de la Défense de Nouvelle-Zélande, Bob Tizard, déclarait : « Hirohito aurait dû être fusillé ou publiquement décapité à la fin de la guerre. ... Des centaines de mes amis et des milliers d'autres ont été massacrés par les Japonais après avoir été faits prisonniers », les télégrammes de condoléances de François Mitterrand et de Ronald Reagan présentaient les choses autrement. « J'apprends avec peine, disait le président de la République française, le deuil qui frappe le Japon en la personne de l'empereur Hirohito qui a su, à travers la tourmente de l'histoire, incarner la continuité de la nation. »

Le président des États-Unis disait que le défunt avait joué « un rôle véritablement héroïque en mettant fin aux hostilités entre nos deux peuples et en conduisant le peuple japonais dans une période de reconstruction et de réconciliation dont le résultat est la prospérité que les Japonais connaissent actuellement ». Sauf quelques voix isolées, tout le monde a semblé donner tort à un professeur d'université japonais écrivant dans *le Monde* : « On ne peut pas connaître l'histoire du Japon si on ne parle pas des atrocités commises au nom du régime impérial. Bien des maux moraux, sociaux, politiques du Japon moderne nous viennent de cette triste période de notre histoire. »

L'empereur ne savait pas qu'il garderait son trône et qu'il l'occuperait finalement au total pendant soixante-deux ans lorsque, par un acte d'autorité rare, il imposa aux ministres et aux généraux la fin de la guerre et la capitulation. Victor Emmanuel III, lui, avait constamment couvert, légitimé, les actes de Mussolini lorsque, le 25 juillet 1943, il révoqua le dictateur. Il n'en fut pas moins contraint d'abdiquer en 1946 après avoir dû déléguer ses maigres pouvoirs à son fils dès 1944. Est-ce le changement de camp de 1943 ? Est-ce la participation italienne aux ultimes combats contre Mussolini et contre Hitler ? Est-ce le souvenir de la résistance antifasciste ? Le poids du passé ne nuit guère à l'Italie républicaine des décennies d'après-guerre. La vraie raison n'en est-elle pas que les crimes commis au-dehors par l'Italie fasciste ont été limités en nombre et en extension, presque dérisoires comparés à ceux de l'Allemagne ? Au-dedans, il en a largement été de même. Certes, le débat et les combats sur les survivances du fascisme n'ont jamais cessé, mais l'évocation des prisons, des répressions politiques et culturelles, est d'un autre ordre que le contenu tragique des mémoires allemandes. La barbarie hitlérienne pouvait se donner libre cours grâce à la dictature. La dictature mussolinienne a certes eu des aspects barbares, mais l'essentiel, pour la République italienne a été de prouver que, fondée sur la démocratie, elle a définitivement rejeté le système dictatorial. Pour la République fédérale d'Allemagne, la pratique de la démocratie ne suffit nullement pour échapper à la mémoire, non de la dictature, mais du crime.

Le général Franco n'a pas accompagné dans leur chute les dictateurs qui lui avaient permis de vaincre, en 1939, dans une guerre qui fut à la fois civile et internationale. Il n'a même pas eu à démocratiser le régime et il a pu rester dictateur jusqu'à sa mort en 1975. En 1945, il avait pourtant paru promis à un départ prochain. En France, les clivages de 1936-1937 n'étaient plus de saison, alors que Léon Blum avait renoncé à aider efficacement les républicains par crainte d'une guerre civile française; à la Libération, même les catholiques conservateurs savaient gré à François Mauriac d'avoir montré, quelques années auparavant, que le catholicisme français ne soutenait pas l'Église espagnole, solidaire de Franco. Dans les années cinquante cependant, la mémoire d'une guerre qui impliquait des communistes changea de sens dans l'Amérique des déchaînements de la Guerre froide : le grand savant atomiste Robert Oppenheimer n'était-il pas évidemment coupable de trahison au profit de l'URSS puisqu'il avait manifesté sa sympathie pour les républicains espagnols – comme l'avaient fait pourtant les gouvernements de Paris et de Londres et, avec plus de prudence encore, celui de Washington ?

La guerre d'Espagne avait été marquée par d'innombrables atrocités diverses. Du côté républicain, si l'on range dans une catégorie particulière les crimes commis clandestinement par les communistes contre leurs alliés anarchistes, les actes les plus inhumains se produisirent dans une sorte de déchaînement anticlérical. Pendant les premiers mois de la guerre plus de six mille évêques, prêtres, religieuses et religieux furent assassinés. Il y eut aussi l'action de milices meurtrières, des massacres dans les prisons. Du côté franquiste, on fit beaucoup plus de victimes pendant les combats, en dehors des combats, parmi la population civile, puis parmi les survivants, une fois la guerre en principe terminée. A partir de ce moment, deux mémoires s'établirent et se manifestèrent. Celle des vaincus, minimisant les crimes républicains, dus au désordre et à une exaspération pour une bonne part légitime, et demandant, à l'aide notamment de romans et de films d'exilés ou d'auteurs français, américains, anglais, que l'oubli ne se fasse jamais sur les crimes franquistes. Celle des vainqueurs, imposant à l'Espagne sous censure la vision d'une croisade justifiée, glorieuse, contre le Mal. Cérémonies et commémorations multiples proclamaient la grandeur des martyrs et la justesse d'une cause dont les ennemis avaient bien mérité d'être châtiés.

Mais dans les années soixante déjà, une double évolution est intervenue. D'un côté, l'Église espagnole a changé à l'époque du concile Vatican II : elle n'a pas seulement pris ses distances à l'égard de la politique sociale du régime, elle a aussi pratiqué une sorte de distanciation rétrospective qui réorientait une mémoire trop simplificatrice [3]. De l'autre, le temps, la durée ont produit leur effet habituel de légitimation. La mobilisation contre un régime solidement installé et de surcroît modernisateur de l'économie devenait de plus en plus difficile au nom de la seule mémoire. Le beau film mélancolique d'Alain Resnais, *La Guerre est finie,* sorti en 1966, traduisait, dans le personnage interprété par Yves Montand, la fatigue de l'antifranquisme vieillissant qui continuait la résistance, en décalage croissant avec les jeunes générations.

Le scénario et les dialogues étaient de Jorge Semprun. Né à Madrid en 1923, l'écrivain franco-espagnol n'a cessé de coopérer à des œuvres de théâtre et de cinéma dénonçant les crimes du pouvoir : crime de silence de Pie XII dans *le Vicaire* de Hochhuth, crimes de l'extrême droite en Grèce avant sa prise de pouvoir et crimes du pouvoir communiste en Tchécoslovaquie après 1948, dans *Z* et dans *l'Aveu* de Costa-Gavras. Or, en 1988, Jorge Semprun est devenu ministre de la Culture dans le gouvernement espagnol, sans avoir trop à se renier. C'est que la mémoire espagnole a connu une profonde transformation. La sortie de la dictature s'est effectuée en grande partie grâce au roi que le général Franco avait voulu comme successeur. Lorsque, en 1981, la Comédie-Française a joué le *Sertorius* de Corneille, la tirade de Pompée, serviteur du dictateur Sylla rendait un son en quelque sorte espagnol :

Je lui prête mon bras sans engager mon âme;
Je m'abandonne au cours de sa félicité,
Tandis que tous mes vœux sont pour la liberté;
Et c'est ce qui me force à garder une place
Qu'usurperaient sans moi l'injustice et l'audace,
Afin que, Sylla mort, ce dangereux pouvoir
Ne tombe qu'en des mains qui sachent leur devoir.

Juan Carlos ne s'est pas contenté de veiller à l'instauration de la démocratie pluraliste, ni même de la sauver en février 1982, alors que le Parlement s'aplatissait devant quelques putschistes. Il a aussi présidé à une sorte de réconciliation des mémoires. Le gouvernement d'Adolfo Suárez, désigné par lui, prépare une réforme politique, procède aux premières élections libres en juin 1977 après avoir courageusement rendu de nouveau légal le parti communiste. La Constitution de 1978 proclame la liberté religieuse sans offenser l'Église postconciliaire. Venus ensuite au pouvoir après les élections d'octobre 1982, les socialistes de Felipe González continuent à encourager l'effacement de la mémoire franquiste (changements de noms de rues, plus de parade militaire pour commémorer le soulèvement du 18 juillet, clôture des archives inventoriant les ennemis du régime vainqueur), sans pour autant proclamer la victoire de la mémoire opposée. Au contraire, le principal sacrifice est celui des démocrates éliminés par Franco dont le souvenir n'est pas ravivé – fût-ce par des noms de rues.

Le temps passé n'a pas été la seule cause de la large réussite d'une telle politique de réunification sans contrainte du souvenir assumé. En fait, les crimes du passé ne prennent pas moins de place dans les mémoires – c'est la mémoire qui tient moins de place dans les esprits, sauf sans doute par le souhait de ne jamais revivre une guerre civile. L'apaisement est d'autant plus aisé à atteindre qu'il existe une forte visée, une forte vision d'avenir. L'entrée de l'Espagne dans l'Europe communautaire, avec ses implications culturelles autant économiques que sociales, dédramatise la mémoire en substituant en quelque sorte l'espérance au deuil. Et au-dehors, l' « attelage » Juan Carlos-González rend caduc le questionnement de l'Espagne d'aujourd'hui au nom des crimes d'hier.

La situation est fort différente en Argentine, alors que là aussi la démocratie pluraliste a remplacé la dictature. Mais, le problème de la mémoire ne pouvait pas ne pas y devenir un problème politique central, dans la mesure où la chute de la junte militaire en 1983 venait immédiatement après sept années de terrorisme d'État. L'armée a perdu le pouvoir à cause de la défaite aux Malouines face à la Grande-Bretagne. Elle n'en a pas cessé d'exister pour autant. Or, c'est sous son contrôle et dans son sein qu'ont été ordonnées, organisées, perpétrées, séquestrations, tortures, détentions clandestines, éliminations massives. Comment enquêter, comment punir, comment et jusqu'où pardonner sans faire un déni de justice face aux victimes et à leurs familles et sans cultiver une mémoire génératrice de divisions profondes et aussi de tentatives de coups d'État successifs ?

Sur les crimes eux-mêmes, une commission nationale sur la disparition de personnes publie son rapport en 1984 sous le titre *Nunca más* (Jamais plus) : 340 camps d'internement clandestins ont fonctionné sous le régime militaire et une liste non limitative de 8 961 disparitions, dont 172 enfants, peut être établie. En 1985, la cour d'appel civile juge à Buenos Aires les juntes au pouvoir entre 1976 et 1983 pour violation des Droits de l'homme et aboutit à la condamnation de cinq anciens commandants des Forces armées sur neuf. La même année, au festival de Cannes, Norma Aleandro reçoit le prix d'interprétation féminine pour son rôle dans *L'Histoire officielle* de Luis Puenzo, oscar du meilleur film étranger aux États-Unis l'année suivante [4]. Professeur plutôt bien-pensante, épouse d'un haut fonctionnaire, Alicia se met peu à peu en quête de vérités terribles : l'enfant que son mari et elle ont adopté est en fait une orpheline, et il est probable que le mari a été un des tortionnaires qui ont fait disparaître les parents. Pudique, discret et par là même bouleversant, le film pose clairement les problèmes de la complicité par l'ignorance, par le refus de savoir ainsi que ceux de la mémoire à acquérir ou à transformer pour que le crime n'en soit plus absent, non pour se complaire dans l'horreur ou dans l'auto-accusation, mais pour que toutes les formes possibles de justice soient rendues aux victimes.

L'Histoire officielle ressemble dans son inspiration à la nouvelle *La Flamme du sacrifice* d'Albrecht Goes, qui évoquait l'autopunition d'une bouchère restée d'abord inattentive au sort des Juifs; c'est la complicité par absence de volonté de savoir qui est au cœur du sujet et non la punition des coupables. Mais le gouvernement argentin devait, lui, décider qui devait être jugé et puni. Le 22 février 1987, une loi dite du Point final introduisait l'idée de la prescription puisqu'elle empêchait l'ouverture de nouvelles procédures. Puis une autre loi relative, elle, au devoir d'obéissance, est venue entraver la punition d'officiers subalternes tortionnaires ou meurtriers. Ces dispositions n'empêchèrent pas des soulèvements militaires nouveaux, certes limités puis vaincus, mais ne fallait-il pas craindre que chaque défaite ne fût payée de concessions sur la punition et même sur la mémoire des crimes ? Le 21 décembre 1988, le président Raul Alfonsin a répondu par la négative. « Ni le gouvernement ni le pays ne sont disposés à légitimer le terrorisme d'État. » En conséquence, il n'y aurait pas d'amnistie et les poursuites contre la vingtaine d'officiers supérieurs qui restaient accusés d'avoir violé les Droits de l'homme ne seraient pas interrompues.

Il faudra sans doute beaucoup de temps pour que les déchirements argentins puissent laisser la place à une sorte de conscience commune du passé – un passé englobant des crimes gouvernementaux, antigouvernementaux ou semi-gouvernementaux (ceux de groupes parapoliciers ou paramilitaires) antérieurs au coup d'État du 24 mars 1976. Les reproches adressés à Raul Alfonsin du dehors devraient cependant être formulés avec beaucoup de retenue. Le monde démocratique extérieur a-t-il vraiment tout fait pour peser sur les dirigeants argentins ordonnant ou permettant les crimes ? Les « Mères de la place de Mai » manifestant contre les disparitions ont-elles reçu tous les soutiens possibles ? En 1980, le prix Nobel de la Paix décerné à Adolfo Pérez Esquivel a constitué un bel encouragement pour tous les militants argentins des droits et des libertés. Mais deux années auparavant, le championnat mondial de football en Argentine a pu passer pour un soutien au régime, puisque les parties pouvaient se dérouler dans l'enthousiasme du public et des téléspectateurs du monde entier à quelques centaines de mètres de lieux de torture nullement ignorés puisque repérés et dénoncés. Comme pour tant d'autres crimes en d'autres temps et en d'autres lieux, la mémoire du dehors devrait se faire auto-accusatrice plutôt qu'accusatrice.

En Espagne, l'effacement progressif du passé fait partie d'un projet d'ouverture internationale. En Argentine, le passé proche ajoute aux difficultés du présent. Mais de tels cas ne sont-ils pas mineurs, dérisoires, comparés à des tragédies qui ont encore lieu ? Pour les Kurdes, peut-on parler de passé, puisque la persécution et la mort n'ont jamais cessé d'être présentes ? Peut-on parler d'avenir puisqu'on ne perçoit aucun élément de changement dans la situation de victimes qui leur a été faite, qui leur est faite, qui leur sera sans doute encore faite ? Halabaja, 17 mars 1988 : des milliers de Kurdes, hommes, femmes, enfants, meurent par gaz ; le crime irakien fait pour une fois l'objet d'images télévisées. Le 2 décembre 1988, une dépêche d'agence dit : « Au moins 28 000 Kurdes sont toujours portés disparus en Irak, un mois après l'entrée en vigueur de la loi d'amnistie, a indiqué Salah Jlhor, représentant kurde auprès des Nations unies à Genève. Sur ce total, 8 000 personnes de la tribu de l'ancien leader kurde Mustafa Barzani qui furent déportées, depuis 1983, à la demande du président irakien Saddam Hussein. » Il n'est pas excessif de dire que ce genre d'informations existe pour de très nombreux moments de notre siècle, les bûchers turcs de 1937, pouvant, par exemple, pour leur cruauté, soutenir la comparaison avec le gazage de 1988.

Le 10 août 1920, le traité de Sèvres n'avait pas seulement prévu l'existence d'une Arménie libre. Il avait dit aussi : « Une commission siégeant à Constantinople et composée de trois membres respectivement nommés par les gouvernements britannique, français et italien préparera, dans les six mois à dater de la mise en vigueur du présent traité, l'autonomie locale pour les régions où domine l'élément kurde... », cette région pouvant devenir ultérieurement indépendante de la Turquie. Mais, le 24 juin 1923, le traité de Lausanne annulait celui de Sèvres pour les Kurdes comme pour les Arméniens. Et encore, la Turquie de Kemal Ataturk allait-elle violer presque immédiatement l'engagement des articles 38 et 39 de ne faire aucune distinction de naissance, de nationalité, de race ni de religion entre les habitants de la Turquie, ni d'établir aucune restriction contre le libre usage d'une langue quelconque. Déportations d'intellectuels kurdes, interdictions d'enseigner la langue, « turquisation » d'enfants enlevés à leurs parents, allaient entrer dans les habitudes.

Cette dernière forme de destruction d'une collectivité rend particulièrement difficile l'établissement de chiffres démographiques, surtout quand les gouvernements refusent de donner des précisions même élémentaires. Tout au plus peut-on considérer comme non invraisemblable l'existence d'environ 8 à 9 millions de kurdophones en Turquie, de 5 millions en Iran, de 3 millions en Irak, de 800 000 en Syrie et de 300 000 en URSS. Avec des fluctuations subites : en 1988, la Turquie a accueilli plus de 100 000 « Irakiens fuyant la mort », en fait des Kurdes cherchant à échapper à une offensive meurtrière des blindés et des avions de Saddam Hussein. Certes, de nombreux soulèvements armés kurdes ont eu lieu depuis les années vingt et les révoltés ont eux aussi commis des massacres. Mais les Kurdes ont surtout été, à maintes reprises, les victimes d'actes criminels massifs et variés commis au nom du gouvernement iranien, du gouvernement turc, du gouvernement irakien. Quand leurs combattants s'alliaient à l'un des pays en guerre contre un des autres, des représailles terribles s'exerçaient sur les Kurdes si l'allié était perdant. Lorsque les relations entre pays dominateurs étaient bonnes – ou même lorsque, comme en 1988, un armistice entre eux rendait leurs armées disponibles –, ils partaient en chasse, séparément ou de concert, contre leurs Kurdes respectifs. Et quand un apaisement se produit – comme lors de la nouvelle Constitution irakienne après le coup d'État de 1958, l'égalité des droits entre Kurdes et Arabes se trouvant proclamée – il est presque toujours de courte durée, simple répit avant une nouvelle répression.

Qu'est-ce alors que le silence des pays se réclamant des Droits de l'homme face à l'Argentine de la Junte ou qu'est-ce que leur tolérance face aux dernières exécutions ordonnées par le général Franco, comparés à l'abstention, à la complicité par rapport aux crimes subis par les diverses populations kurdes ? En juin 1974, l'émir Bedir-Khan, « kurde de naissance et de sang, mais français de cœur et d'adoption » avait écrit au nouveau président de la République, Valéry Giscard d'Estaing : « Mon peuple fait l'objet d'une entreprise de génocide délibérée de la part des autorités de Bagdad... Avec tristesse et stupeur, nous apprenons que la France s'apprête à leur vendre une grande quantité d'armes perfectionnées... Pour l'amour de Dieu, que l'on cesse d'armer les agresseurs de mon peuple [5] ! » En 1966, les massacres au napalm s'effectuaient à partir d'avions de fabrication soviétique. Puis les fournitures françaises se sont faites de plus en plus abondantes. L'Irak n'a assurément pas limité ses crimes contre l'humanité sous la pression des gouvernements français qui n'ont cessé de l'aider !

Aucun des massacres subis par les Kurdes n'a eu l'ampleur de la tentative d'extermination subie par les Arméniens de Turquie en 1915, mais il y a répétition fréquente du crime, menace permanente de son renouvellement, répression culturelle et politique continue. La mémoire serait particulièrement importante non pour évoquer un deuil, mais pour éviter de nouveaux deuils. Il est vrai que les appels de Kurdes d'Europe ne sont pas soutenus par des communautés comparables aux communautés arméniennes. Les instituts kurdes de Paris ou de Bonn reçoivent quelques appuis, mais la cause arménienne est beaucoup plus mobilisatrice, encore que la partialité de la commission des Droits de l'homme de l'ONU joue aussi bien contre les Arméniens que contre les Kurdes.

Le problème du souvenir arménien est devenu particulièrement aigu quand il a pris la forme d'une pression terroriste exercée notamment sur les pays occidentaux. On pourrait distinguer entre deux finalités et deux formes de ce terrorisme. Les buts tantôt distincts, tantôt liés ont été la création d'une entité politique arménienne autonome en Turquie et l'obtention d'une reconnaissance rétrospective de l'existence du génocide par le gouvernement de la Turquie actuelle. Les attentats ont tantôt visé des diplomates turcs, tantôt les passagers d'avions se rendant en Turquie ou même des passants indifférenciés. La justification d'assassinats de représentants de l'État turc était faible : ceux-ci étaient encore moins des « coupables » que le conseiller von Rath à Paris en novembre 1938. La défense des accusés devant les tribunaux était ambiguë, un peu comme l'avait été celle de Soghomon Tehlirian, meurtrier du vrai coupable qu'avait été en 1921 Talaat Pacha : la preuve de l'assassinat avec préméditation n'était pas établie – mais l'accusé semblait avoir toute raison de l'avoir commis. En janvier 1982 la plaidoirie de M⁰ Patrick Devedjian, homme politique français d'origine arménienne, au procès de Max Hrair Kilndjian devant la cour d'assises d'Aix-en-Provence, insistait à juste titre sur la question essentielle du droit à la mémoire. Évoquant l'affaire du monument arménien de Marseille, bloqué sous la pression du gouvernement turc, il montrait comment Kilndjian, Arménien intégré, était devenu militant en découvrant les interdits pesant sur la commémoration et ajoutait : « Lorsqu'on empêche un Arménien de prier sur la tombe de sa famille, de ses ancêtres, il est encore plus arménien qu'il n'était... Mais dans le même temps, il découvre aussi qu'à Ankara, le bourreau, lui, est un héros national ; il a son boulevard ; il a son mausolée sur la colline de la Liberté ; il y a une école qui porte son nom [6]... » L'accusé fut finalement déclaré non coupable de tentative d'homicide volontaire avec préméditation, et coupable seulement d'avoir aidé et assisté le ou les auteurs de ce crime ; des circonstances atténuantes lui furent reconnues et sa condamnation à deux ans de prison fut déclarée couverte par la prévention, ce qui permit une libération immédiate. Ce jugement put passer pour une reconnaissance judiciaire du massacre de 1915, sinon comme une légitimation de la violence pour imposer le souvenir.

Un souvenir qui a pris de nouveau une actualité particulière en 1987. Le 18 juin, en effet, le parlement européen de Strasbourg adopte une résolution qui appelle certes « les Arméniens et les Turcs à la réconciliation », condamne « les actes de violence et toutes les formes de terrorisme émanant d'organisations isolées et qui ne sont pas représentatives du peuple arménien », et, surtout, affirme que « la Turquie actuelle ne saurait être tenue pour responsable du drame vécu par les Arméniens de l'Empire ottoman », mais dit aussi que « le refus de l'actuel gouvernement turc de reconnaître le génocide » constitue l'un des « obstacles incontournables à l'examen d'une éventuelle adhésion de la Turquie à la Communauté ».

Quelques jours auparavant, le maire de Stuttgart s'était opposé au texte qui devait être gravé sur un monument dressé dans un cimetière de la ville. Au lieu de porter l'inscription : « 24 avril 1915 – En souvenir de 1 500 000 Arméniens assassinés » la pierre de granit dit : « En souvenir (*Zum Gedenken*) des victimes du peuple arménien. » Dans une lettre au patriarche de la communauté ecclésiale arménienne d'Europe centrale, le maire, Manfred Rommel, écrivait : « Sans vouloir minimiser l'injustice subie par le peuple arménien, je considère... qu'il ne devrait pas y avoir dans les cimetières allemands de monuments rappelant l'injustice infligée à d'autres peuples par d'autres peuples. Nous avons en charge notre propre passé... Je ne voudrais pas davantage voir commémoré dans nos cimetières l'éradication des Indiens d'Amérique du Nord que l'assassinat des adversaires politiques par Staline ou les événements d'Extrême-Orient... » Le maire – qui s'était fait remarquer par son courage en 1977 lors de l'enterrement des terroristes qu'une partie de la population aurait voulu voir rejetés de « son » cimetière –, avait sans doute une préoccupation plus précise dans le cas arménien que s'il s'était agi d'Indiens : la présence dans la ville et dans toute la République fédérale de nombreux Turcs à la fois concernés par la mémoire arménienne, et de leur côté objet de discrimination, de mépris, de rejet de la part de nombreux Allemands. Lorsque, en 1989, Manfred Rommel s'est fait le défenseur d'une conception multiculturelle, polyethnique de la future société allemande et a plaidé pour un droit nouveau à la nationalité (et à la double nationalité), il a livré un combat contre une discrimination, combat qui impliquait peut-être un manque de pleine considération pour la mémoire arménienne.

Cette mémoire a resurgi en force à la fin de 1988. Si, par exemple, *le Point* du 12 décembre présentait une photo de l'évêque arménien de Marseille face au mémorial érigé devant la cathédrale des Saints-Traducteurs du Prado, mémorial portant l'inscription « A la mémoire des 1 500 000 Arméniens victimes du génocide ordonné par les dirigeants turcs de 1915. A la gloire des combattants et résistants arméniens morts pour la Liberté et la France », c'est qu'il y avait eu, en Union soviétique d'une part de véritables pogroms antiarméniens commis en Azerbaïdjan, de l'autre un terrible tremblement de terre dans l'Arménie soviétique – les deux drames se trouvant en quelque sorte rassemblés dans le fait que la population de Spitak, ville détruite par le sinistre, venait de passer de 25 000 à 37 000 habitants par l'afflux de réfugiés d'Azerbaïdjan. A travers la question d'une possible discrimination de l'Arménie, en ce qui concernait les matériaux de construction, puis les secours, c'est tout le destin arménien – en Turquie, au Proche-Orient, en URSS – qui a été évoqué de nouveau dans l'ensemble du monde occidental, avec des retombées politiques fort négatives pour la Turquie.

U.R.S.S., Chine, Cambodge, Viêt-nam.

La mémoire arménienne ne vise assurément pas en priorité des crimes soviétiques. En revanche, en un temps où l'Union des républiques socialistes soviétiques connaît le choc d'une transformation qui rend plus aisé l'appel à la mémoire, qui consiste même pour une part dans la possibilité de cet appel, le souvenir d'une souffrance commune, d'une oppression subie en tant que communauté contribue à développer le risque d'une sorte d'éclatement nationalitaire. En Lituanie, en Estonie, le sort infligé aux élites par Staline n'a pu empêcher le surgissement d'un nouveau désir d'autonomie. La prise de conscience de solidarités non « socialistes » — ne serait-ce que la solidarité linguistique de l'Estonie avec la Finlande — est cependant moins immédiatement, moins inéluctablement liée à la mémoire des souffrances endurées que dans les pays tombés ensuite sous la domination soviétique, avec la complicité de dirigeants imposés, par l'URSS, eux-mêmes souvent survivants apeurés de purges antérieures.

Il faudrait pouvoir étudier cas par cas l'évolution des chefs hongrois, tchèques, polonais. Que savaient-ils ? Que voulaient-ils ? Lorsque Janos Kadar s'est trouvé être le bénéficiaire de l'écrasement de la révolte de 1956, savait-il déjà qu'il accorderait d'appréciables espaces de liberté ? Et que, en 1989, son successeur laisserait se dérouler, le changement gorbatchévien aidant, un débat politique public sur les mensonges de 1956, sur la vraie nature du soulèvement populaire écrasé par les chars soviétiques ? Lorsque, en 1988-1989, Erich Honecker veut interdire toute révision de l'histoire du parti communiste allemand, surtout à propos de son combat ultragauchiste contre une république de Weimar déjà affaiblie par l'offensive nazie, est-ce pour entraver la diffusion de faits qu'il sait vrais ou est-ce qu'il considère sincèrement que les souffrances, que des communistes comme lui ont eu à endurer à cause de leur combat contre le régime hitlérien, doivent peser plus lourd dans les mémoires que d'éventuelles erreurs antérieures, si bien que toute évocation de ces erreurs constituerait à la fois une offense aux victimes et une tentative de délégitimation des dirigeants issus de ce combat ? La difficulté de trouver des réponses claires, on peut la découvrir dans un livre où sont rassemblées les interviews énergiques auxquelles une journaliste polonaise née en 1946 a soumis, au début des années quatre-vingt, quelques-uns des plus hauts dirigeants de la

Pologne des années 1945-1956 [7]. Quand Edward Ochab et surtout Jakub Berman, ancien responsable notamment de l'idéologie, de la propagande et de la police politique, cherchent à expliquer et à s'expliquer, divers types d'arguments montrent clairement, tant ils se laissent aller dans leur discussion avec Teresa Torańska, comment leur mémoire est structurée.

On observe d'abord la permanence de croyances non remises en question : « Les impérialistes qui ont organisé le putsch en RDA en 1953... L'Amérique avait décidé d'annexer toute l'Europe. » En second lieu, on note des essais d'autojustification, reconstruisant une pensée passée improbable, mais non impossible : « Je ne nie pas les conséquences néfastes des pressions de l'appareil stalinien sur le nôtre, je ne nie pas qu'ils nous ont ainsi causé des préjudices énormes. Mais je pressentais déjà à l'époque que ce n'étaient que des phénomènes passagers qui ne tenaient pas à la nature de l'État soviétique, mais à une situation temporaire qui était la résultante de l'imbrication de facteurs historiques et du rôle ou de l'attitude de Staline, ce qui ne pouvait manquer de finir un jour. » Puis l'argumentation attendue – je ne pouvais rien faire ; j'ai évité le pire ; d'ailleurs, je ne savais pas – :

T.T. Cela veut dire que vous étiez d'accord pour qu'on déporte des citoyens polonais en Union soviétique ?

J.B. Madame, que nous ayons été ou non d'accord n'avait aucune importance...

T.T. ... Vous préfériez ne pas savoir, n'est-ce pas ?

J.B. Il n'est pas vrai que nous ne voulions pas savoir. Nous ne croyions pas à ces violences bestiales, c'est tout...

T.T. Mon Dieu ! On arrachait les ongles par conviction ? On brisait les reins ou on maintenait les gens dans l'eau par conviction ?

J.B. Si je l'avais su, je n'aurais pas toléré un officier pareil cinq minutes de plus.

T.T. Il fallait aller dans les prisons, rendre visite à vos amis !

J.B. Effectivement je ne l'ai pas fait. Primo, je n'avais pas de liberté de mouvement, secundo, je n'ajoutais pas foi aux bruits qui couraient.

Enfin, on remarque dans son discours la fidélité à la vision ancienne, fidélité que ne peuvent pas ébranler les réalités qu'on demande de faire entrer dans une mémoire nouvelle :

> J.B. Staline restera dans l'histoire mondiale malgré toutes les bêtises qu'il a commises.
> T.T. Les crimes, monsieur.
> J.B. Et ses crimes, il n'y a aucun doute. Mais il les a commis dans la conviction qu'ils étaient utiles à la révolution, donc en se guidant sur ses principes idéologiques.

Peut-être est-ce cette fidélité qui explique aussi d'étranges raisonnements, étonnants d'insensibilité. Berman raconte comment la femme de Molotov a été envoyée dans un camp. « Et il n'a rien fait pour l'aider ? » « Il l'a aidée en ce sens qu'elle est allée dans un camp, parce qu'elle aurait pu tout aussi bien mourir, n'est-ce pas ? On a dû le contraindre à divorcer, car c'est ce qu'il a fait... » La journaliste lui dit que 40 000 citoyens polonais ont été déportés après la fin de la guerre, dont son père : « Mais il en est revenu ? » « Rajk a été exécuté », « oui, mais il a été réhabilité en 1956 ». « On a exécuté Slansky et une dizaine d'autres camarades », « oui, mais eux aussi ont été réhabilités par la suite ».

Ce genre de mémoire est de plus en plus devenu inacceptable au cœur du tourbillon d'évocations qui déferlent, suite à l'idée de *glasnost*, de transparence. Il n'est pas certain qu'il n'y aura pas une répression nouvelle contraignant au silence, comme ce fut le cas en Chine après les Cent Fleurs et le slogan trompeur : « Que les bouches s'ouvrent ! » Mais quand, en octobre 1988, le mouvement « Mémorial » permet à des victimes du Goulag de raconter leur sinistre expérience en public, dans une salle de cinéma bondée ; quand, en décembre, 4 500 personnes participent, à Moscou aussi, à une soirée en l'honneur du soixante-dixième anniversaire d'Alexandre Soljenitsyne au cours de laquelle un des orateurs déclare : « Aujourd'hui, Soljenitsyne est plus qu'un écrivain : il est devenu un phénomène historique ; il faudrait discuter les thèmes sous-jacents à son œuvre », la libération de la mémoire se révèle telle qu'un complet retour en arrière paraît impossible.

Cette libération entraîne des réflexions fort semblables en Allemagne. Au moment de l'anniversaire de la mort de Staline, le 5 mars 1989, *le Monde* du 7 citait *la Pravda* disant : « Oui, ça fait mal. Oui ça fait peur... Mais on ne peut pas échapper à sa propre histoire... Au mois de janvier dernier, non loin de Tourotchak, on a découvert un cimetière " sauvage " sur un chantier : des crânes avec un petit trou dedans. Les victimes innocentes frappent aujourd'hui à notre porte, exigent qu'on les laisse entrer, qu'on les entende... Allons-nous nous détourner lâchement ?... Tout se paie dans la vie, et l'Histoire, des décennies plus tard, nous présente la note – pas seulement à ceux qui ont torturé et châtié, qui ont dénoncé et se sont abaissés, mais à ceux aussi qui ont tranquillement vécu. »

Quelles devraient logiquement être les conséquences politiques de tels textes – même s'il n'est nullement certain qu'une telle logique s'impose vraiment ? Le désir de ne pas se limiter à la découverte de faits lointains devrait s'affermir. Les crimes de guerre commis en Afghanistan de 1980 à 1989 seront-ils décrits et dénoncés et mis en parallèle avec les accusations portées contre les États-Unis à propos de la guerre du Viêt-nam ? Les structures juridiques, judiciaires, administratives qui ont permis la punition des contestataires seront-elles abolies ? Dans son livre sur sa terrible expérience, Nathan (ex-Anatoli) Chtaranski relève que les articles du code pénal punissant des délits d'opinion sont toujours en vigueur et qu'un de ses compagnons de détention, le jour de l'expiration de sa peine de cinq ans de camp, fut arrêté de nouveau et condamné à trois années supplémentaires pour infraction au règlement du camp – cela en vertu de l'article 188-3 entré en vigueur en pleine période d'adoucissement [8]. Les citoyens auront-ils le droit de ne plus être soumis à un monopole de la vérité – vérités historiques comprises ? Mais cela ne présuppose-t-il pas une transformation de la substance du régime soviétique ? Enfin la mémoire permise, la recherche sur les falsifications de la mémoire et le débat sur les résultats d'une telle recherche ne devraient-ils pas entraîner une sorte de révision fondamentale du projet pédagogique ? Ne faut-il pas poser les questions mêmes que Raymond Aron posait en 1950 au sujet de nombre d'intellectuels séduits ?

> Pourquoi ce monde clos, où l'individu est immolé à un Dieu en devenir, où la vérité du présent, du passé et de l'avenir est proclamée à chaque instant par un homme que désigne son pouvoir et non pas son génie, pourquoi ces ratiocinations, dont l'origine paraît raisonnable et l'aboutissement digne des paranoïaques continuent-ils d'exercer, en dépit de tout, une séduction sur tant d'Occidentaux ?
> Je ne vois qu'une réponse possible : la discipline du Parti, avec ses excommunications, ses interprétations à chaque instant renouvelées, sa vérité toujours obligatoire et jamais définitive, représente pour beaucoup d'hommes non une épreuve, mais un soulagement. Il ne manque pas, à notre époque, d'intellectuels qui préfèrent recevoir la vérité plutôt que de la chercher seuls, dans le doute et le tremblement. Ils ont peur de la vérité, ils aspirent à la sécurité que donne seule la soumission à une autorité à la fois temporelle et spirituelle [9].

L'accès à la mémoire du crime passe sans doute par une libération intérieure, donc par un refus de l'endoctrinement ou de l'auto-endoctrinement. En Union soviétique, mais pas seulement là : en Chine, aussi, et dans tout pays dont l'idéologie se réclamait de la vérité tout en faisant fi de la vérité, demandait que le crime fût soit caché soit magnifié comme exploit, permettant ainsi à nombre d'intellectuels occidentaux, notamment français, d'admirer en toute certitude, en toute quiétude, quitte à gommer quelque peu les faits qui eussent pu les ébranler. Pour la Chine, depuis 1949 comme pour l'URSS, depuis 1917.

Dans un de ses petits livres denses, ironiques, compétents et, pour cela même, longtemps bannis des pages des journaux laudateurs, le sinologue Simon Leys racontait en 1974 une visite de musée [10] :

> Je demande au conservateur du musée, qui me faisait les honneurs des lieux, quels ouvrages de base en langue chinoise il pourrait me recommander sur l'histoire du parti

communiste chinois... « Euh... c'est-à-dire... à vrai dire, depuis la « Révolution culturelle », rien n'a encore paru sur ce sujet. – Et avant la « Révolution culturelle » ? – Avant ? Ah oui ! ... euh... avant, en fait... il n'y avait rien non plus. » Il disait la vérité d'ailleurs : une directive de Lu Ting-yi datant des années soixante interdisait explicitement d'écrire l'histoire du parti. On reconnaît bien là le pragmatisme chinois : plutôt que d'avoir à réécrire périodiquement l'histoire du parti au rythme des purges et de crises successives (comme font les Soviétiques), autant ne pas l'écrire du tout...

Il est pourtant possible de savoir quel poids de sang, de souffrances, d'humiliations délibérément infligées pèse sur l'histoire de la Chine communiste [11]. Au début des années cinquante, l'épuration fait des centaines de milliers, des millions de victimes. Aux exécutés s'ajoute un nombre encore plus grand de condamnés à la réforme par le travail, les camps jouant, avec leur cortège de faim, de misère, de mauvais traitements, un rôle important dans le nouveau système économique en voie de formation. A partir de 1955, le « grand bond en avant » est accompagné d'une « campagne d'extermination des contre-révolutionnaires », et aboutit surtout, par sa méconnaissance insensée des mécanismes économiques et industriels, à une catastrophe agricole, si bien qu'il semble possible d'estimer à seize ou même trente millions le nombre de morts non naturelles durant ce « grand bond ». En 1957-1958, il faut épurer les cadres trop mous ; des révoltes sporadiques de minorités nationales doivent être réprimées. Pourtant, au printemps de 1957, une libération avait semblé s'installer : la brève période des Cent Fleurs a permis un déferlement de la critique, mais ceux qui ont parlé ou qui ont paru favorables à la critique se trouvent bientôt sanctionnés. Des centaines de milliers de « droitiers » sont envoyés dans des camps de travail. Et, à partir de 1965, la Révolution culturelle fait à son tour des victimes par millions. Alors qu'à Paris ou à Berlin-Ouest, des intellectuels se réclament du « maoïsme », en Chine, Mao préside à la répression, à la destruction des porteurs de culture, des intellectuels, des instruits, en particulier par leur envoi massif dans les campagnes pour s'y faire rééduquer par les paysans. On tue beaucoup pendant cette Révolution ; on humilie, on avilit encore davantage.

A la fin des années quatre-vingt, dans le climat nouveau qui s'est installé, une décennie après la mort de Mao – survenue le 9 septembre 1976 –, la mémoire a connu un début de libération, de légitimation. Le droit existe d'évoquer les horreurs de la Révolution culturelle, avec des amorces d'analyses de responsabilités autres que celles de la « bande des Quatre ». Et des intellectuels au langage libéré peuvent s'interroger sur leurs propres silences, leurs propres abdications à la lumière de questions que leur posent d'anciennes victimes ou de nouvelles générations [12]. Mais d'autres périodes, notamment le « grand bond en avant », sont encore enveloppées de silence. De plus, les victimes des purges successives ne sont que très progressivement réhabilitées, et, même pas toujours libérées des lieux de détention où elles ont été enfermées de longues années auparavant. Alors que la réforme économique est sans doute plus avancée qu'en URSS, la question centrale sur laquelle on a commencé à s'affronter à Moscou semble encore écartée, dissimulée à Pékin : la modernisation de l'économie ne passe-t-elle pas par une responsabilisation des hommes et des groupes qui présuppose un changement dans le système de gouvernement, changement qui implique un abandon du monopole de la vérité, cet abandon devant à la fois provoquer une libération de la mémoire et résulter en partie de cette libération ?

La transformation de la vision rétrospective des choses ne va en tout cas pas jusqu'à déclarer conquête illégitime l'invasion du Tibet en 1950, ni répression criminelle les massacres, destructions, persécutions religieuses intervenus à partir de l'annexion de 1951, avec une nouvelle période terrible de 1966 à 1976, lors de la Révolution culturelle. Chez nombre de Tibétains, en revanche, l'acte de mémorisation, fondateur d'une autonomie, d'une liberté à reconquérir, est l'insurrection du 10 mars 1959 dont l'échec coûta des milliers de morts et provoqua le départ en exil du dalaï-lama. En mars 1989, c'est à l'occasion du trentième anniversaire de cet échec que le feu fut de nouveau ouvert sur une foule de manifestants réclamant l'indépendance, tandis qu'à Pékin, même les rénovateurs et les contestataires se gardaient de violer le tabou tibétain, peut-être parce que l'idée d'une appartenance du Tibet à la Chine a été si bien intériorisée qu'on ne songe même pas à la mettre en doute.

Les moines tibétains peuvent être traités de fanatiques religieux, donc de réactionnaires, ce qui justifierait rétrospectivement la conquête, un peu comme les voix qui se sont fait entendre pour justifier l'action soviétique en Afghanistan, à partir de l'islamisme extrême d'au moins une partie des insoumis. C'était déjà l'argument de la France en Algérie voici un siècle et demi. Il est plus difficile à utiliser lorsque l'adversaire désigné se réclame de la même inspiration idéologique que vous. La Chine révolutionnaire ne veut pas se souvenir, ne veut pas reconnaître l'existence des crimes des Cambodgiens révolutionnaires parce qu'elle est opposée au Viêt-nam révolutionnaire, soutenu par l'URSS révolutionnaire, tandis que celle-ci n'accepte pas l'idée que le Viêt-nam révolutionnaire ait pu et puisse commettre des crimes au Cambodge qu'il occupe après y avoir vaincu les Khmers rouges. Les hésitations et revirements que de telles complications provoquent chez les « révolutionnaires » occidentaux se sont trouvés étalés au grand jour dans les colonnes de *l'Humanité*; on y a nié la réalité des massacres cambodgiens puis on s'est attribué rétrospectivement le monopole de leur dénonciation [13].

Il est toujours difficile d'accepter l'idée que des victimes puissent devenir bourreaux, que des libérateurs puissent massacrer une partie des libérés. La lutte contre le régime oppresseur installé à Phnom Penh était légitime; les bombardements américains étaient barbares. L'entrée des Khmers rouges dans la capitale du Cambodge serait donc libératrice. D'où la négation de l'évidence, même par le correspondant du *Monde* et le retard dans le constat puis dans la proclamation de l'horreur. Il y eut cependant des cris à la fois auto-accusateurs et mobilisateurs. Dans *Survive le peuple cambodgien!*, paru à l'automne de 1978 [14], Jean Lacouture écrivait :

La honte aurait suffi... La honte, à elle seule, justifiait que l'on écrivît ce petit livre – qui est d'abord un cri d'horreur. La honte d'avoir contribué, si peu que ce soit, si faible qu'ait pu être en la matière l'influence de la presse, à l'instauration de l'un des pouvoirs les plus oppressifs que l'histoire ait connus... Il n'est pas sans conséquence d'avoir pris part à une certaine préparation des esprits, à une certaine accoutumance des cœurs, d'avoir parlé sur le ton de l'espoir et de la sympathie de ces « Khmers rouges »... Faut-il regretter d'avoir ainsi soutenu une résistance conduite, à partir de la forêt, contre un régime caricaturalement corrompu, artificiel et aliéné... ? Il n'est pas facile d'apprécier le moment où une juste résistance se mue en nouveau système d'oppression...

Le risque, nous dit-on, est de hurler avec les loups. Que nous importent les loups et leurs hurlements ? ... Quand les journalistes et sénateurs de la droite américaine dénonçaient les camps soviétiques, nous avons longtemps refusé de les croire. Et puis nous avons fini par joindre notre voix aux leurs... Faudrait-il se taire parce que *Minute* ou le *Chicago Tribune* produisent les mêmes dossiers que nous ? Voilà un type d'intimidation qui ne devrait plus avoir prise sur aucun d'entre nous, trente ans après le procès Kravchenko; vingt ans après le « Il ne faut pas désespérer Billancourt » de Sartre, dix ans après nos (possessif de convenance qui pourrait s'écrire « mes ») trop longs silences sur les pratiques totalitaires vietnamiennes.

Pour dénoncer l'extension du crime, le journaliste et écrivain, expert en Indochine, avait recours à une comparaison – « le national-socialisme khmer a décrété juifs plus des deux tiers de ses concitoyens » – qui fit monter au créneau des négateurs qui avaient déjà prêté l'oreille aux négateurs d'Auschwitz [15]. Mais, dans l'ensemble, la prise de conscience de l' « autogénocide » cambodgien se fit en Occident, en particulier à l'occasion, en 1977, de récits ou de premiers bilans [16] chiffrant le résultat des tueries, décrivant les méthodes de mise à mort et le système qui les permettait, qui les exigeait. Mais, de façon étrange, une sorte de non-mémoire s'installa ensuite. De temps en temps, on voulut bien s'étonner de la présence à l'ONU du Cambodge des Khmers rouges, puis, à la fin de 1988, s'apercevoir que ceux-ci disposaient encore de vingt à quarante mille maquisards capables de jouer un rôle important dans la lutte pour le pouvoir dans leur pays si celui-ci se trouvait évacué par le Viêt-nam. Certes le Fouquier-Tinville des procès de Moscou, le procureur Vychinski, avait pu devenir, peu d'années après ses insultes meurtrières contre les accusés, le ministre des Affaires étrangères, internationalement respecté, de l'Union soviétique. Mais le refus de prendre en compte le passé criminel de représentants d'un pays n'avait pas été poussé aussi loin.

Était-ce parce qu'il fallait maintenir la condamnation portée contre le gouvernement vietnamien pour avoir envahi et conquis le Cambodge – tout en le libérant de la barbarie des Khmers rouges ? Dans une certaine mesure sans doute, mais, dans l'atmosphère de détente mondiale – avec l'URSS, donc avec ses protégés, parmi lesquels le Viêt-nam – on ne voulut pas non plus se pencher sur les souffrances meurtrières infligées par le protecteur vietnamien au peuple cambodgien. L'armée vietnamienne était entrée à Phnom Penh le 7 janvier 1979 et la nouvelle « république populaire du Kampuchéa » avait signé dès février avec le Viêt-nam un traité d'amitié et de coopération équivalant à une abdication de souveraineté. A l'oppression intellectuelle et éducative s'ajouta l'enrôlement forcé de la population pour l'édification d'une sorte de muraille de Chine en bambou autour du pays, avec des camps de travail au taux de mortalité effrayant [17].

A l'intérieur de ses frontières (qui, depuis la victoire du Nord, englobent l'ancien Viêt-nam du Sud, antérieurement Cochinchine et partie sud de l'Annam), le régime vietnamien est également oppresseur. Les *boat-people*, les milliers de gens qui fuient par la mer en prenant les pires risques, en portent un constant témoignage. Mais le constat du dogmatisme rigide et de l'inhumanité de ce régime peut s'accompagner d'interprétations fort différentes, faites sur la base de mémoires antagonistes en même temps que changeantes. Qu'a représenté le 30 avril 1975, jour où le dernier hélicoptère américain décollait du toit de l'ambassade des États-Unis à Saigon, tandis que la ville tombait aux mains des vainqueurs ultimes d'une guerre commencée près de trente années auparavant ?

En France, le récit le plus fouillé du *Cruel Avril* [18] a été fait en 1987, témoignages et documents à l'appui, par un journaliste qui s'était livré auparavant à un sévère examen de conscience, à une sorte de révision critique de sa mémoire. Dans son introduction, Olivier Todd a pu ainsi écrire :

> J'ai couvert cette guerre de 1965 à 1973... Je réussis, avec mon ami Ron Moreau, correspondant du *Newsweek* à Saigon à entrer, en 1973, dans une zone du gouvernement révolutionnaire provisoire du côté de Ca Mau... Mon point de vue sur la guerre changea, radicalement. Les malaises éprouvés au cours de ma visite au Nord-Viêt-nam se précipitèrent, comme chimiquement. Je revins alors au Viêt-nam convaincu que je m'étais trompé : avec quelques pâles réserves, j'avais défendu ce qui semblait un mouvement de libération nationale et l'ultime étape d'une lutte anti-colonialiste. Je découvrais, un peu tard, que ce GRP était au Sud le bras séculier et idéologique du gouvernement communiste de Hanoi... A travers notre sympathie pour le GRP d'abord et Hanoi ensuite, nous fûmes quelques engagés dans la gauche non communiste assez enragés par l'aveuglement. Notre perception des systèmes communistes, et d'abord du nord-vietnamien, frisait l'angélisme. Notre appréciation des régimes anticommunistes, et avant tout du gouvernement sud-vietnamien, tournait à la démonologie.

Ils n'ont pas été nombreux, ceux qui se sont accusés de simplisme. Faut-il pour autant accepter sans examen le nouvel aliment donné à la mémoire ? Certes, on peut s'étonner de la persistance de mythes qu'un livre comme celui d'Olivier Todd devrait avoir détruits. Or, même chez nombre de ceux qui considèrent qu'un régime totalitaire s'est installé à Saïgon, l'admiration demeure vive pour le discours prononcé par le général de Gaulle au stade de Phnom Penh le 1er septembre 1966, discours dans lequel il avait précisément soutenu la thèse tombée en désuétude en déclarant : « Tandis que votre pays (le Cambodge) parvenait à sauvegarder son corps et son âme parce qu'il restait maître chez lui, on vit l'autorité politique et militaire des États-Unis s'installer à son tour au Viêt-nam du Sud et du même coup, la guerre s'y ranimer sous la forme d'une résistance nationale... Il n'y a aucune chance pour que les peuples de l'Asie se soumettent à la loi de l'étranger venu de l'autre rive du Pacifique. » Mais relever une telle contradiction n'entraîne pas nécessairement une adhésion à la nouvelle simplification, celle de la pureté américaine. Face à ceux qui, au nom de leur idéologie ou de leur désir de détente, minimisent les crimes soviétiques, il est nécessaire de relever pour l'Afghanistan les « villages rasés, parachutages de jouets piégés qui tuaient les enfants, utilisation aujourd'hui avérée, d'armes chimiques », de rappeler le million de morts, les millions de réfugiés. Mais pas en disant simplement, par comparaison, que « les Américains sont intervenus au Viêt-nam parce que le Nord communiste violait les accords de Genève de 1954, en déstabilisant et en cherchant à pénétrer le Sud [19] ». Simplement et faussement : la première violation importante de ces accords (que les États-Unis n'avaient pas signés) a été la non-organisation du référendum qu'ils prévoyaient au Sud pour 1956. Simplement et incomplètement : les méthodes de guerre américaines auraient dû figurer dans le parallèle. Et, de toute façon, aucune appréciation, aucune mémoire des deux guerres d'Indochine, celle de la France et celle des États-Unis, ne devrait esquiver la difficulté centrale, celle qui devrait interdire tout jugement simple, toute mémoire lisse : Hô Chi Minh était à la fois un membre du communisme international dirigé par Staline et un patriote luttant pour l'indépendance d'un Viêt-nam unifié. En lui écrivant avec cordialité à ce second titre en 1966, le général de Gaulle oubliait que, vingt ans plus tôt, il n'avait voulu le considérer qu'au premier et que cette simplification avait été une cause importante de la guerre dont le déroulement, puis la reprise ne pouvaient que durcir l'équipe de l' « oncle Hô ».

Le souvenir de la guerre américaine au Viêt-nam n'a guère varié dans l'ultragauche européenne. Aux États-Unis, en revanche, un renversement de tendance s'est produit. Qu'on compare par exemple le livre intitulé

Nuremberg and Vietnam écrit, il est vrai, avant la fin du conflit, par l'ancien principal conseiller de l'accusation américaine au procès des criminels allemands [20] avec celui publié en 1982 par un journaliste américain de grande réputation [21] : l'auto-accusation a fait place à la mise en accusation des médias des années soixante et soixante-dix coupables d'avoir mis en scène des crimes américains et fait silence sur les crimes de l'ennemi. On peut aussi comparer deux des films du même Sylvester Stallone ; en 1982 *Rambo* montrait comment un ancien combattant mourait d'un cancer contracté par les liquides de la défoliation puis comment un autre, héros du film, avait été transformé par la guerre en machine à tuer largement décervelée, alors qu'en 1985 *Rambo II* est venu dire la gloire d'un combattant américain tuant à juste titre nombre de Jaunes fourbes et cruels.

Les États-Unis s'étaient engagés au Viêt-nam par étapes. De 1950 à 1954, ils avaient de plus en plus financé la guerre menée par la France. Après la paix de Genève, en juillet 1954, le gouvernement de Pierre Mendès France leur avait en quelque sorte cédé la place à Saigon, en particulier pour y assurer la survie d'un régime non communiste. Sous la présidence de Kennedy, avions et hélicoptères américains se sont ajoutés aux « conseillers ». Puis, sous Johnson, ce fut l'engagement de soldats américains qui furent 11 000 en 1962, 23 000 en 1964, 385 000 en 1966, 536 000 en 1968, pour n'être plus que 335 000 en 1970, et 24 000 en 1972. D'un côté, les bombardements, le napalm, la défoliation et les représailles sur les villageois pouvant aller jusqu'à l'extermination d'un village, comme à My Lai en mars 1968. De l'autre, les mines qui déchiquettent sans avertissement, les représailles contre d'autres villageois – parfois aussi contre les mêmes. Et des enlèvements et assassinats, en ville comme à la campagne, pour décourager les « collaborateurs ». Un demi-million de civils tués, 57 000 militaires américains, un quart de million de Sud-Vietnamiens, sans doute un million de Nord-Vietnamiens et de combattants vietcongs, des blessés en bien plus grand nombre : une guerre de loin plus affreuse, plus meurtrière que la guerre d'Algérie.

Ce ne fut assurément pas la seule raison de l'énorme différence de la place prise dans la mémoire. Aux États-Unis même, la présence médiatique de la guerre, quel que soit le jugement que l'on porte sur les formes de cette présence, a favorisé les réactions négatives à l'intérieur et à l'extérieur du pays [22]. Et cette présence, à son tour, a donné à la guerre du Viêt-nam une telle place dans la conscience nationale que l'insertion dans la mémoire a permis ultérieurement le succès de films plus nombreux, plus atrocement spectaculaires aussi que ne l'avaient été les films de guerre en France et en Allemagne dans les années vingt et trente. Les films, diffusés à l'étranger, ont suscité des réactions contradictoires. D'un côté, l'éloge de la franchise américaine, de l'autre, l'utilisation de l'auto-accusation comme élément supplémentaire du procès permanent et global des États-Unis. Le successeur du successeur du successeur du successeur de Lyndon Johnson n'était certes pas responsable du développement de la guerre du Viêt-nam, mais en 1987, un livre du Norvégien Johan Galtung, rédacteur en chef du *Journal on Peace research*, s'intitulait *Hitlerismus, Stalinismus, Reaganismus* [23]. Peu avant, Günter Grass avait déclaré qu'après ce que les États-Unis avaient fait au Viêt-nam, aucun Américain n'était plus légitimé pour parler de morale – sans manifestement avoir pensé ce qu'aurait donné ce beau raisonnement appliqué à tout Allemand après Auschwitz.

C'est que le Viêt-nam ne devait constituer que l'un des volets d'une culpabilité américaine beaucoup plus vaste. Peu importait le changement de la mémoire américaine des crimes passés. De la reconnaissance par le président Nixon en 1970 du massacre systématique qui avait été infligé aux Indiens et de la réorientation des westerns, jusqu'aux législations atténuant considérablement les injustices fondamentales dont étaient victimes les Noirs américains, rien ne pouvait vraiment affaiblir le caractère criminel des États-Unis aux yeux de nombre d'Américains et bien plus de gens dans d'autres pays! Par peur explicable du désastre nucléaire et aussi pour trouver une contrepartie américaine à Auschwitz et Kolyma, Hiroshima est devenu rétrospectivement crime majeur. Mais c'est surtout l'accusation d'impérialisme meurtrier permanent qui ne cesse d'être portée, avec mise en cause simultanée de l'action gouvernementale des États-Unis et de l'action des forces économiques privées. Les contours du camp intellectuel et politique des accusateurs ont varié : ainsi le parti socialiste français y figurait avant et au lendemain de son accession au pouvoir de 1981, mais plus à partir de 1982.

Le renversement de régimes ou de gouvernements qui s'étaient opposés à des intérêts américains au nom de l'autonomie nationale ou de la justice sociale a été souvent obtenu par une action américaine – directe ou indirecte, par invasion ou par putsch, qu'il se soit agi du Guatemala en 1954 ou du Chili en 1973. Et le soutien accordé aux régimes les plus dictatoriaux, les plus répressifs, a effectivement constitué bien souvent une véritable complicité, à Haïti comme aux Philippines. Le soutien économique accordé à des gouvernements n'a pas contrarié et a même, en de nombreux pays, notamment en Amérique latine, favorisé le maintien de la violence structurelle constituée par la misère absolue du grand nombre face aux possessions de quelques-uns. Mais faut-il pour autant isoler les États-Unis parmi les pays capitalistes ? Faut-il surtout attribuer aux « impérialistes » la responsabilité exclusive de tous les massacres commis par des pays, dans des pays, entre des pays du tiers monde, à partir de l'idée que celui-ci ne constituerait que la périphérie du pouvoir central de notre monde, pouvoir d'où rayonnerait alors en quelque sorte la culpabilité pour les crimes d'hier et d'aujourd'hui ?

Ce ne sont pourtant pas les États-Unis qui n'ont ni prévu ni prévenu le bain de sang après la proclamation de l'indépendance de l'Inde. Ce ne sont pas les États-Unis qui, dans les années soixante-dix, ont traité en cousin et ami, le tyran sanglant qu'a été Bokassa. C'est la France de Valéry Giscard d'Estaing qui lui a permis d'agir à sa guise, et a financé son ridicule couronnement comme « empereur », avant de le déposer après un crime trop visible [24]. C'est François Mitterrand qui, connaissant les supplices infligés par Sékou Touré à quiconque était même soupçonné de s'opposer à lui, envoyait en Guinée, au lendemain de la mort du dictateur, en mars 1984, un message disant : « Sa perte sera durement ressentie tant en Guinée que sur le continent africain tout entier dont il était l'un des chefs d'État les plus remarquables et les plus écoutés... En mon nom propre et en celui du peuple français, je tiens à rendre hommage à l'œuvre et à la personnalité du grand disparu. » N'était-ce pas entraver d'avance l'instauration d'une mémoire des crimes, alors que nombre d'entre eux n'étaient même pas encore connus en dehors des familles des victimes et des rares journaux ou personnalités qui les soutenaient [25] ? Mais la France ne porte pas la responsabilité de la répression infligée par l'Algérie indépendante à la partie berbère du peuple algérien. Pas plus que les États-Unis, en combattant le gouvernement sandiniste, ne sont responsables des violences infligées par celui-ci aux Indiens du Nicaragua. Et le fait que l'Indonésie ait eu à se libérer de la domination néerlandaise ne justifie en aucune façon l'oubli dans lequel est tombée la succession de massacres massifs commis par elle dans l'île de Timor en 1978 et dans les années suivantes [26]. Si les crimes commis à Timor ont pu être qualifiés de génocide, la réalité au Burundi a été pire [27] et, surtout, n'a pas cessé, puisque, en 1989 encore, un Mouvement pour la paix et la démocratie au Burundi fait appel à l'opinion internationale en parlant de génocide continué, après la mort de 50 000 Hutus abattus en 1988. Le fait que les Occidentaux aient une part de responsabilité dans le maintien de la violence structurelle qu'est l'*apartheid* en Afrique du Sud et dans les méthodes – notamment la torture [28] – qu'entraîne ce maintien ne permet pas d'attribuer au Blanc une sorte de monopole du crime.

Terrorismes et tragédie israélo-arabe.

Pourtant, ce sont surtout, ce sont presque exclusivement les sociétés occidentales qui, en tant que structurellement, inéluctablement « impérialistes », font l'objet de violences ouvertes et ponctuelles dont les auteurs veulent légitimer l'usage à partir de la violence permanente qu'ils dénoncent. Le terrorisme des Brigades rouges italiennes, de la Fraction armée rouge allemande, d'Action directe en France, s'est voulu guerre juste contre le crime ancien et permanent qu'aurait constitué et que constituerait toujours une double oppression : celle des peuples d'autres continents et celle du peuple italien, allemand, français. Le but des assassinats n'était pas la prise de pouvoir qu'on savait inaccessible, mais la libération de l'esprit des masses, inconscientes de leur état d'opprimées, donc, au-delà même du désordre créé par les attentats et la menace de leur renouvellement, l'ébranlement de la légitimité des régimes essentiellement capitalistes, accessoirement – et de façon illusoire – pluralistes et tolérants. Souvent la mémoire du langage utilisé par le mouvement ouvrier au XIXᵉ siècle tenait lieu d'analyse. Or, une analyse point trop encombrée de mémoire idéologique eût montré que les sociétés attaquées ne se prêtaient pas à la simple dichotomie exploiteurs-exploités, ce qui empêchaient l'enclenchement du mécanisme terrorisme-répression-solidarisation avec le terrorisme, donc la légitimation de celui-ci. On pouvait tout au plus toucher une frange de la population, plus intellectuelle qu'ouvrière, dans la mesure même où la solidarité, ou du moins la sympathie, provenait d'une mauvaise conscience, née elle aussi d'une transposition fausse de schémas du passé à la réalité présente. Les injustices – réelles et profondes – des sociétés occidentales n'appelaient pas une révolution dans la mesure même où la demande et l'espoir des déshérités n'étaient pas le bouleversement par disparition du système social, mais leur accession à une protection et à une redistribution invoquées par les pouvoirs en place et fort réellement existantes, fût-ce de façon imparfaite.

Ce terrorisme-là s'est cependant trouvé des alliés dont la revendication était et demeure d'un autre ordre. Alliance souvent intime avec le terrorisme palestinien. Alliance plus occasionnelle avec deux violences localisées, se réclamant de la cause d'un groupe défini avec précision, l'irlandais et le basque. En Irlande du Nord (les six comtés, peuplés en majorité de protestants, qui n'ont pas, en 1920, formé avec les vingt-six autres, l'État libre d'Irlande devenu république pleinement indépendante en 1948), la triple violence nationaliste, unioniste et britannique, faite de terrorismes, de représailles pouvant prendre des allures de pogrom, et de répression effectuée au nom du maintien de l'ordre, a tué environ trois mille personnes en quelques années. L'enracinement historique et confessionnel d'une lutte sanglante qui voit des chrétiens s'entre-tuer dans une haine quasiment tribale se double d'un antagonisme social. L'enlisement sanglant est dû pour une bonne part à l'enchevêtrement inextricable de la mémoire et de la réalité présente : l'inégalité des ressources, de la condition sociale entre catholiques et protestants s'aggrave, ce qui devrait inciter à chercher remède dans des politiques concrètes, mais celles-ci ne peuvent être appliquées ni même définies dans la mesure même où l'écart social s'est établi dès le XVIIe siècle sur la base confessionnelle d'aujourd'hui.

Depuis le traité des Pyrénées, signé par Mazarin en 1659, le pays basque est coupé en deux. Certes, il existe un terrorisme dans la partie française (encore qu'il y fasse moins de victimes que le contre-terrorisme venu d'Espagne et s'exerçant contre des Basques espagnols), mais l'autre est d'une ampleur et d'une portée bien plus grandes. C'est que les expériences historiques et acquisitions de mémoires ont été fort différentes. « Au sud, une monarchie fragile et souvent contestée a laissé, jusqu'en 1841, survivre une autonomie batailleuse ; puis une république plus fragile et plus encore contestée a laissé s'établir un éphémère État basque, avant que le totalitarisme ne réduise à néant la personnalité publique basque... Au nord, le centralisme monarchique, puis napoléonien, puis républicain a érodé patiemment la nationalité basque. Du mouvement des " provinces du Sud " à celui des " provinces du Nord " il y a encore la différence entre une conscience séparée et une conscience intégrée. Les Basques du Sud ont fait trois guerres en un siècle : trois guerres contre Madrid ; ceux du Nord en ont fait trois aussi : trois guerres avec Paris. Qui dira le rôle de ces souffrances vécues en commun, des monuments aux morts [29]... ? »

De cette différence, un mouvement terroriste basque français peut tirer la légitimation de la violence sanglante se dressant contre le crime non sanglant de la « répression culturelle » assimilatrice qui détruirait jusqu'à la mémoire d'une appartenance spécifique. En Espagne, le terrorisme est en mesure de s'appuyer sur la revendication d'un groupe social plus réellement structuré par une mémoire vivante. Mais il s'est heurté de plus en plus à deux difficultés majeures. La première concerne la nature politique de l'ennemi désigné. Certes, il est toujours possible d'affirmer que l'oppresseur n'a qu'une nature et que peu importe qu'à Madrid gouverne un dictateur ou un gouvernement démocratique. On parvient même parfois à en convaincre une personnalité étrangère, puisque Gaston Defferre, ministre de l'Intérieur du gouvernement Mauroy, a été jusqu'à dire qu'il comprenait les terroristes basques puisqu'il avait été résistant lui aussi. Il est vrai également que la répression au nom de la démocratie est parfois pratiquée par les mêmes hommes et avec les mêmes méthodes qu'avant 1975. Mais le développement politique de l'Espagne pluraliste détruit progressivement les légitimations des attentats meurtriers, ce qui accentue encore la seconde difficulté rencontrée par le terrorisme : l'effet de solidarisation du combat sanglant a des limites. A un certain moment, à un certain niveau, la violence sanglante est contre-productive parce qu'elle provoque un rejet chez ceux-là même qu'elle devait mobiliser pour la cause. Sans doute la puissante manifestation qui a eu lieu à Bilbao le 19 mars 1989 a-t-elle été un signe décisif d'un tel rejet : environ deux cent mille Basques ont, par un défilé silencieux, exprimé leur désir de dénier toute représentativité à ceux qui prétendaient tuer en leur nom.

Yasser Arafat a fait preuve de plus de sagesse. Une fois acquise, par le terrorisme, la représentativité palestinienne, il a su tenir un langage de rejet de cette méthode, avant que ses excès et sa perpétuation n'entraînent une condamnation générale. L'arrêt des attentats commis au nom de l'OLP en dehors d'Israël n'impliquait cependant pas la renonciation à la violence à l'intérieur d'Israël, moins encore dans les territoires occupés par les vainqueurs de la guerre des Six Jours en 1967. Le terrorisme comme moyen légitime du combat mené par des résistants, des libérateurs, ou crime inexpiable, excluant toute négociation future ? Nombre de Français pensent au « Cela, je ne le ferai jamais » lancé par le général de Gaulle rejetant toute idée de négocier avec le FLN quelques mois avant d'ouvrir les négociations. Et les dirigeants israéliens d'hier et d'aujourd'hui n'ont-ils pas été, avanthier, des terroristes cherchant à faire partir les Anglais à coups d'attentat ? « Votre mémoire est défaillante », répondent-ils en substance. « Les morts de l'hôtel du roi David étaient des soldats britanniques, tout au plus leurs familles. Nous n'avons pas massacré les passagers de cars scolaires. »

Qui est palestinien ? En 1946-1947, la délégation « palestinienne » aux premières réunions de la nouvelle Internationale socialiste représentait les socialistes juifs déjà installés en Palestine ou en voie de s'y installer, et la cause palestinienne allait d'abord être celle de l'État juif créé en 1948. Créé de quel droit ? Moins comme extension du foyer national prévu par la déclaration Balfour, trois décennies auparavant, que comme lieu de refuge, d'implantation, comme patrie d'insertion possible pour les survivants de l'extermination. Mais comment cette idée-là n'aurait-elle pas été frappée d'illégitimité du côté arabe ? En quoi, pourquoi la cession de terres arabes devrait-elle servir de compensation partielle à la barbarie exercée sur des Européens par d'autres Européens ? La terre d'accueil n'était-elle pas réputée telle qu'à partir de la notion de retour ? Mais celle-ci, de son côté, pouvait-elle être acceptée comme légitime, même sur la base de la Bible ? Où donc, ailleurs dans le monde, acceptait-on l'idée du droit des descendants lointains d'habitants d'un autre temps à venir prendre la place d'habitants dont les ascendants n'étaient pas d'implantation récente ? Il y avait certes le cas des Polonais « récupérant » des terres depuis longtemps allemandes. Mais il y avait eu auparavant crime allemand. Où était le crime arabe justifiant les expulsions ou les mises en fuite ?

En sens inverse, qu'est-ce qui devait justifier ensuite le

« retour » des descendants des Arabes palestiniens partis en 1948 ? Des descendants devenus des Palestiniens tout court parce que les pays de la Nation arabe n'avaient pas voulu accueillir leurs parents ou grands-parents, alors que les expulsés allemands de l'Est avaient été accueillis et intégrés comme compatriotes dans l'Allemagne nouvelle. Mais qu'importent donc l'origine et la constitution d'une conscience nationale ? N'est-elle pas légitime dès lors qu'elle existe ? N'est-ce pas ce que l'on a dit de la conscience nationale algérienne née en grande partie de la guerre d'Algérie menée pour l'empêcher de se répandre ? Mais pourquoi alors cette conscience nationale palestinienne a-t-elle été réprimée de façon particulièrement sanglante par l'État palestinien qu'est la Jordanie ? *Septembre noir* n'évoque assurément pas un crime israélien, mais le bain de sang perpétré par les forces jordaniennes en 1970.

Les argumentaires entrecroisés renvoient à une vérité proprement tragique : la tragédie, en effet, c'est le conflit entre deux causes également légitimes, ce qui semble exclure d'emblée tout apaisement par compromis. Or, au lieu de partir de la constatation de deux légitimités opposées pour faire au moins progresser la compréhension entre antagonistes, les extérieurs au drame ont souvent plutôt attisé le feu – délibérément ou par une partialité moins clairement pensée qu'ancrée dans une mémoire spécifique. Le côté délibéré, on le voyait dans l'antisionisme pleinement antisémite pratiqué par l'Union soviétique à la fin des années soixante. Dans la presse soviétique, des caricatures s'inspirent alors directement du *Stürmer* de Julius Streicher, avec cependant, comme raffinement dans la dénonciation, l'assimilation d'Israël à l'Allemagne hitlérienne [30]. Les mêmes thèmes – y compris le recours fréquent aux pseudo-protocoles des Sages de Sion – ont été utilisés du côté arabe.

Tout n'était cependant pas faux dans la formulation « Dayan, l'élève de Hitler et l'enfant chéri des néo-nazis ». Le premier qualificatif était offensant et odieux. Le second renvoyait à une réalité politique compliquée : Israël vainqueur des Arabes était en effet devenu un objet d'admiration pour bien des antisémites, notamment en Allemagne et en France. « Nous voici donc devenus youpinophiles », aurait atrocement dit en 1956, de sa belle voix grave, un célèbre avocat d'extrême droite lors de l'expédition de Suez. Mais le phénomène inverse a sans doute eu plus d'importance politique : d'anciens ennemis particulièrement courageux de l'antisémitisme nazi ont frôlé sans cesse et franchi plus d'une fois la limite de cet antisémitisme par la façon de se dire antisionistes, par la façon de présenter les Palestiniens comme nouveaux Juifs ou même de les élever comme collectivité au rang de nouveau Christ crucifié. C'est une telle attitude que le tribunal de grande instance de Paris a sanctionné comme « incitation à la discrimination et au mépris », en mai 1981, en condamnant *Témoignage chrétien*. L'hebdomadaire était né dans le combat contre l'occupant et contre ses crimes, en particulier ceux dont les Juifs étaient victimes ; au nom de la justice, il avait lutté contre les méthodes de guerre françaises en Algérie. De cette lutte était né un sentiment de culpabilité collective à l'égard du monde arabe et un désir de réparation, sentiment et désir qui expliquaient et expliquent pour une large part la partialité envers Israël. Une partialité plus noble – mais pas moins éloignée de l'esprit de vérité – que celle d'hommes politiques simplement désireux de poursuivre, une fois la guerre d'Algérie terminée, une politique arabe qu'Israël dérange. Quand, en janvier 1977, la chambre d'accusation de la cour d'appel de Paris ordonne la libération d'Abou Daoud que la police des frontières vient d'arrêter, elle s'incline devant la raison d'État en faisant abstraction de la mémoire du crime : en effet, les juges n'ont même pas laissé le temps aux autorités allemandes de faire parvenir une demande d'extradition de l'organisateur du massacre des athlètes israéliens aux Jeux Olympiques de Munich en 1972.

Il n'en résulte nullement qu'une mémoire collective suffise pour justifier une action et une possession. Certes, la crainte israélienne de ne pas être intransigeant, la volonté de frapper à temps, fût-ce préventivement, le refus du compromis, doivent être expliqués à partir du souvenir transmis – même si on redoute de le proclamer – de la passivité juive, des compromissions de dirigeants d'organisations juives, de résignations juives face aux bourreaux, face déjà aux mesures précédant de loin l'extermination. Et la charte de l'OLP, maintenue à travers tant d'années de disponibilité affichée des Palestiniens à la négociation, n'a assurément rien, dans la perspective proclamée de la destruction d'Israël, pour amener un assouplissement des positions juives. Mais un tel assouplissement n'a-t-il pas constamment rencontré de tout autres obstacles? Dire que, quasiment par définition, « tous ces actes (offensifs), y compris le début de l'invasion du Liban, ont été accomplis au nom de la légitime défense », affirmer que, quand des Palestiniens se désignent comme des résistants, « ils soulèvent l'indignation des résistants français »; écrire, en revanche : « Les Britanniques leur niaient ce droit (de s'installer en Palestine). Les Juifs se sont battus contre eux et ont forgé leur nation. Des terroristes, ces survivants de la terreur ultime? Des terroristes, ces victimes? » – n'est-ce pas simplifier outrancièrement [31]?

Et comment les survivants de l'extermination et leurs ascendants disposeraient-ils, au nom du crime passé, d'un droit de conquête présent? Il se trouve qu'en fait la volonté de prendre pleinement possession des territoires cisjordaniens occupés en 1967 n'est pas fondée sur la mémoire d'Auschwitz, mais sur la mémoire biblique. Presque chacune des implantations érigées depuis 1975 en Judée-Samarie ont été localisées par référence à des événements bibliques [32]. « Des stratégies territoriales symboliques très actives se sont développées sous l'impulsion des autorités officielles (Jérusalem) ou à partir d'initiatives privées (en Judée-Samarie) soutenues par le gouvernement du Likoud. Ces stratégies débouchent sur un façonnement territorial bien plus intangible que celui obtenu avec des stratégies pragmatiques (militaire, économique...) car elles reposent sur un système de légitimation lui-même inviolable : le territoire acquiert une valeur symbolique en soi parce qu'il se modèle sur une histoire sainte, parce qu'il forme le soubassement matériel d'un itinéraire spirituel et national rapporté par les textes sacrés. »

Pourquoi les habitants arabes accepteraient-ils cette légitimation ? Et s'il ne s'agit pas de les chasser, comment créer un peuple intégré, sans discrimination inégalitaire, sinon à partir d'une notion d'État laïc qui ne saurait prendre pleinement à son compte la justification biblique ? Une justification par elle-même ambiguë dans la mesure où une partie importante de la population juive d'Israël n'est pas croyante, donc fait de la mémoire biblique un acte de foi sans foi. Les énormes outrances des accusations anti-israéliennes ne suffisent pas pour écarter des questions difficiles. Non, la population non juive n'est pas traitée comme les Juifs l'étaient par Hitler. Non, le massacre effectué, en septembre 1978, dans les camps palestiniens de Sabra et de Chatila, au Liban, avec la complicité de l'armée israélienne, ne constituaient pas l'amorce d'un génocide et ils ne dépassaient pas en horreur les tueries effectuées notamment par la Syrie dans un silence presque universel, alors que l'État juif a mis en place une procédure d'enquête dont l'aboutissement, en 1983, a été d'une sévérité, pour les dirigeants, tout à fait inhabituelle en pareil cas. Oui, le petit livre d'Ibrahim Souss, représentant de l'OLP en France, *Lettre à un ami juif* [33], méritait une réponse sévère à cause de ses inexactitudes et son unilatéralisme.

Mais il est bon que cette réponse lui ait été donnée par Élie Barnavi, un Israélien critique qui cite longuement la lettre ouverte par laquelle un spécialiste de Platon, chercheur à l'École d'histoire de l'université de Tel-Aviv, annonce calmement sa décision de commettre un refus d'obéissance en rejetant l'ordre de mobilisation reçu pour aller servir dans les territoires occupés [34] :

Face à la résistance populaire palestinienne, Tsahal (l'armée israélienne) met en œuvre tout un arsenal de mesures répressives, qui pèseront lourd, encore longtemps, sur la conscience nationale juive... Les punitions collectives sont monnaie courante et frappent l'innocent comme le coupable... Jour après jour, les droits de la personne sont foulés aux pieds... Aujourd'hui, je suis sommé de participer à ce concert d'iniquité, où je risque d'être impliqué dans des crimes de guerre. Je refuse... Vous n'avez pas, Monsieur le ministre de la Défense, le droit moral de m'appeler à leur imposer la loi et l'ordre, avant que vous n'ayez ouvert devant eux des voies légitimes de lutte politique... Aujourd'hui, la perpétuation de l'occupation met en danger la démocratie israélienne infiniment plus que mon refus... Notre refus n'est pas qu'audace de « belles âmes » – il est aussi cela et j'en suis fier; il est surtout une forme responsable, presque la seule qui nous reste, de participation à la société israélienne.

La comparaison avec l'Algérie est tentante, mais trop facile : ce genre de lettre aurait dû être plus courant en France, puisque l'affaiblissement du potentiel militaire entraînait au maximum la défaite hors du territoire métropolitain, tandis que toute défaite d'Israël risque encore d'aboutir à la disparition de la nation. L'acte du refus est sans doute contestable, le contenu moral de la lettre l'est beaucoup moins, la mémoire de crimes effroyables subis par la collectivité d'appartenance peut légitimement aboutir à la volonté de s'opposer à tout crime, à toute injustice commis au nom de cette collectivité! Et le monde extérieur a le droit, là comme ailleurs, d'intervenir dans ce débat. Même s'il s'agit d'Allemands. Auschwitz ne contraint aucun Allemand à approuver automatiquement toute politique, toute action du gouvernement israélien. Certes les déchaînements anti-israéliens de l'ultragauche allemande étaient et sont aussi inacceptables que ceux de l'ultragauche française. Mais lorsque Élie Wiesel a écrit sa *Lettre à un ami gauchiste, maoïste, terroriste*, pensait-il seulement à ce type d'Allemand-là ? Il généralisait doublement de façon abusive – face aux Allemands et en assimilant la politique israélienne au peuple juif – en disant :

... Nous ne vous avons rien fait, que je sache : nous ne vous avons même pas fait de la morale... Beaucoup d'eau coulera dans le Rhin et dans le Jourdain avant que le peuple d'Israël ait des leçons à recevoir de vous... En prenant position contre le peuple juif *aujourd'hui* vous vous rendez coupable de ce que vos pères lui ont fait subir hier. En combattant les survivants des massacres d'hier, vous devenez *maintenant* complices de vos aînés [35]...

L'appartenance à une collectivité au passé coupable doit conduire tout au plus à la réserve, non au silence si de nouveaux crimes sont en cause. De même, l'appartenance à une collectivité ne doit pas empêcher d'élever la voix contre elle si de nouveaux crimes sont en cause. On prendra ici l'exemple des chrétiens du Liban et face au Liban. Dans ce pays de plus en plus détruit, assassiné, où les alliances se font et se défont, où les cruautés s'accumulent, où le crime est pratique courante dans tous les camps, bien des chrétiens du dehors ont été fort silencieux face aux massacres subis par d'autres chrétiens. Cela parce que, en partie par mauvaise conscience vu les attitudes passées des pays chrétiens et des Églises chrétiennes envers les musulmans, ils n'ont pas osé élever la voix, de peur d'être accusés de se faire en priorité les avocats de leur groupe d'appartenance. En sens inverse, la voix de l'Église ne s'est pas fait spécialement tonitruante pour condamner avec précision les crimes commis par les chrétiens ni même les massacres entre forces chrétiennes antagonistes – cela pour n'avoir pas l'air de désavouer des membres du groupe d'appartenance privilégié.

Dans ce cas, comme pour la plupart des autres crimes commis dans le monde d'aujourd'hui, l'épaisseur historique est présente sous la forme d'une mémoire aux multiples fonctions : elle enracine, elle oriente le jugement du présent à partir de cet enracinement ou à partir de l'évocation de crimes passés, subis par le groupe d'insertion ou commis en son nom. Elle incite malheureusement plus souvent à accepter de nouveaux crimes qu'à les empêcher, surtout si cet effort d'empêchement passe par la mise en cause de solidarités vécues comme fondamentales.

Notes du chapitre 5

1. Amnesty International, *La Torture.* Instrument de pouvoir, fléau à combattre, Seuil 1984, 349 p.

2. Cf. « Japon, tempête sur l'histoire. La censure anonyme » de R.P. PARINGAUX, *Le Monde* du 12.9.1988. Citations suivantes, *Le Monde* des 8 et 10.1.1989.

3. Ample analyse dans Guy HERMET, *Les Catholiques dans l'Espagne franquiste*, Presses de la FNSP, 1980-1981, 370, 452 p.

4. Texte complet dans *L'Avant-Scène*, mai 1986.

5. Cité par Jean TOULAT, « Un peuple assassiné », *La Croix*, 14.3.1989. Des articles sévères paraissent par périodes, p. ex. « Les Kurdes, éternels perdants », *Le Monde* du 6.3.1987, « Kurdes : massacres d'un peuple », *L'Express* du 9.9.1988. Des livres aussi, notamment René MAURIÈS, *Le Kurdistan ou la mort*, R. Laffont, 1967, 240 p. (avec enquête sur les massacres de 1965-1966) et Christine MORE, *Le Kurdistan d'aujourd'hui*. Mouvement national et passé politique, L'Harmattan, 1984, 310 p.

6. Texte complet des débats : *Les Arméniens en cour d'assises*, Parenthèses, 1983, 231 p. Le procès de Berlin a été présenté dans *Justicier du génocide arménien*. Le procès de Tehlirian. Diasporas, 1981, 292 p. V. aussi *Armenier*. Menschenrechtsarbeit für die Armenier 1970-1987, Göttingen, Ges. für bedrohte Völker, 1987, 148 p., ainsi que ma préface à LEPSIUS, *op. cit.*

7. T. TORANSKA. *O.N.I. Des Staliniens polonais s'expliquent*, Flammarion, 1986, 380 p. (cit. p. 64, 286, 229, 321, 333, 307, 315).

8. N. CHTARANSKI, *Tu ne craindras pas le mal*, Grasset, 1988, 404 p.

9. R. ARON, postface à *Le Dieu des Ténèbres* (The God that failed), Calmann-Lévy, 1950, p. 301 (livre célèbre par les témoignages de A. Koestler, I. Silone, A. Gide...).

10. S. LEYS, *Ombres chinoises*, 10/18, 1974, p. 139-140, 317 p.

11. Ce qui suit doit beaucoup au beau livre de Jean-Luc DOMENACH et Philippe RICHER, *La Chine 1945-1985*, Imprimerie nat. « Notre Siècle », 1987, 503 p.

12. Situation décrite dans un livre passionnant : Zhung Xinxin et Sang Ye, *L'Homme de Beijing*, Pékin, Panda, 1987, 443 p.

13. V. Jean-Noël DARDE, *Le Ministère de la Vérité*. Histoire d'un génocide dans le journal *L'Humanité*, Seuil, 1984, 198 p.

14. Le Seuil, 143 p.

15. Serge THION, « Le Cambodge, la presse et ses bêtes noires », *Esprit*, sept. 1980, avec une solide réplique de Paul THIBAUD.

16. P. ex. François PONCHAUD, *Cambodge année zéro*, Julliard, 1977, 253 p., John BARROW, Anthony PAUL, *Peace with horror. The untold story of communist genocide in Cambodgia*, London, Hodder, 1977, 233. A compléter par E. BECKER, *Les Larmes du Cambodge, op. cit.*

17. V. Le livre terriblement révélateur d'Esmeralda Luccioli, *Le Mur de bambou*. Le Cambodge après Pol Pot, R. Desforges-Médecins sans frontières, 1988, 313 p.

18. Laffont, 479 p.

19. Jean-François Revel, « Le visage de la barbarie », *Le Point*, 13.2.1989.

20. Telford Taylor, *Nuremberg and Vietnam*, An American tragedy, A New York Times Book, 1970, 224 p. V. aussi *Crimes of war*, R. Falk, G. Kolko, R. Lifton, New York, Random House, 1971, 569 p.

21. Norman Podhoretz, *Pourquoi les Américains se sont battus au Viêt-nam* (Why we were in Vietnam), R. Laffont, 1987, 254 p.

22. V. – en comparant avec l'Algérie – Daniel Challin *The « uncensored war »*. The Media and Vietnam. New York, Oxford U.P., 1986, 285 p.

23. Baden-Baden, Nomos, 169 p.

24. V. André Baccard, *Les Martyrs de Bokassa*, Seuil, 1987, 349 p.

25. V. Nadine Bari, *Grain de sable*. Les combats d'une femme de disparu, Le Centurion, 1983, 348 p.

26. V. *Osttimor*, Das vergessene Sterben. Indonesischer Völkermord unter Ausschluss der Weltöffentlichkeit. Göttingen, Ges. für bedrohte Völker, 1985, 145 p. et « Nicaraguas Indianer », *Pogrom*, oct. 1982.

27. V. son inclusion p. 197-208 dans le bilan terrifiant de Leo Kuper. *The Pity of it all*, London, Dickworth, 1977, 302 p.

28. V. notamment Don Foster, *Detention and Torture in South Africa*, New York, St. Martin's Press, 1987, 250 p.

29. Jean Lacouture, dans *Le Monde diplomatique*, mars 1971.

30. Reproductions et citations chez Léon Poliakov, *De Moscou à Beyrouth*, Essai sur la désinformation, Calmann-Lévy, 1983, p. 59 à 78. Pour la propagande arabe, p. 79-106.

31. Robert Liscia, article « Terrorisme » du numéro spécial « La victoire du sionisme ? » de la revue *L'Arche*, oct. 1986.

32. Tableau de correspondance p. 149-150 du livre remarquable d'Alain Dieckhoff, *Les Espaces d'Israël*, Fond. pour les études de Déf. nat., 1987, 214 p. (cit. suivante p. 157).

33. Le Seuil, 1988, 92 p.

34. É. Barnavi, *Lettre d'un ami israélien à l'ami palestinien*, Flammarion, 1988, 116 p. (lettre d'Adir Ofi, p. 88-94).

35. Lettre citée en conclusion de l'annexe « Le cas allemand » de Poliakov, *De Moscou à Beyrouth*, *op. cit.*

CONCLUSION

DONNER UN SENS

Distinguons : d'un côté le constat, de l'autre l'exigence ;
d'un côté le fait, de l'autre l'appel. Le fait : la mémoire est
présente comme donnée, comme dimension de l'identité
de chacun – identité individuelle et identités d'appartenance sans lesquelles il n'y aurait pas de société. Mémoire
d'un vécu ou mémoire transmise, elle comprend plus
aisément, plus spontanément, plus naturellement les
crimes subis que les crimes infligés récemment ou antérieurement au nom du groupe d'insertion, en votre nom,
en notre nom. L'appel : il nous est demandé, il vous est
demandé de garder, de retrouver, de diffuser la mémoire.
Parfois pour que l'oubli n'exerce pas d'effet délétère sur
la communauté. Plus souvent au nom d'une exigence
morale, encore que la hantise de l'oubli soit elle aussi fondée sur une morale, celle du privilège accordé à une
appartenance. Or, une telle exigence a besoin d'être justifiée. A qui est-elle adressée ? Pour penser quoi ? Pour se
penser comment ? Pour agir dans quelle direction ? Et
finalement pour donner quel sens aux doutes, aux pen-
sées, aux actions ?

Naguère on eût d'abord parlé de vengeance. On parle
même encore beaucoup de vengeance dans notre monde,
mais plutôt chez des peuples qui ne se réclament ni de
l'humanisme, ni du christianisme. Ou chez des personnes
que les esprits nobles traitent avec commisération ou
répugnance parce qu'elles aspirent à venger un être cher

assassiné. Non, la vengeance n'a plus bonne réputation. Il convient de remettre en valeur l'interprétation non vengeresse du « œil pour œil »[1]. Le Dieu vengeur a été écarté et remplacé par un Dieu d'amour, tout au plus par un Dieu de justice. Et on convient que l'homme doit lui aussi exercer la justice, ne serait-ce que par respect des victimes. Venger n'est plus noble, mais punir paraît légitime et nécessaire.

Punir qui ? Des criminels individualisés, des collectivités complices, des groupes d'individus héritiers de ces criminels ou, plus souvent, de ces collectivités ? Il est choquant que des assassins et des tortionnaires encore vivants puissent mener une existence tranquille et confortable. C'est assurément montrer du respect pour la mémoire des victimes et pour celle des survivants que de les rechercher, les traquer, les prendre, les livrer au juge. Il fallait sans doute qu'il y eût un Simon Wiesenthal[2], une Beate Klarsfeld pour détecter, pour chasser les criminels même vieillis. Mais nous ne sommes pas obligés d'admettre qu'il s'agit de la traduction la plus féconde de la mémoire en acte. Encore la demande de justice peut-elle être liée de deux façons différentes à la mémoire : Barbie pouvait rester en Bolivie sans que tortures et déportations tombassent dans l'oubli. Faire juger Maurice Papon peut avoir pour visée d'appeler l'attention sur des complicités que la nation au sein de laquelle elles se sont produites refuse de vraiment prendre en considération. De toute façon, la sanction demandée contre les crimes passés, les complicités passées, n'est légitime que si elle ne se juxtapose pas à l'indulgence face aux crimes d'aujourd'hui : un gouvernement qui exalte la mémoire au travers d'un procès tout en demeurant silencieux sur les massacres décidés à Bagdad ou à Damas ne manifeste pas un sens très poussé de la justice.

Le degré de culpabilité – pour participation, pour complicité, pour acceptation – d'une collectivité ethnique, religieuse, nationale mérite discussion dès lors qu'est évoqué le moment où le crime a été commis, dès lors qu'on prend garde de ne pas rendre artificiellement homogène le groupe, par le recours simplificateur à l'article défini : *les* musulmans, *les* catholiques, *les* Turcs, *les* Allemands. Mais, le plus souvent, la mémoire s'exerce encore lorsque le crime est déjà ancien, plus ancien en tout cas que la plupart des vivants du groupe coupable. Quel est alors le sens du « ils » ?

Le judéo-christianisme a mis le monde occidental sur la mauvaise voie en la matière. Quelles que soient les interprétations actuelles des théologiens, le péché originel a eu pendant des siècles et garde encore la signification d'une faute dont les conséquences retombent sur toutes les générations humaines. Ses effets sont certes atténués par l'alliance de Dieu avec un peuple particulier ou par le salut obtenu grâce au sacrifice de son fils. Mais l'idée de la perpétuation des conséquences d'un crime premier est si forte que le catholicisme n'a fait qu'une exception individuelle (seule Marie étant née d'une conception immaculée) et que, dans l'Ancien Testament, deux versets du prophète Jérémie sont obligés de projeter dans l'avenir ce qui va à contre-courant de l'inspiration générale :

> En ces jours-là, on ne dira plus : les pères ont mangé les raisins verts et les dents des fils sont agacées. Mais chacun mourra pour sa propre faute. Tout homme qui aura mangé des raisins verts, ses propres dents seront agacées (XXXI, 29-30).

Sont-ils venus, ces jours-là ? L'Église catholique a fini par réviser les passages meurtriers de la liturgie sur les « Juifs perfides ». Tout enfant allemand n'est pas coupable avec Hitler. Sauf pour un nombre encore appréciable d'esprits souvent éminents. En 1986, des textes du philosophe Vladimir Jankélévitch, récemment disparu, étaient réédités. L'article défini y tenait lieu de raisonnement et s'y étalait – à côté d'ignorances et de contre-vérités dues à une volonté affichée de ne pas vouloir savoir – l'idée d'une Allemagne à jamais coupable, de génération en génération, tous individus confondus[3].

La question de la culpabilité héréditaire – donc d'une utilisation accusatrice de la mémoire – ne se superpose pas au problème beaucoup plus difficile du pardon. Il n'y a de grandeur que dans le pardon de la victime au bourreau, du torturé au tortionnaire, qu'il s'agisse du pardon accordé au criminel triomphant au nom d'un amour illimité, ou du pardon dont bénéficie le criminel vaincu parce que la victime n'a pas le goût de la vengeance, même pas de la punition, et voit dans son bourreau le produit des conditionnements qui l'ont rendu tel.

Mais le pardon n'est pas à la disposition des survivants, des non-victimes. Dans l'éditorial du premier numéro d'*Allemagne*, bulletin du Comité français d'échanges avec l'Allemagne nouvelle qu'Emmanuel Mounier avait créé en 1948, celui-ci écrivait : « Chacun peut oublier les injures qu'il a reçues : les épreuves dont il n'a pas reçu les coups ne sont pas à sa disposition. » Le pardon qui peut être accordé par la société sous forme de remise de peine totale, de grâce, n'est pas du même ordre que l'effacement du crime que j'accorderais personnellement au meurtrier ou au tortionnaire, même si je me dis en solidarité avec les victimes. Mais je puis, comme le juge, comme le législateur ou le chef de l'État, parier sur la transformation intérieure et la réinsertion sociale de tel ou tel coupable. Et même de catégories entières d'âge ou de situation de complices. A condition qu'il soit clair qu'il ne s'agit pas d'effacer le crime.

Le pardon, c'est aussi ce que peut demander le coupable. Pas seulement pour obtenir une remise de peine. Mieux : pour proclamer sa faute et demander d'en être relevé. C'est ce que le croyant demande à Dieu – non sans avoir en principe pardonné au préalable à ceux qui l'avaient offensé. Il s'agit d'offenses interpersonnelles. Pour les collectivités, la situation est différente : la notion de pardon à accorder aux héritiers d'un groupe criminel ne devrait pas se poser. Il n'y a rien à pardonner aux jeunes Allemands ou aux jeunes Turcs d'aujourd'hui ; il y a seulement à leur demander d'avoir conscience des crimes infligés antérieurement, au nom du peuple auquel ils appartiennent, à un autre peuple auquel cette mémoire devrait conduire à accorder un respect particulier. En revanche, la demande de pardon a une grandeur réelle lorsqu'elle est formulée par un innocent se solidarisant avec une faute collective et incluant dans sa demande jusqu'aux héritiers de la collectivité coupable. Ainsi pour l'agenouillement de Willy Brandt devant le monument du ghetto de Varsovie.

Les confusions sur la notion de pardon ont obscurci la notion de réconciliation. Il est abusif de parler de réconciliation franco-allemande pour le second après-guerre et plus encore de réconciliation judéo-chrétienne, comme les Églises le font encore trop souvent. On implique une idée de réciprocité dans l'offense qui entraînerait la réciprocité d'un pardon. Or la France n'avait nullement fait tort à l'Allemagne de Hitler et on ne voit vraiment pas ce que les Juifs auraient eu à se faire pardonner des chrétiens! Parler de réconciliation était plus légitime pour la France et l'Allemagne pendant les années vingt et serait sans doute légitime pour les Israéliens et les Palestiniens d'aujourd'hui.

Raisonner sur la culpabilité, sur la faute collective, sur sa mémoire, sur les idées de pardon et de réconciliation suppose que l'on a d'abord attaché du prix, qu'on a donné un poids moral à une attitude intellectuelle, à savoir la recherche de la cohérence – dans le jugement moral plus encore que dans l'analyse. Autrement dit, qu'on a privilégié, par-delà la souffrance subie, par-delà la mémoire gardée, la recherche de la vérité comme valeur fondamentale du comportement intellectuel. Surtout lorsqu'on se réclame de l'intellectualité.

Dans une longue interview de 1985, Vladimir Jankélévitch reconnaissait que sa condamnation globale de l'Allemagne et des Allemands d'hier, d'aujourd'hui et de demain n'était pas cohérente avec sa philosophie. « Ne me demandez pas d'introduire une logique, qui ne peut pas exister; la logique de la passion n'est pas une logique... Oui, il y a eu en effet une contradiction, mais je suis comme Pascal, je la confesse... Mes sentiments sont irrationnels, mais mettez-vous à ma place si vous pouvez [4]. » Il vaut mieux ne pas s'y mettre de peur de juger trop sévèrement : la philosophie ne sert-elle pas normalement à introduire la cohérence dans la pensée – par-delà les passions irrationnelles ? Le philosophe ne devrait-il pas se faire l'apôtre de cette cohérence ?

Cela ne veut pas dire que la cohérence logique et morale soit d'accès aisé, ni même qu'elle soit pleinement accessible. En particulier quand le présent devrait renvoyer au passé. Il est utile, il est nécessaire de montrer à quelles compromissions des intellectuels ou des journaux se sont soumis dans la recherche de la vérité, dans la présentation de la vérité. Il eût été plus méritoire, pour Jean-François Revel, de ne pas mutiler l'inventaire, d'appliquer les mêmes normes critiques aux porteurs des idéologies dont il est proche au moment où il écrit [5]. Les catholiques français qui s'indignent qu'on réclame la mort de Rushdie comme punition du blasphème contre l'islam devraient évoquer le chevalier de la Barre que Voltaire tenta en vain de sauver du bourreau, ne serait-ce que pour se dire : « Réjouissons-nous que l'Église ne soit plus comme elle était et faisons en sorte qu'elle ne le redevienne jamais, tout en espérant que l'islam au pouvoir prendra peu à peu partout le même chemin de la tolérance ! »

Est-ce la tolérance qui consisterait non seulement à ne pas appeler au meurtre, mais à ne pas interdire ? La difficulté ici n'est pas mince ! Refuser toutes les interdictions d'écrits et juger insuffisante la loi française du 1er juillet 1972, est-ce cohérent ? Cette loi punit ceux qui « auront provoqué à la discrimination, à la haine ou à la violence à l'égard d'une personne ou d'un groupe de personnes à raison de leur origine ou de leur appartenance ou de leur non-appartenance à une ethnie, à une nation, à une race ou une religion déterminée ». Et si des musulmans estimaient que la dérision à l'égard du Prophète fait naître de l'aversion à l'égard de la religion qu'il a instituée ? Et est-ce seulement au nom de la vérité qu'on veut faire sanctionner les « révisionnistes » ? N'est-ce pas aussi, n'est-ce pas surtout à cause du caractère sacrilège, blasphématoire de la négation de la Shoah ? Mais alors, pourquoi le blasphème à l'égard de millions de victimes devrait-il conduire à l'interdiction, et non le blasphème envers un Dieu et son Prophète, placés par le croyant, dans l'ordre du respect, au-delà de toute collectivité humaine, fût-elle innombrable ?

La cohérence, ce serait aussi d'avoir les mêmes exigences dans des situations semblables de mémoire assumée ou non assumée. Une lectrice d'une revue juive veut savoir si Annie Kriegel, collaboratrice habituelle de la publication, n'a pas été membre du Parti communiste et n'a pas écrit dans *l'Humanité* – sans même se douter de l'antisionisme virulent des articles anciens. La rédaction répond notamment : « Il nous importe peu de savoir si nos collaborateurs ont été ceci ou cela, mais s'ils ont leur place dans la revue du judaïsme français... En vérité, nous nous refusons à toute malsaine introspection et à tout maccarthysme [6]. » Manifestement le rédacteur ne s'est pas demandé pourquoi la revue a un comportement strictement inverse à l'égard des écrits passés de tout Allemand !

N'est-ce pas trop exiger ? Ne faut-il pas laisser à la passion, à la contradiction logique et à la déraison leur place ? La réponse doit être fermement négative, dès lors qu'on a le souci de la vérité, de la justice et de la liberté. Non pas que la raison soit un choix facile. Car si on s'impose d'appliquer à l'adversaire les mêmes critères de jugement qu'à soi-même, on est déjà soumis à une contrainte particulièrement incommode. Mais pas de recherche de vérité sans raison. Ni de progrès vers la justice puisqu'on ne peut être juste sans examen comparatif, donc raisonné, des situations. Et la liberté ne progresse pas sans mise en cause raisonnée des dépendances subies et vécues, notamment les limitations intérieures que crée l'appartenance à tel ou tel groupe humain. La liberté intérieure n'est jamais complète. Qu'elle est donc ardue, la libération qui passe par la distanciation par rapport aux groupes d'appartenance ! Non pour les rejeter dans l'engagement, mais pour rendre justice aux autres groupes, à ceux dont on ne fait pas partie et qui devraient avoir droit aux mêmes critères de jugement.

L'appartenance constitue évidemment une dimension de l'identité personnelle. Elle peut constituer un lieu d'ancrage aussi bien spirituel que social. Pour bien des survivants juifs – déracinés, ballottés – l'enracinement dans un peuple juif permettait la reconstruction de la personnalité en détresse, et Israël est devenu – de l'intérieur ou à distance – l'incarnation géographique et humaine de l'appartenance salvatrice. Mais c'est un autre Juif qui racontait, voici une vingtaine d'années : « Un grand rabbin à qui on demandait : " La cigogne en juif a été appelée Hassida (affectueuse) parce qu'elle aimait les siens et pourtant elle est rangée dans la catégorie des oiseaux impurs. Pourquoi ? ", répondit : " Parce qu'elle ne dispense son amour qu'aux siens " [7]. »

Quel risque énorme recèle en effet la préférence affective pouvant aller jusqu'à l'exclusivité, donc jusqu'à l'exclusion, au rejet des autres ! Dans le Coran, la sourate XLVIII dit : « Muhammad est le prophète de Dieu. Ses compagnons sont violents envers les impies, bons et compatissants entre eux. » N'est-ce pas pratiquement le texte catholique cité plus haut et faisant l'éloge des effets heureux des croisades, unissant l'Occident dans une haine fraternelle de l'islam ? Ne pourrait-on trouver vingt formules semblables de la Révolution française, prêchant d'un seul élan l'amour du peuple et la haine de ses ennemis ?

L'appartenance glorifiée peut devenir source d'intolérance et l'intolérance conduire au crime. Ne serait-ce qu'au nom de la Vérité, avec une majuscule, dont le groupe risque de se réclamer pour sous-tendre sa cohésion, et dont il confie souvent la garde à un pouvoir chargé de châtier les déviants. La sourate XVII du Coran ne dit pas autre chose que ce que l'Église catholique a appliqué pendant tant de siècles : « La Vérité est venue. L'erreur a disparu. L'erreur doit disparaître. » Dans les années soixante et soixante-dix, l'Église catholique a mis l'accent sur la recherche de la vérité et sur la nécessaire liberté des consciences, en particulier par le grand texte conciliaire du 7 décembre 1965 qu'était la déclaration sur la liberté religieuse. Une déclaration qu'affadit dans les années quatre-vingt le retour à un autoritarisme interne, cherchant à ressouder le groupe des clercs par des condamnations et des interdits. De même, l'exaltation excessive de l'appartenance à une classe sociale a fait naître le désir d'exclusion et une définition répressive de l'ennemi, intérieur aussi bien qu'extérieur.

L'appartenance n'en est pas moins une réalité, en partie dans la conscience des membres du groupe, en partie dans la situation qui leur est faite. Quelle illusion, quel aveuglement que celui des révolutionnaires adoptant la loi Le Chapelier en 1791! Elle détruisait les corporations, mais reposait aussi sur l'idée radicalement fausse d'une égalité de pouvoir entre les individus : il fallut attendre près d'un siècle pour que le syndicalisme devînt légal en France. Jusqu'alors, que de souffrances collectives parce que l'appartenance à une collectivité souffrante était niée! Est-il besoin de relever toutes les libérations qui n'auraient pu être mises en route sans la prise de conscience d'une appartenance, qu'il se soit agi d'ouvriers, de femmes ou de peuples? Ne pas prendre en compte la réalité et la légitimité des appartenances, c'est refuser la justice à des groupes entiers, soit en les niant, soit en les traitant comme des objets par l'interdiction de la prise de parole et de l'action que permettrait la prise de conscience de leur appartenance à un groupe discriminé, maltraité.

Le sentiment d'appartenance, l'enracinement dans une appartenance sont en général nés d'une éducation. L'identité se forme dans la famille et à l'école. En partie par la transmission d'une mémoire. Mais n'est-ce pas inévitablement une mémoire un peu narcissique, privilégiant les joies et les peines vécues par le groupe, évoquant les crimes subis plutôt que ceux dont d'autres ont été victimes, encore moins ceux qui ont été commis au nom du groupe? Quelle devrait être la pédagogie créatrice de mémoire la plus cohérente, la plus ouverte? L'école républicaine de la grande époque a terriblement privilégié la nation. L'enseignement catholique a eu et a encore beaucoup de mal à évoluer vers une conception qui définit son caractère propre comme un apprentissage du christianisme en acte : non pas la glorification ni l'auto-ghettoïsation dans une société laïque, mais l'appel au témoignage, à la présence active et non craintive dans le monde non chrétien. Les écoles judaïques paraissent plus soucieuses de promouvoir l'insertion dans un groupe toujours menacé. Les écoles coraniques semblent privilégier aujourd'hui les seuls croyants dans la valorisation humaine, autant que les écoles catholiques le faisaient hier.

L'éducation morale devrait en réalité chercher à répondre à une question qui n'admet pas de réponse simple : comment libérer sans désinsérer ? Libérer pour rendre capable d'une réflexion distanciée. Enseigner donc que la morale consiste à être solitaire pour penser et solidaire pour agir. Une pensée qui devrait aboutir à un minimum de critique du groupe au sein duquel on exerce sa solidarité, faute de quoi la compréhension d'autres groupes et de leur mémoire risque de rester limitée.

Il faudrait donc connaître l'histoire d'autres groupes, nationaux ou confessionnels. C'est le sens de l'admirable travail effectué depuis quarante ans par l'Institut international du livre scolaire de Braunschweig. Qu'on connaisse en particulier les souffrances des autres, les crimes dont ils ont été les victimes et dont la mémoire pèse sur les membres d'aujourd'hui. Ce fut la dimension essentielle des rencontres franco-allemandes de l'immédiat après-guerre : il s'agissait pour les participants de connaître le poids des souffrances endurées dans l'autre pays pour pouvoir le faire connaître et comprendre dans le sien. L'évaluation comparative des crimes n'était pas centrale. Oui, les chambres à gaz avaient été d'un autre ordre d'horreur que les bombes au phosphore, mais la souffrance des bombardés avait, elle aussi, droit au respect. Et de la mémoire partagée devait naître un sens de la coresponsabilité face à la menace de nouveaux crimes.

De façon analogue, Élie Wiesel, prix Nobel de la Paix, a dit à Oslo, le 10 décembre 1986 :

> J'ai combattu l'oubli et le mensonge : oublier, c'est se choisir complice... J'ai juré de ne jamais me taire quand des êtres humains seraient persécutés ou humiliés.

Mais il a ajouté :

> Nous nous disions : il suffira de raconter la haine qui a déferlé sur le peuple juif en ce temps-là pour que les hommes, partout, décident une fois pour toutes de mettre fin à la haine – à la haine contre les Juifs, contre les Arabes, contre les Asiatiques, contre les immigrés, contre les étrangers, contre les autres, la haine contre l'autre...

Il se demande alors « Croyance naïve ? » et répond « Certes » – mais en se trompant sur le sens de sa naïveté. Il avait imaginé que l'horreur de la Shoah favoriserait l'horreur du crime. Sa vraie naïveté – ou sa véritable erreur morale – c'était de privilégier son appartenance, de croire qu'Auschwitz se trouvait placé au cœur de l'univers de la souffrance des hommes. Mais pourquoi la famille kurde qui survit, avec des enfants morts dans les bras et le corps brûlé à la suite d'un bombardement au gaz, attacherait-elle de l'importance à la tentative d'extermination des Juifs ? En revanche, la mémoire d'Auschwitz doit conduire tout Juif à se soucier du sort des Kurdes, à pousser son gouvernement à tout faire pour que de tels bombardements ne se renouvellent pas. Même si cette action entraîne un coût économique pour la France. Même si elle entraîne un risque supplémentaire pour Israël. Élie Wiesel dit que son serment de ne pas se taire vient de ce que « le monde savait et se taisait ». Or Roosevelt, Pie XII et d'autres se taisaient pour des raisons du même ordre que celles qui entraînent tant d'abstentions dans la défense des Kurdes massacrés. Et de combien d'autres groupes de victimes !

Qui ne comprendrait la mémoire-déploration, la mémoire-deuil quand elle est celle des survivants ou des héritiers directs ? Mais la déploration est stérile si elle ne se transforme pas en acte, si elle ne donne pas lieu à un engagement. Engagement sans doute au service de la communauté réchappée du massacre, surtout si elle vit dans la crainte de nouveaux massacres dont elle serait l'objet. Mais déjà, la meilleure façon de rendre ces craintes vaines serait de s'ouvrir aux autres, de comprendre par exemple que l'occupant israélien n'apparaît pas nécessairement à l'occupé cisjordanien comme un survivant de la Shoah.

Engagement surtout au service d'une conception créatrice de la mémoire. Disons-le modestement, sinon avec mauvaise conscience : tous les engagements ne sont pas à notre portée parce que telle n'est pas notre vocation ou parce que tel n'est pas notre courage ni notre disponibilité à autrui. Mon admiration allait aux premiers prêtres-ouvriers : partager définitivement le sort du monde des usines, c'était une façon de demander pardon pour l'Église d'en avoir été quasiment absente depuis la Révolution industrielle, notamment pendant les décennies où l'enfer était au fond de la mine ou dans les ateliers plutôt que dans les images pieuses. Et le rappel sacramentel « Vous ferez cela en mémoire de moi » a conduit à d'admirables sacrifices inspirés par la mémoire du sacrifice que représente pour les chrétiens croyants la crucifixion. Le 10 mai 1986, le père Josimo Moraes Tavares était assassiné au Brésil, à trente-trois ans. Il savait qu'il serait abattu. Son testament spirituel ressemble fort au texte final du père Gabriel, le jésuite héros du beau film *Mission*, ce qui établit un lien, à travers deux siècles, entre deux cas de solidarité délibérée avec des opprimés dont le prêtre ne faisait pas partie à l'origine. Le père Josimo écrivait :

Je dois assumer ma mission. Désormais, je suis engagé dans la lutte au service des pauvres paysans sans défense qui constituent un peuple opprimé, entre les griffes des latifundarios. Si je reste silencieux, qui donc les défendra ? Qui donc luttera pour prendre leur défense ?...
La peur ne me paralyse pas. C'est le moment d'assumer. Je meurs pour une cause juste...
Ma vie n'a aucune valeur en comparaison de la mort de tant de pères, paysans, assassinés, soumis à la violence, chassés de leurs terres, laissant femmes et enfants abandonnés, sans affection, sans pain et sans toit [9].

On peut aussi engager sa vie sans la mettre en jeu, au service d'une communauté d'exclus dans laquelle on est né et qui ne s'était pas encore définie comme telle, l'engagement consistant précisément à l'éveiller à une conscience commune. C'est ce qu'a fait Joseph Wresinski, devenu le père Joseph, en créant le mouvement Quart-Monde, aidé par des femmes et des hommes venus d'autres milieux, non pour se pencher sur le sort des exclus, mais pour vivre durablement avec eux et les aider à surmonter la violence structurelle de l'exclusion [10].

La morale de la mémoire n'appelle pas nécessairement à ce type d'engagement. Mais elle demande tout de même qu'on conduise sa vie en fonction d'une double exigence. Exigence à l'égard de soi : dès lors qu'il y a mémoire des crimes, le « n'importe quoi » n'est plus permis. Exigence à l'égard des autres, celle-ci n'excluant nullement l'indulgence pour les faibles, même s'ils ont eu leur part d'abdication, leur part de lâcheté, même si on ne parvient pas à leur faire donner un sens à leur vie.

Un sens, qu'est-ce à dire ? Une direction sûrement, donnée par une inspiration qui fixe une orientation, un but à atteindre, fût-ce un but à l'horizon, donc demeurant à jamais hors d'atteinte. Une utilité sans doute, dès lors que des valeurs sont en cause qui concernent notre relation à autrui. Une signification peut-être : c'est du moins ce que pensent les croyants qui vivent leur engagement avec un avantage et un inconvénient par rapport aux non-croyants. Ils ont, par-delà des doutes et des moments de vide, un point de référence fixe, une source de lumière éclairant leur route. Mais, s'ils acceptent de se poser des questions difficiles, ils n'ont aucune réponse à l'interrogation centrale sur la souffrance et le crime.

Rescapé de Dachau, le père Sommet écrit, après avoir évoqué les charniers : « La seule voie possible... c'est précisément la relation à Dieu, à un Dieu incompréhensible. L'abandon à l'incompréhensible de Dieu reste souverainement possible... » Cet incompréhensible n'est-il pas une abdication, une fuite devant le choix entre un Dieu méchant et un Dieu impuissant ? Si c'est la liberté de l'homme criminel, pécheur, qui est supposée répondre, quelle quasi-déification de la puissance humaine ! Si c'est la mise à l'épreuve des hommes, comment ne pas être révulsé par une telle idée devant tant d'amoncellements de cadavres d'enfants ? Une révulsion que peut déjà inspirer le point de départ du si beau, du si poignant Livre de

Job : la solidité de sa foi est éprouvée par la mort de ses enfants et de ses serviteurs; l'épreuve finie, il en obtient d'autres, mais les assassinés avec le consentement de Dieu ne reviennent pas à la vie [11].

Il est vrai que pour les croyants, la mort n'est qu'un passage – ce qui devrait diminuer à la fois la profondeur de leur deuil et l'étendue de leur sacrifice. Les médecins incroyants qui, à Dachau, rejoignaient les malades du typhus, mettaient vraiment tout en jeu, puisque leur mort devait marquer pleinement la fin de leur existence, la disparition de leur être. La réplique chrétienne est belle, mais renvoie de nouveau au mystère incompréhensible : il y a à la fois tension et lien indissoluble entre la Croix et la Résurrection, entre l'absolue douleur du Vendredi saint et l'allégresse illimitée de Pâques. Pour l'homme simplement homme qui ne se croit pas reflet d'un dieu, il est sans doute plus difficile de concilier la contemplation, la mémoire de la souffrance infinie, avec la joie sans laquelle la disponibilité aux autres demeure restreinte.

Disponibilité aux autres : peu importe après tout la croyance ou l'incroyance dès lors qu'on centre sa visée à la fois sur la vie à construire et sur la mort à assumer. La vérité des religions est sans grande importance pour l'incroyant engagé dès lors qu'elles se définissent à partir de la parabole des anneaux telle que Lessing la raconte dans *Nathan le Sage*. Un homme aimait si également ses trois fils (symbole, pour l'apôtre des Lumières, du judaïsme, du christianisme et de l'islam) qu'il ne pouvait se résigner à remettre à un seul d'entre eux l'anneau le désignant comme légataire universel. Il en fit forger deux autres identiques. Après sa mort, chacun prétendit posséder l'authentique. Or la vertu principale attribuée à l'anneau, c'était de rendre son possesseur aimé. Le juge dit donc aux trois : « Faites-vous aimer! Plus tard, un autre juge dira lequel y aura le mieux réussi. »

Faites-vous aimer en n'excluant pas, en ne vous repliant pas. Non pour le plaisir d'être aimé, mais pour aider. Aider en particulier à surmonter les deuils anciens, à éviter les deuils nouveaux. Une telle disponibilité ne met évidemment pas à l'abri des écœurements et des découragements, surtout face aux négateurs, qu'ils nient la réalité de l'horreur passée ou la possibilité de l'action créatrice. Certes, notre influence est limitée. Mais pourquoi la joie de faire serait-elle annihilée par la conscience de l'étroitesse de la marge d'action et d'influence dont on dispose ? Changer les choses de façon infinitésimale, c'est déjà contribuer à modifier l'ordre de ce monde. Renoncer sous prétexte que, de toute façon, on ne peut rien, c'est se sous-estimer, ne pas mettre en valeur ses talents, c'est finalement abdiquer dans la résignation.

Ne pas se résigner, c'est prendre conscience de la vérité d'une formulation de Thomas a Kempis dans son petit livre jadis célèbre, *L'Imitation de Jésus-Christ* : « Tous les hommes veulent la paix, mais il en est fort peu qui désirent les choses qui conduisent à la paix. » Parmi ces choses, la tolérance ou plutôt le respect de l'autre : l'idée de tolérance est en effet devenue fort ambiguë, puisqu'elle désigne le plus souvent aujourd'hui l'abstention indifférente, le laisser-faire, l'acceptation même de l'intolérable, le refus d'exercer une influence. Or il s'agit bien d'influencer pour faire évoluer les êtres et les structures qui les conditionnent pour une part. Pour les rendre plus perméables à l'esprit de vérité et à l'esprit de justice. Illusion ? Nullement. Les grandes tueries ne doivent pas nous rendre ingrats face aux progrès qui ont été accomplis dans nos sociétés occidentales au cours des derniers siècles, même et peut-être surtout dans le nôtre : que de libérations accomplies, d'inégalités atténuées, de recherches de vérité enfin non punies! Ici encore, il s'agit d'avoir recours à la mémoire sans la fausser.

Et même si mon action n'aboutissait à presque rien, ma vie aurait eu un sens dès lors qu'elle a été conduite. Conduite en fonction de la mort. Derrière moi, la mémoire des morts qui auraient pu vivre si le crime ne les avait assassinés. Le deuil n'a de sens que dans l'affirmation de la valeur et de la vie, sinon pourquoi déplorerais-je qu'ils aient disparu trop tôt – sauf à pleurer uniquement sur ce que moi, j'ai perdu [12] ? Ma mémoire m'appelle à agir pour éviter de nouvelles souffrances, ne serait-ce qu'en communiquant un peu de confiance et un peu de joie aux souffrants d'aujourd'hui pour leur éviter d'avoir pour seule issue la révolte violente devenant si facilement criminelle.

Et devant moi, ma mort n'a jamais cessé d'être prochaine, donc de m'inciter à ne pas perdre un temps précieux avec de l'inutile. Écarter l'accessoire, c'est échapper à la fois à la futilité des modes et à la déploration stérile. L'histoire personnelle de chacun aura le sens qu'il lui aura donné. A lui d'éviter d'un côté la fixation stérilisante sur la mémoire douloureuse, de l'autre la dispersion dans une liberté inutile parce que sans enracinement et sans visée.

Notes de la conclusion

1. Raphaël DRAÏ, *Œil pour œil. Le mythe de la loi du talion*, Clims, 1986, 188 p.

2. Cf. Simon WIESENTHAL, *Justice n'est pas vengeance*. Une autobiographie, R. Laffont, 1989, 395 p. C'est un beau livre.

3. *L'imprescriptible*, Seuil, 1986, 103 p.

4. *Libération* du 8.6.1985.

5. Jean-François REVEL, *La connaissance inutile*, Grasset, 1988, 402 p.

6. « Annie Kriegel et nous », *L'Arche*, mars 1989.

7. Présentation à la presse par André SCHWARTZ-BART de son roman. *Un plat de porc aux bananes vertes. Le Figaro* du 31.3.1967.

8. *Discours d'Oslo,* Grasset 1987, 44 p.

9. Texte complet dans *La Croix* du 27.7.1986.

10. Le père JOSEPH, *Les pauvres et l'Église*. Entretiens du père Joseph Wresinski avec G. Anouil, Le Centurion, 1983, 250 p.

11. Jacques SOMMET, *L'Honneur de la liberté*, Entretiens avec Ch. Ehlinger, Le Centurion 1987, 299 p.

12. Thème développé dans mon discours au Bundestag pour la Journée de deuil *(Volkstrauertag)* de 1974 (« Mitverantwortung für eine gemeinsame Zukunft »), *in* A. GROSSER *Wider den Strom.* Aufklärung als Friedenspolitik. Munich, 1975 et 1976.

ORIENTATION BIBLIOGRAPHIQUE

Dans les pages suivantes, on ne retrouvera pas une bonne partie des ouvrages figurant dans les notes. Celles-ci avaient deux buts. Elles devaient tantôt venir à l'appui d'affirmations qui pouvaient surprendre le lecteur, tantôt justifier une indication ou une analyse dans un domaine où ma compétence est fort limitée. Pour cette catégorie, les spécialistes jugeront inévitablement mon information insuffisante; il m'a semblé pourtant que j'avais le droit de faire confiance à ceux qui m'avaient paru les plus crédibles d'entre eux.

Dans la présente orientation, ce sont ces titres-là que je reprendrai le moins : je ne pourrais guère faire mieux que d'y renvoyer le lecteur. En revanche, il est des sujets pour lesquels je voudrais au moins suggérer à la fois les richesses et les lacunes de la bibliographie disponible. Je consacrerai donc une place importante à l'Allemagne (en regroupant la période hitlérienne et son impact sur l'après-guerre) et à la France, avec une première section plus interrogative dont le contenu concerne les chapitres 1, 2 et 5 ainsi que la conclusion.

Le sujet et ses implications

Même dans un domaine tragique, le rire peut aider à la connaissance et à la réflexion. Ainsi pour les juxtapositions corrosives d'ORION (Jean MAZE), dans le *Nouveau Dictionnaire des girouettes*, Le Régent, 1948, 349 p., avec un remarquable essai introductif « L'oubli en politique ». Leszek KOLAKOWSKI, dans *La Clef des cieux. Récits édifiants tirés de l'histoire sainte*, Complexe, 1986, 106 p., pose en souriant le problème des crimes bibliques. Et Pierre DANINOS, notamment dans *Les Nouveaux Carnets du major Thompson*, livre de poche, 1975, 223 p., incite mieux que quiconque ses compatriotes à interroger leur mémoire de façon critique.

La lecture complémentaire des *Lieux de la mémoire*, dir. par Pierre Nora, Gallimard, 1984-1986, 4 vol. et de Suzanne, Citron *Le Mythe national. L'histoire de France en question*, éd. ouvrières, 1987, 318 p., devrait conduire à s'intéresser à toutes les formes de transmission de la mémoire, p. ex. :

la littérature – Wardi (Charlotte), *Le génocide dans la fiction romanesque*, PUF, 1988, 179 p. –,

les cérémonies – Inst. d'Histoire du temps présent, *La Mémoire des Français*. Quarante ans de commémorations de la Seconde Guerre mondiale, CNRS, 1986, 400 p. –,

ou l'école – « L'enseignement de l'histoire nationale à la jeunesse », *Historiens et Géographes*, numéro spécial 1981 –;

ce qui conduit à se demander comment informer les éducateurs et on consultera Schüddekopf (Otto-Ernst), *20 Jahre Schulbuchrevision in Westeuropa, 1945-1965*, Braunschweig, Limbach, 1966, 119 p. ou Schultze (Herbert), *Analysen der Richtlinien und Lehrpläne der Bundesrepublik zum Thema Islam*, id., 1988.

La réflexion morale aura des appuis multiples, chez Paul Ricœur, *Philosophie de la volonté*. T. II, Finitude et culpabilité, Aubier, 1988, 492 p. plutôt que chez Vladimir Jankélévitch, *Traité des Vertus*, nlle éd., Flammarion, 1983-1986, 6 vol., vraiment trop en contradiction avec ses écrits engagés, *L'imprescriptible*, Seuil, 1986, 103 p. La réflexion systématique sera aidée par des analyses théoriques ou empiriques comme *Totalitarismes*, dir. par Guy Hermet, Economica, 1984, 254 p.; Arendt (Hannah), *Les Origines du totalitarisme*, Seuil, 1972 et 1984 (deux morceaux du gros ouvrage), 313, 289 p.; Bracher (Karl Dietrich), *Die totalitäre Erfahrung*, München, Piper, 1987, 214 p.; Poliakov (Léon), *Les Totalitarismes du xxe siècle*, Fayard, 1987, 378 p.; Milza (Pierre), *Les Fascismes*, Imprim. nat., 1985, 504 p.; Kuper (Leo), *The pity of it all*, Polarisation of racial and ethnical relations, s.l., Duckworth, 1977, 302 p.

Il faut respecter la mémoire du vécu tragique, même si elle peut conduire à des jugements contestables.

Goldberg (Jean-Michel), *Écorché juif*. Récit, Hachette, 1987, 215 p.; Wolffsohn (Michael), *Ewige Schuld*, 40 Jahre deutsch-jüdisch-israelische Beziehungen, München, Piper, 1988, 186 p.; Neustadt (Amnon), *Israels zweite Generation*. Auschwitz als Vermächtnis, Berlin, Dietz, 1987, 176 p.

Tout en préférant la rigueur qui permet de savoir avant de juger : Morris (Benny), *The birth of the Palestinian refugee problem*, Cambridge U.P., 1987, 380 p.

On s'interrogera sur les spécificités nationales ainsi que sur les difficultés de la lecture historique et de la lecture sociologique de la réalité. La Suisse doit-elle échapper à la mémoire ?

Mauroux (Jean-Baptiste), *Du bonheur d'être Suisse sous Hitler*, Pauvert, 1968, 205 p.; Schmidt (Max), *Schalom. Wir werden euch töten*. Texte und Dokumente zum Antisemitismus in der Schweiz, 1930-1980, Zürich, Eco, 1979, 315 p.; Lichtenstein (Heiner), *Angepasst und treu ergeben*. Das Rote Kreuz im « Dritten Reich ». Düsseldorf, Bund, 1988, 138 p.; Favez (Jean-Claude), *Une mission impossible*. Le CICR, les déportations et les camps de concentration nazis, Payot, 1988, 429 p.

Faut-il vraiment rattacher Kolyma à l'histoire russe – Carrère D'Encausse (Hélène), *Le Malheur russe*. Essais sur le meurtre politique, Fayard, 1988, 547 p.

Ou partir de l'action de Lénine et de « l'œuvre d'un parti minoritaire déterminé à garder le pouvoir pour lui seul » – Schapiro (Léonard), *Les Révolutions russes de 1917*, Flammarion, 1987, 331 p.

L'esclavage change-t-il de nature à travers les siècles ? – Schmidt (Joël), *Vie et mort des esclaves dans la Rome antique*, A. Michel, 1973, 284 p.; Pope-Hennessy (James), *Sins of the fathers*. A study of the atlantic slave trade 1447-1807, New York, Knopf, 1968, 286 p.; Sala-Molins (Louis), *Le Code noir*, PUF, 1987, 292 p.

Faut-il connaître à partir du passé – Di Chiara (Catherine Eve), *Le Dossier Haïti*, Tallandier, 1988, 480 p.

Ou l'horreur du moment se suffit-elle ? – de St.Jorre (John), *The Brother's War*. Biafra and Nigeria, Boston, Houghton Mifflin, 1972, 437 p.

Jugera-t-on le même crime de la même façon en des siècles différents – Mellor (Alec), *La Torture*, Tours, Mame, 1961, 420 p.; Amnesty International, *La Torture*, Seuil, 1984, 342 p.

Mettra-t-on sur le même plan des crimes fort différents ? – *La Décivilisation*. Politique et pratique de l'ethnocide, dir. par Robert Jaulin, Complexe 1974, 164 p.; Erlich (Michel), *La Femme blessée*. Essai sur les mutilations sexuelles féminines, L'Harmattan, 1986, 326 p.; *Crimes of war*, dir. par R. Falk & G. Kolko, New York, Random House, 1971, 569 p.; *The Tokyo war crimes trial*, dir. par C. Hosoya et al., New York, Kodansha, 1986, 226 p. – La littérature sur le cas du terrorisme devient surabondante : *Contemporary research on terrorism*, dir. par P. Wilkinson, Aberdeen U.P., 1987, 634 p.; Lakos (Amos), *International terrorism*. A bibliography, London, Mansell, 1986, 481 p.; Furet F., Liniers A., Paynaud Ph. *Terrorisme et démocratie*, Fayard, 1985, 227 p.; Wieviorka (Michel), *Sociétés et terrorisme*, Fayard, 1988, 565 p.

La réflexion systématique sur la notion de génocide – Kuper (Leo), *Genocide*, Its political use in the XXth century, Newha-

ven Yale U.P., 1981, 256 p.; *Genocide and the Modern Age*, dir.
par I. WALLIMANN and M. DOBROWSKI, New York, Greenwood,
1987, 321 p. – renvoie bien aux Indiens, aux Aborigènes, au
Cambodge, au Burundi, mais la notion évoque par priorité la
« Solution finale » de l'antisémitisme – FLANNERY (Edward),
L'Angoisse des Juifs. Vingt-trois siècles d'antisémitisme, Mame,
1968, 318 p.; École des Hautes Etudes en sc. sociales,
L'Allemagne nazie et le génocide juif, Gallimard-Seuil, 1985,
600 p. –, mais aussi la tragédie arménienne. Quelle que soit la
qualité des intentions et de la documentation, on peut poser des
questions sérieuses à Yves TERNON, *Les Arméniens*. Histoire
d'un génocide, Seuil, 1977, 318 p. et au Tribunal permanent
des peuples, *Le Crime de silence*. Le génocide des Arméniens,
Flammarion, 1984, 381 p. Et, qu'on utilise ou non le mot génocide, il restera longtemps beaucoup à faire pour donner une
idée précise de la dimension des crimes soviétiques, même
après SOLJENITSYNE, *L'Archipel du Goulag*, Seuil, 1974-1976, 3
vol. et après Robert CONQUEST, *La Grande Terreur*, Stock, 1970,
583 p.; *The Nation Killers*. The Soviet deportations of nationalities, London, Macmillan, 1970, 222 p.; *Kolyma*, id. 1978, 256
p.; *The Harvest of Sorrow*, Soviet collectivization and the Ter-
ror-Famine, London, Hutchinson, 1986, 412 p.

L'Allemagne

Il est évidemment exclu de donner ici une bibliographie
même limitée de l'Allemagne nationale-socialiste. On pourra se
reporter notamment à BÜTTNER (Ursula), Hg., *Das Unrechts-
regime*. Internationale Forschung über den Nationalsozialismus, Hamburg, Christians, 1986, 2 vol. 560, 478 p.; SCHREIBER
(Gerhard), *Hitler-Interpretationen. 1923-1983*, Darmstadt, Wis-
sensch. Buchgesell., 1984, 393 p.; KERSHAW (Ian), *The Nazi Dic-
tatorship*, Problems and perspectives of interpretations, London, Arnold, 1985, 164 p. et surtout à K.D. BRACHER, Hg.,
Nationalsozialistische Diktatur. Eine Bilanz, Düsseldorf, Droste,
1983, 840 p. Le plus récent livre d'ensemble est de THAMER
(Hans Ulrich), *Verführung und Gewalt*. Deutschland 1933-1945,
Berlin, Siedler, 1986, 837 p. Sur le destin des Juifs : BENZ (Wolfgang), Hg., *Die Juden in Deutschland 1933-1945*. Leben unter
nationalsozialistischer Herrschaft, München, Beck, 1988, 780
p.; HILBERG (Raul), *La Destruction des Juifs d'Europe*, Fayard,
1988, 1699 p.; GILBERT (Martin), *The Holocaust*. A history of the
Jews of Europe during the second World War, New York, Holt,
1985, 959 p. Sur les gitans : KENRICK D., PUXON G., *Destins
gitans*. Des origines à la « Solution finale », Calmann-Lévy,
1974, 291 p., à compléter pour le présent par *In Auschwitz ver-
gast, bis heute verfolgt*. Zur Situation der Roma in Deutschland
und Europa, Reinbeck, Rowohlt, 1979, 334 p

L'interrogation sur les abstentions extérieures – WYMAN (David), *L'Abandon des Juifs*. Les Américains et la « Solution finale », Flammarion, 1987, 459 p. – n'about ni les criminels ni les complices. Pour mieux les connaître, on dispose de plus en plus d'excellentes études allemandes dont l'existence fait déjà partie de la problématique de la mémoire. Distinctions essentielles dans JÄGER (Herbert), *Verbrechen unter totalitärer Herrschaft*, Olten, Walter, 1967, 388 p. Au cœur de l'appareil : FISCHER (Helmut), *Hitlers Apparat*. Namen, Ämter, Kompetenzen. Kiel, Arndt, 1988, 245 p. ; BIRN (Ruth), *Die höheren SS-und Polizeiführer*. Himmlers Vertreter im Reich und in den besetzten Gebieten, Düsseldorf, Droste, 1986, 430 p. WEGNER (Bernd). *Hitlers politische Soldaten*. Die Waffen-SS, Paderborn, Schöningh, 1982, 363 p. ; DÖSCHER (Hans Jürgen), *Das Auswärtige Amt im Dritten Reich*. Diplomatie im Zeichen der « Endlösung », Berlin, Siedler, 1987, 333 p. ; STREIT (Christian), *Keine Kameraden*. Die Wehrmacht und die sowjetrussischen Gefangenen, Stuttgart, DVA, 1978, 444 p.

Sur les professions juridiques, les médecins, les industriels utilisant la main-d'œuvre esclave, les ouvrages s'accumulent, permettant de connaître des faits nouveaux, souvent terribles, parfois apportant des nuances aux jugements antérieurs : MESSERSCHMIDT M., WULLNER F., *Die Wehrmachtjustiz im Dienste des Nationalsozialismus*, Baden-Baden, Nomos, 1987, 365 p. ; RUTHERS (Bernd), *Entartetes Recht*. Rechtslehren und Kronjuristen im Dritten Reich, München, Beck, 1988, 226 p. ; KOCH (Hansjoachim), *Der Volksgerichtshof*. Politische Justiz im Dritten Reich, München, Univers. V., 1988, 631 p. ; KÖNIG (Stefan), *Vom Dienst am Recht*. Rechtsanwälte und Verteidiger im Nationalsozialismus, Berlin, de Gruyter, 1987, 260 p. ; LIFTON (Robert), *The nazi doctors*. Medical killing and the psychology of genocide. New York, Basic Books, 1986, 561 p. ; KLEE (Ernst), « *Euthanasie* » *im NS-Staat* et *Dokumente zur Euthanasie*, Frankfurt, Fischer, 1985, 503, 342 p. *Aussonderung und Tod* : die klinische Hinrichtung der Unbrauchbaren, hgg. v. Götz ALY, Berlin, Rotbuch V. 1985, 189 S. ; BORKIN (Joseph), *Die unheilige Allianz der IG-Farben*, Frankfurt, Campus, 1986, 232 p. ; SIEGFRIED (Klaus-Jörg), *Rüstungsproduktion und Zwangsarbeit im Volkswagenwerk 1939-1945*, id. 1987, 240 p.

Comme éléments constitutifs de la mémoire allemande et de la mémoire française de l'Allemagne de Hitler, il faudrait tenir compte de la résistance allemande. En français, on lira notamment SANDOZ (Gérard), *Ces Allemands qui ont défié Hitler*, Pygmalion, 1980, 255 p. Le meilleur bilan allemand est sans doute le recueil dirigé par J. SCHMÄDEKE et P. STEINBACH, *Der Wider-*

stand gegen den Nationalsozialismus, München, Piper, 1985, 1185 p. Et connaître les autres souffrances allemandes – d'avant et d'après-1945 : *Die Vertreibung der Deutschen aus dem Osten*, hgg. v. W.Benz, Frankfurt, Fischer, 1985, 245 p.; von Lang (Jochen), *Krieg der Bomber*. Dokumentation einer deutschen Katastrophe, Berlin, Ullstein, 1986, 272 p. Schmidt (Andreas), *Leer-Jahre*. Leben und Überleben im DDR-Gulag, Sindelfingen, Tykve, 1986, 570 p. Mais les éditeurs français ont toujours été très réticents dans ce domaine...

Pour l'ensemble des réalités et des débats de l'après-guerre, je me permets de renvoyer aux bibliographies systématiques qui figurent à la fin des éditions allemandes de mes ouvrages *Die Bonner Demokratie*, Düsseldorf, Rauch, 1960, p. 471-514, *Die Bundesrepublik Deutschland*, Tübingen, Wunderlich, 1967, p. 89-144; *Geschichte Deutschlands seit 1945*, München, Dtv, 1974, p. 526-553 de l'éd.1979; *Das Deutschland im Westen*, München, Hanser, p. 348-380 (Dtv 1988, p. 366-397)

La discussion intellectuelle des premières années est présentée par Barbro Eberan, *Wer war an Hitler schuld?*, München Minerva, 1985, 290 p. Les textes des Églises ont été rassemblés par Harry Noormann, *Protestantismus und politisches Mandat 1945-1949*, Gütersloh, Mohn, 1985, 2 vol. et par G. Baadte & A. Rauscher, *Hirtenbriefe und Ansprachen deutscher Bischöfe 1945-1949*, Würzburg, Echter, 1985, 3 vol. A côté du problème de l'épuration, pour laquelle il n'existe pas encore d'étude globale, il y avait celui de la punition des criminels et des complices immédiats, punition entravée par la permanence de bien des juges : Rückerl (Adalbert), *N.S. Verbrechen vor Gericht*, Heidelberg, Müller, 1984, 343 p.; Götz (Albrecht), *Bilanz der Verfolgung von NS-Straftaten*, Köln, Bundesanzeiger, 1986, 168 p.; Müller (Ingo), *Furchtbare Juristen*. Die unbewältigte Vergangenheit unserer Justiz, München, Kindler, 1987, 319 p. Friedrich (Jörg), *Freispruch für die Nazi-Justiz*, Hamburg, Rowohlt, 1983, 500 p.

Comme exemples de l'assombrissement du présent à partir de la mémoire, on lira *Zivilisationsbruch*. Denken nach Auschwitz, hgg. v. Dan Diner, Frankfurt, Fischer, 1988, 288 p.; Syberberg (Hans Jürgen), *La Société sans joie*. De l'Allemagne après Hitler, Bourgois, 1982, 441 p.; Fried (Erich), *Gedanken in und an Deutschland*, Wien, Europa V., 1988, 303 p.; Zwerenz (Gerhard), *Soldaten sind Mörder*. Die Deutschen und der Krieg, München, Knesebeck, 1988, 430 p. Sur survivances et résurgences, voir p. ex. *Antisemitismus nach dem Holocaust*, hgg. v. A. Silbermann & J. Schoeps, Köln, V.f. Wiss. u. Pol., 1986, 194 p.; Dudek (Peter), *Jugendliche Rechtsextremisten 1945 bis heute*,

Köln, Bund, 1985, 243 p. Sur les héritiers au sens vrai : SICHROVSKI (Peter), *Naître coupable, naître victime*, M. Sell, 1988, 365 p.; EPSTEIN (Helen), *Die Kinder des Holocaust. Gespräche mit Söhnen und Töchtern der Überlebenden*, München, Beck, 1987, 334 p.; WESTERNACHT (Dörte v.), *Die Kinder der Täter*, München, Kösel, 1987, 247 p., à compléter et nuancer avec KIERSCH (Gerhard), *Les héritiers de Goethe et d'Auschwitz*, Flammarion, 1986, 285 p. Pour les contenus transmis et enseignés de la mémoire, il faudrait une interminable liste d'ouvrages, brochures, catalogues d'expositions, inventaires d'émissions. A simple titre d'exemple d'analyse de livres pour la jeunesse : *Das Dritte Reich im Jugendbuch. Zwanzig neue Analysen*, hgg. v. E. CLOER, Beltz, Weinheim, 1988, 218 p.

Le recueil *Devant l'Histoire*. Les documents de la controverse sur la singularité de l'extermination des Juifs par le régime nazi (trad. de l'allemand), préf. de Luc FERRY, intr. de Joseph ROVAN, Cerf, 1988, 355 p., permet de se faire une idée d'un débat qui a suscité une littérature surabondante, allant de l'excès dans l'accusation d'oubli – G. ERLER et al., *L'Histoire escamotée*. Les tentatives de liquidation du passé nazi en Allemagne (trad.), préface de A. GISSELBRECHT, La Découverte, 1988, 177 p. – jusqu'à la tentative de détournement vers le « révisionnisme » – KOSIEK (Rolf), *Historikerstreit und Geschichtsrevision*, Tübingen, Grabert, 1987, 239 p. –, avec au moins trois nouveaux essais en 1988. On pourra préférer les recueils nourris de réflexion de l'écrivain Martin WALSER, *Über Deutschland reden*, Frankfurt Suhrkamp, 1988, 101 p.; p. 26-30 « Auschwitz und kein Ende », et de l'historien Martin BROSZAT, *Nach Hitler*. Der schwierige Umgang mit unserer Geschichte, München, Oldenbourg, 1986, 326 p.

La France

Le Bicentenaire a encore intensifié le débat antérieur sur la mémoire de la Révolution – sur le souvenir acquis comme sur la réalité : BELLOIN (Gérard), *Entendez-vous dans vos mémoires... ?* Les Français et leur Révolution, La Découverte, 1988, 271 p. ARASSE (Daniel), *La Guillotine et l'Imaginaire de la Terreur*, Flammarion, 1987, 213 p. Les mises en accusation – BLUCHE (Frédéric), *Septembre 1792*, logiques d'un massacre, Laffont, 1986, 268 p.; SECHER (Reynold), *Le Génocide franco-français*. La Vendée-vengé, PUF, 1986, 338 p.; FAYARD (Jean-François), *La Justice révolutionnaire*, Laffont, 1987, 305 p. – auraient sans doute été plus démonstratives en répliquant à la tradition apologétique – cf. AGULHON (Maurice), *Marianne au combat*. L'imagerie et la symbolique républicaines de 1789 à

1880, Flammarion, 1979, 253 p. – en acceptant des distinctions et des nuances. Ainsi le crime de la guerre commencée n'était pas le fait de la Montagne – T.C.W. BLANNING, *The origins of the french revolutionary wars*, London, Longman, 1986, 226 p. – et même la barbarie – FOURNIER (Élie), *Turreau et les colonnes infernales*, A. Michel, 1985, 265 p. – devrait être insérée dans un ensemble – MARTIN (Jean-Clément), *La Vendée et la France*, Seuil, 1987, 207 p.; DUPUY (Roger), *De la Révolution à la chouannerie*, Flammarion, 1988, 363 p. Alors la vision apologétique – Bernard VINOT, dans *Saint-Just*, Fayard, 1985, 394 p. présente aussi la gloire posthume jusqu'à Malraux et Ferhat Abbas – pourrait s'équilibrer par la prise en considération du peuple provincial victime – F. LEBRUN, R. DUPUY, Éd., *Les Résistances à la Révolution*, Imago, 1987, 478 p. On s'intéresserait alors davantage aux acquis et aux manques de la Révolution face à la violence structurelle : FORREST (Alan), *La Révolution française et les pauvres*, Perrin, 1981, 285 p.; BENOT (Yves), *La Révolution française et la fin des colonies*, La Découverte, 1987, 274 p.

L'autre grande querelle concerne évidemment les années 1940-1944. Elle se déroule sous le regard critique de jeunes spécialistes allemands de la France : G. KIERSCH, A. KLESZCZ-WAGNER, « Frankreichs verfehlte Vergangenheitsbewältigung », in *Vergangenheitsbewältigung durch Strafverfahren?*, hgg. v. J. WEBER, München, Olzog, 1984; LEGGEWIE (Claus), « Frankreichs kollektives Gedächtnis und der Nationalsozialismus », in *Ist der Nationalsozialismus Geschichte?*, hgg. v. D. DINER, Frankfurt, Fischer, 1987. Et aussi sur arrière-plan de la controverse sur les origines françaises du fascisme, l'Israélien Zeev STERNHELL accumulant des textes oubliés, (*La Droite révolutionnaire. Les origines françaises du fascisme*, id. 1978, 441 p.; *Ni droite, ni gauche. L'idéologie fasciste en France*, Seuil, 1983, 407 p.; *Naissance de l'idéologie fasciste* – avec M. SZNAJDER et M. ASHERI –, Fayard, 1988, 424 p.), sans les situer parmi d'autres textes des auteurs et en attribuant p. ex. au fascisme tout anti-parlementarisme. Querelle bien présentée en introduction par Pierre BITOUN, *Les hommes d'Uriage*, La Découverte, 1988, 295 p. qui ne dispense pas de BURRIN (Philippe), *La Dérive fasciste : Doriot, Déat, Bergery*, Seuil, 1986, 530 p. ni de MILZA (Pierre), *Fascisme français*. Passé et présent, Flammarion, 1987, 464 p. La querelle est inséparable de l'évolution des mémoires analysées, avec une part importante accordée au cinéma, mais avec quelques partis pris, par Henry ROUSSO, *Le syndrome de Vichy 1944-198..*, Seuil, 1987, 323 p., ni de la question posée par S. COURTOIS et A. RAYSKI, *Qui savait quoi?*, La Découverte, 1987, 230 p.

L'autocritique catholique est plus forte, plus fournie en France qu'ailleurs : PIERRARD (Pierre), *Juifs et catholiques français 1886-1945*, Fayard, 1970, 337 p.; G. CHOLVY, Y.M. HILAIRE, *Histoire religieuse de la France contemporaine 1930-1980*, Privat, 1987, 569 p.; Cardinal Albert DECOURTRAY, *Une voix dans la rumeur du monde*, Centurion, 1988, 221 p. (« L'affaire du Carmel » p. 38-42). Sur l'Église sous Vichy, le catholique Jacques DUQUESNE (*Les Catholiques français sous l'Occupation*, nlle. éd. Grasset, 1986, 457 p.) est plus sévère que Serge KLARSFELD dans la très solide étude *Vichy-Auschwitz. Le rôle de Vichy dans la « Solution finale » de la question juive en France*, Fayard, 1983-1985, 2 vol. 542, 409 p.

Chacun devrait avoir lu les riches volumes de Henri AMOUROUX, *La Grande Histoire des Français sous l'Occupation*, Laffont, 1976-1988, 8 vol. parus, avant d'aborder p. ex. GORDON (Bertram), *Collaborationism in France during the Second World War*, Ithaca Cornell U.P., 1980, 393 p.; ROUSSO (Henry), *La Collaboration*, MA Ed. 1987, 203 p.; ORY (Pascal), *Les Collaborateurs*, Seuil, 1976, 317 p.; mais aussi RAJSFUS (Maurice), *Des juifs dans la collaboration*. L'UGIF 1941-1944, 1980, 404 p., absorbé dans le moins polémique COHEN (Richard), *The burden of conscience*. French jewish leadership during the holocaust, Bloomington, Indiana U.P., 1987, 237 p. Et la lecture de LAHARIE (Claude), *Le Camp de Gurs 1939-1945*, Biarritz, Infocompo, 1985, 397 p.; *Les Camps en Provence*. Exil, internement, déportation, dir. par J. GRANDJONC, Aix-en-Provence, Alinéa, 1984, 233 p.; SIGOT (Jacques), *Un camp pour les Tsiganes*. Montreuil-Bellay 1940-1945, Bordeaux, Wallada, 1983, 321 p.; BRÈS (Eveline et Yvan), *Un maquis d'antifascistes allemands en France 1942-1944*, Montpellier, Chaleil, 1987, 349 p., devrait précéder la réflexion sur l'épuration pour laquelle un bon livre tardivement traduit – NOVICK (Peter), *L'Épuration française,* Balland, 1985, 364 p. est venu s'interposer entre les quatre volumes contestables de Robert ARON, *Histoire de l'épuration*, Fayard, 1967-1975, vraiment pas assez critique des notables, et le gros volume sans pensée directrice de Herbert LOTTMAN, *L'Épuration 1943-1953*, id. 1986, 532 p. Plus aigu est Pierre ASSOULINE, *L'Épuration des intellectuels*, Complexe, 1985, 175 p. (moins parlant cependant que le chapitre sur la période dans son *Gaston Gallimard*, Balland, 1984, 493 p.).

La littérature « révisionniste » française se trouve énumérée en annexe du livre repris en 1986 par les éditions La Vieille Taupe en 1986 : STÄGLICH (Wilhelm), *Le Mythe d'Auschwitz*. Étude critique traduite et adaptée de l'allemand, 301 p. (l'original ayant paru chez Graber, l'éditeur de Tübingen homologue). Elle complète celle de Robert FAURISSON, *Réponse à Pierre Vidal-Naquet*, id. 1982, 64 p. Le texte de la thèse soutenue à

Nantes, le 15 juin 1985, par Henri Roques « Les confessions de Kurt Gerstein. Étude comparative des différentes versions » a paru précédé d'une introduction encore plus nette d'intention (alors que l'étude critique elle-même est intéressante) dans Chelain (André), *Faut-il fusiller Henri Roques ?*, Ogmios Diffusion, 1986, 16 + 373 p. On lira alors Vidal-Naquet (Pierre), *Les Assassins de la mémoire*, La Découverte, 1987, 232 p.

Le procès Barbie a provoqué nombre de publications. Comme lecture préalable, il y a le recueil du chroniqueur du *Monde*, Jean-Marc Théolleyre, *Procès d'après-guerre*, La Découverte, 1986, 221 p. (articles de 1946 à 1955, notamment, procès des SS d'Oradour, d'Oberg et Knochen). Merindol (Pierre), *Barbie. Le procès*, Lyon, La Manufacture, 1987, 377 p. contient témoignages et larges extraits des plaidoiries. Celle de Jacques Vergès, avec des arguments juridiques de poids, se trouve dans son livre *Je défends Barbie*, J. Picollec, 1988, 189 p. (à compléter cependant par le livre sévère de Jacques Givet, *Le Cas Vergès*, Lieu commun, 1986, 191 p.). Le procès a ensuite inspiré le beau texte malheureusement pas entièrement rigoureux d'André Frossard, *Le Crime contre l'humanité*, Laffont, 1987, 90 p. et l'essai très pessimiste d'Alain Finkielkraut, *La Mémoire vaine*. Du crime contre l'humanité, Gallimard, 1989, 127 p.

Les études solides de David Caute, *Le Communisme et les Intellectuels français 1914-1966*, Gallimard, 1967, 471 p. et *Les Compagnons de route 1917-1968*, Laffont, 1979, 488 p. (trad. et surtout notes complémentaires de G. Liebert) peuvent être accompagnées par Jelen (Christian), *L'Aveuglement*. Les socialistes et la naissance du mythe soviétique, Flammarion, 1984, 278 p. et par Legendre (Bernard), *Le Stalinisme français*. Qui a dit quoi ?, 1944-1956, Seuil, 1980, 320 p. Mais il faut lire surtout la remarquable étude de Jeannine Verdès-Leroux, *Au service du Parti*. Le parti communiste, les intellectuels et la culture, Fayard, 1983, 585 p., à compléter par Cohen-Solal (Annie), *Sartre*, Gallimard, 1985, 728 p., à compléter à son tour par Burnier (Michel-Antoine), *Le Testament de Sartre*, O. Orban, 1982, 203 p. Pour mieux comprendre comment *Le Zéro et l'Infini* d'Arthur Koestler a pu en 1945 amener de jeunes intellectuels au P.C., pourquoi *L'Opium des intellectuels* de Raymond Aron (Calmann-Lévy, 1955, 337 p.) a pu passer pour réactionnaire et pourquoi, en 1975 encore, le livre d'André Glucksmann, *La Cuisinière et le Mangeur d'hommes*. Essai sur l'État, le marxisme, les camps de concentration, Seuil, 222 p., a pu être reçu par nombre d'intellectuels comme une provocation, on lira les meilleurs des récits autobiographiques de « déconvertis » : Morin (Edgar), *Autocritique* 1959, rééd. Seuil, 1975, 255 p. ;

DAIX (Pierre), *J'ai cru au matin*, Laffont, 1976, 470 p. ; DESANTI (Dominique), *Les Staliniens*, Fayard, 1974, 383 p., LE ROY LADURIE (Emmanuel), *Paris-Monpellier*, Gallimard 1982, 262 p. et aussi SEMPRUN (Jorge), *Quel beau Dimanche!* Grasset, 1980, 387 p. En attendant qu'un jour une autobiographie vienne se substituer à TANDLER (Nicolas), *L'Impossible Biographie de Georges Marchais*, Albatros, 1980, 235 p. !

Il n'y a pas beaucoup de titres sur les méthodes (mutuelles) de guerre dans la bibliographie du petit livre-bilan de Jacques DALLOZ, *La Guerre d'Indochine*, Seuil, 1987, 316 p. Le cri de Pierre STIBBE, *Justice pour les Malgaches!*, Seuil, 1954, 243 p. n'a eu pour écho que la thèse de Jacques TRONCHON, *L'Insurrection malgache de 1947*, Maspero, 1974, 399 p. La publication des actes du colloque, *La Guerre d'Algérie et les Français*, organisé en déc. 1988 par le CNRS et l'IHTP, passionnant par ailleurs, n'apportera pas de grandes précisions nouvelles sur ce qui se trouvait dénoncé notamment par Pierre-Henri SIMON, *Contre la torture*, Seuil, 1957, 125 p., Mgr DUVAL, *Au nom de la vérité*, Algérie 1954-1962, Cana, 1982, 185 p., André PHILIP, *Le Socialisme trahi*, Plon, 1957, 241 p., Jacques DUQUESNE, *L'Algérie ou la Guerre des mythes*, Desclée de Brouwer, 1958, 202 p., par le héros du livre de Jean TOULAT, *Le général de Bollardière*, Centurion, 1987, 211 p., puis avec la froideur juridique par Arlette HEYMANN, *Les Libertés publiques et la guerre d'Algérie*, LGDJ, 1972, 317 p. et avec passion par Pierre VIDAL-NAQUET, *La Torture dans la République*, Minuit, 1972, 202 p. et *Les Crimes de l'armée française*, Maspero, 1975, 172 p. Ces livres ne doivent pas empêcher la connaissance de la réalité humaine décrite avec sympathie et rigueur par Françoise RENAUDOT, *L'Histoire des Français d'Algérie 1830-1962*, Laffont, 1979, 317 p., ni d'accepter la légitimité du titre, concernant ces mêmes Français, du livre de Jacques RIBS, *Plaidoyer pour un million de victimes*, id. 1975, 290 p. Et, par-delà les nouvelles interrogations que suscite DUROY (Lionel), *Hienghène. Le désespoir calédonien*, B. Barrault, 1988, 319 p., on se demandera si la violence sanglante est bien la seule forme du crime, notamment face aux affamés, en lisant le livre de Pierre PÉAN, *L'Argent noir*. Corruption et sous-développement, Fayard, 1988, 278 p.

INDEX

TABLE DES MATIÈRES

2. AUSCHWITZ PAR COMPARAISON

3. LES MÉMOIRES ALLEMANDES

4. LIEUX ET NON-LIEUX DE LA MÉMOIRE FRANÇAISE

5. DANS LE MONDE D'AUJOURD'HUI...

La torture continue. La mémoire partout présente. Effets sur la politique extérieure allemande. L'oubli autoritaire au Japon. L'Italie n'est pas l'Allemagne. Le cas espagnol : l'effacement du passé justifié; un symbole positif, Jorge Semprun ministre sous Juan Carlos. La tragédie argentine : la fin de *L'Histoire officielle* ne garantit pas un vrai *nunca más*. Les Kurdes continuent à mourir : qui donc les défend contre l'Irak, l'Iran, la Turquie ? Le problème du souvenir arménien : du procès d'Aix en 1985 au monument refusé à Stuttgart en 1987. Les nouvelles tragédies de 1988.

La mémoire naissante dans la période Gorbatchev. En Chine, que de crimes sous Mao face à une volonté d'ignorer! Le Tibet oublié. Le Cambodge, de l'horreur de 1975 aux crimes des nouveaux dirigeants. Les yeux qui s'ouvrent sur l'ancienne Indochine : Jean Lacouture et Olivier Todd. Les États-Unis et la guerre du Viêt-nam : le changement de la mémoire de *Rambo I* à *Rambo II*. Les États-Unis, coupables partout ? Les massacres hors mémoire : Timor 1978, Burundi en 1988 encore.

Terrorisme et injustice : le poids de la mémoire en Irlande du Nord et chez les Basques. Arafat terroriste et la mémoire de l'Irgoun. Les argumentaires entrecroisés. La Judée-Samarie ne s'impose pas à la mémoire arabe. Le nouvel antisémitisme antiisraélien. Les outrances inverses d'Élie Wiesel. Qui parle pour qui, notamment au Liban ?

L'idée de vengeance en déclin. Contre le « péché originel ». Le pardon accordé réservé aux seules victimes. Mais il n'y a rien à pardonner aux innocents. Pour la cohérence de la pensée logique, donc contre Vladimir Jankélévitch. Encore le « nous » d'exclusion : le Coran comme l'Église naguère. Mais on ne peut vivre sans appartenances...
L'engagement au service d'une conception créatrice

de la mémoire. Grandeur du vrai sacrifice chrétien : de *Mission* au père Josimo au Brésil, mais il y a fuite devant le choix entre un Dieu méchant et un Dieu impuissant. « Tous les hommes veulent la paix, mais il en est peu qui désirent les choses qui conduisent à la paix. »

L'HISTOIRE
DANS LA COLLECTION CHAMPS

Achevé d'imprimer en Juillet 1997
sur les presses de l'Imprimerie Maury

N° d'éditeur : FH124502.
Dépôt légal : septembre 1991.
N° d'impression : 59496

Imprimé en France